NEUER SPORTVERLAG

Fantasievolle Tennis-Stunden

AF720839

von Nina Nittinger

Inhaltsverzeichnis

Vorwort

«Das Spiel ist der Weg der Kinder zur Erkenntnis der Welt, in der sie leben.»

(Maxim Gorki)

Spielen

Wie das Zitat von Maxim Gorki feststellt, sollte die Hauptbeschäftigung von Kindern «Spielen» sein, um Erkenntnisse über die Welt zu bekommen. Unter Erkenntnissen versteht man allgemein den Prozess und das Ergebnis des durch Erfahrung und Einsicht gewonnenen Wissens. Das bedeutet demnach, dass Kinder sich ihr Wissen über die Welt durch Erfahrungen im Spiel aneignen. Für Kinder ist es also unverzichtbar, dass sie genug Zeit haben zu spielen, denn für sie bedeutet das Spielen, dass sie sich mit ihrer Umwelt auseinandersetzen und etwas lernen. Dabei ist es egal, ob sie alleine oder mit anderen Kindern spielen, mit und ohne Spielzeug, drinnen oder draußen. Alles, was Kinder in die Hände nehmen, sehen, hören und fühlen, können sie zum Spielen verwenden. Bei jeder Art von Spiel erleben Kinder ihre Kompetenzen, ihre Kreativität wird gefördert, sie wachsen an den unterschiedlichsten Herausforderungen und lernen ihre Grenzen kennen. Sie spielen also, um ihre Kompetenzen fürs Leben zu entwickeln.

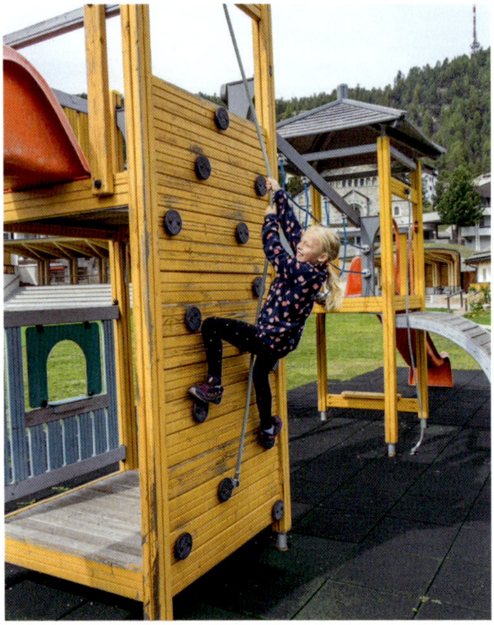

Bewegen

Kinder spielen und bewegen sich von Natur aus gerne. Sie lieben es, sich den Herausforderungen von neuen Bewegungsaufgaben stellen. Und das bedeutet, dass wir ihnen ein Umfeld zur Verfügung stellen sollten, in dem sie so viele Bewegungserfahrungen wie möglich sammeln können. In der Kindheit spielen die spielerische und freudvolle

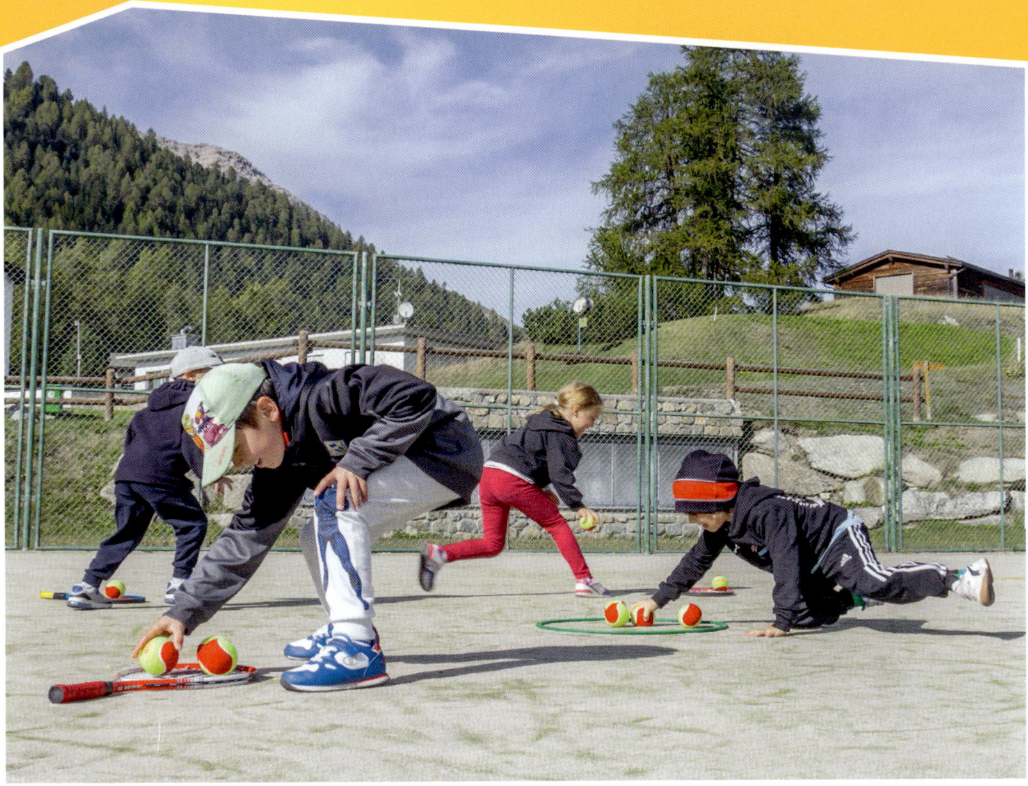

Bewegung und damit das Erwerben von möglichst vielen motorischen Kompetenzen eine zentrale Rolle. Zudem ist Bewegung sehr wichtig für eine gute körperliche, psychische und soziale Entwicklung. Ob beim Sport oder in der Freizeit, mit Freunden oder den Eltern, Kinder sollten sich möglichst vielseitig, spielerisch und kindgerecht bewegen.

Entdecken

Im Spiel setzen sich Kinder mit ihrer inneren und äußeren Welt auseinander. Sie treffen selbstbestimmte Entscheidungen und können ihren eigenen Interessen und Bedürfnissen folgen. Jedes Mal, wenn Kinder spielen, entdecken sie etwas Neues, was sie noch nicht kennen, noch nie gesehen, gespürt oder gehört haben. Spielen bedeutet gleichzeitig auch immer zu planen, denken, reden, experimentieren, entdecken und lernen.

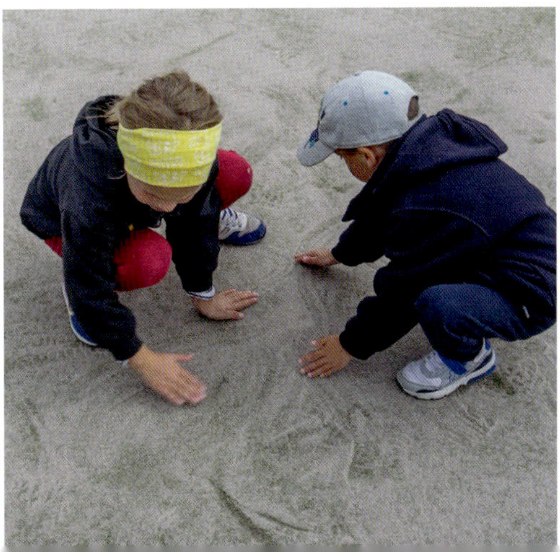

Sie nehmen die unterschiedlichsten Phänomene, sich selbst und ihre eigenen Fähigkeiten mit allen ihren Sinnen wahr und erleben sich mit ihren Kompetenzen auf diese Weise selbstwirksam.

Soziale Kompetenzen

Sobald Kinder mit anderen Kindern spielen, entwickeln sie wichtige soziale Kompetenzen. Sie erleben Freundschaft, Konflikte, Konfliktlösungen, sie profitieren voneinander, sprechen sich ab, gehen Kompromisse ein, handeln, legen Regeln fest und sie übernehmen Verantwortung für eigene Entscheidungen. Sie müssen zudem lernen, die Konsequenzen eigener Entscheidungen zu tragen und mit den Entscheidungen anderer umzugehen.

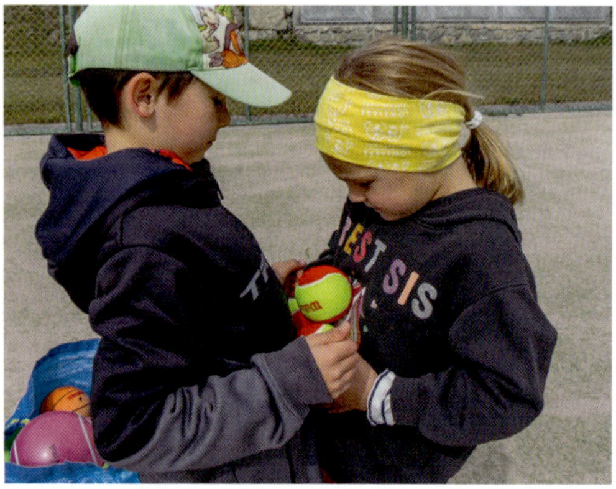

Im Spiel setzen sie sich aktiv mit ihrer eigenen und der Lebenswelt anderer Kinder auseinander.

Fantasie

Nur im Spiel können die Kinder ihrer Fantasie freien Lauf lassen. Die Fantasie hilft Kindern, ihre Umwelt zu erforschen und die volle Aufmerksamkeit und Konzentration auf das neue, fantastische Erlebnis zu richten, das ihnen in ihrem Leben beim Lernen hilft. Durch das Erfinden von Lebewesen oder Erleben von Abenteuern steigern die Kinder ihre Kreativität, Anpassungsfähigkeit und Flexibilität. Sie können verschiedene Verhaltensweisen spielerisch in einer Fantasiewelt ausprobieren und erlernen. Bei Rollenspielen können sie in jede beliebige Rolle schlüpfen und sie nach ihren eigenen Vorstellungen mit Leben füllen und ihre eigene Welt drumherum bauen. Sie lernen, sich in andere Rollen hineinzufühlen und unterschiedliche Sichtweisen anzunehmen. Sie können aber auch Erlebnisse verarbeiten, Ängste abbauen oder innere Konflikte ausleben.

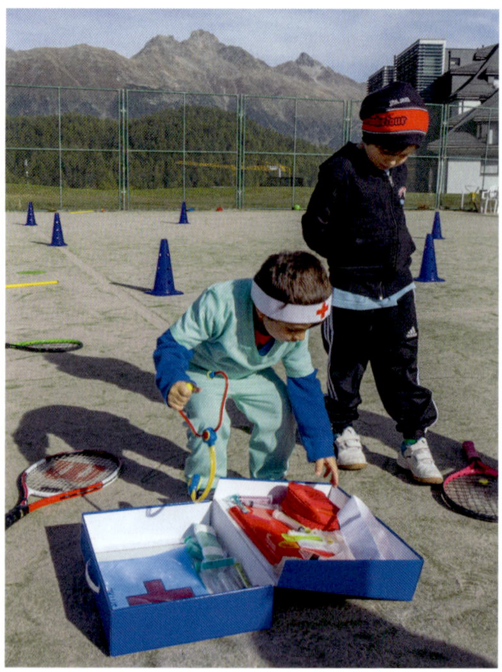

Kreativität

Aber nicht nur durch Rollenspiele können Kinder ihre Kreativität ausleben. Durch das Entdecken, Ausprobieren, Konstruieren, Kombinieren und das Experimentieren mit neuen Gegenständen und Materialien ergeben sich immer wieder neue Herausforderungen und Erkenntnisse. Dabei gehen sie zum Teil unglaublich konzentriert vor und eignen sich spielerisch neue Kompetenzen an. Zudem ist es erstaunlich, mit wie viel Mut und Elan sie neue Herausforderungen annehmen und ihre eigenen Grenzen austesten. Auf diese Weise entwickeln Kinder im fantasievollen Spiel viele neue, kreative Denkmuster und erweitern ihr Vorstellungsvermögen und ihre motorischen Fähigkeiten.

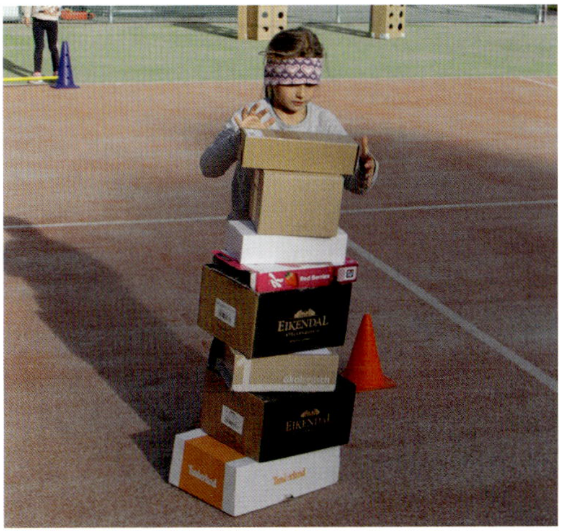

Fantasievolle Tennisstunden und kreative Übungen

Dieses Buch über «Fantasievolle Tennisstunden – Kreative Übungen und Spiele» möchte den Ansatz von fantasievollem und bewegtem Spiel aufgreifen und auf dem Tennisplatz umsetzen. Die Kinder sollen die Sportart Tennis in einer fantasievollen, spielerischen, kindgerechten, kreativen und lernfreundlichen Atmosphäre kennenlernen und ausüben. Über die fantasievollen Spiele und kreativen Übungen können sich die Kinder die Anregungen holen und den Herausforderungen stellen, die sie für ihre optimale Entwicklung auf und neben dem Tennisplatz brauchen.

«Die Fantasie aber ist das eigentlich Individuelle und Besondere eines Jeden.»

(Friedrich Schleiermacher)

Über das Buch

Dieses Buch soll ein Ratgeber und eine Ideensammlung für Trainer, Leiter, Eltern und Tennisliebhaber sein, die sich gerne mit Kindern auf eine fantasievolle Reise begeben. Alle Inhalte sind lediglich Vorschläge und nach dem besten Wissen und Gewissen der Autorin entstanden. Fehler und/oder andere Ansichten können natürlich nicht ausgeschlossen werden.

Der erste Teil des Buches gibt Tipps und Hinweise, wie das fantasievolle Training mit Kindern auf dem Platz, in Kita, Kindergarten oder zu Hause besser gelingen kann. Natürlich können und sollten diese Empfehlungen individuell gestaltet werden.

Der zweite Teil mit den praktischen Stunden zeigt Möglichkeiten auf, wie fantasievolle Lektionen mit Kindern durchgeführt werden können. Die Themen und kreativen Übungen dazu sind Ideen und Vorschläge. An dieser Stelle ist jeder Leiter selbst dafür verantwortlich, die Inhalte und Methoden seinen Gruppen entsprechend anzupassen und abzuändern, sodass die Kinder herausgefordert, aber weder unter- noch überfordert werden. Jede Lektion sollte den Kindern die Möglichkeit bieten, auf Bekanntem aufzubauen, etwas Neues zu lernen, erworbene Kompetenzen zu zeigen, sich ausgiebig zu bewegen und viel Spaß zu haben.

Der Einfachheit halber wird im gesamten Buch einheitlich in der männlichen Form von «der Leiter, Betreuer oder Trainer» gesprochen. Unter dem Begriff «Kinder» werden alle Jungen und Mädchen unter 10 Jahren zusammengefasst.

Autorin

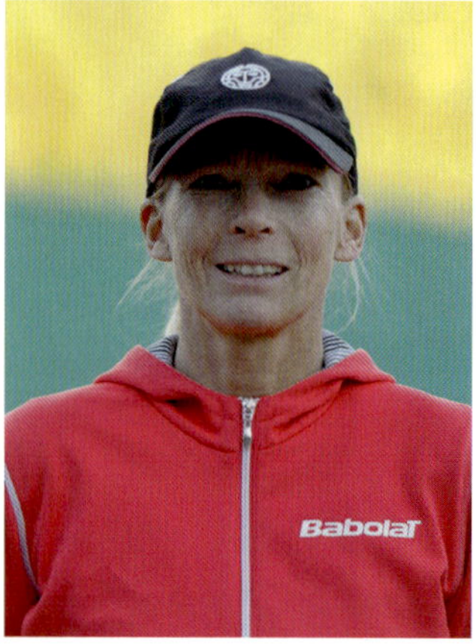

Nina Nittinger

- verheiratet, Mutter von zwei Kindern
- Autorin
- Master in Business Administration & Applied Sciences
- A-Trainerin Tennis (DTB & Swiss Tennis)
- A-Trainerin Kondition (Swiss Tennis)
- Mentaltrainerin für Sportpsychologie
- Expertin für Jugendsport und Kindersport (BASPO)
- WTA Tour Professional
- Kids Tennis Spezialistin (Swiss Tennis)

Als Mutter und Trainerin überlege ich permanent, wie ich Kindern den Einstieg in den Tennissport so kindgerecht, kreativ und spielerisch wie möglich vermitteln kann, damit sie von Anfang an und in jeder Stunde mit Begeisterung bei der Sache sind. Für mich sind fantasievolle Themen und kreative Übungen eine tolle Möglichkeit, den Kindern genau das zu geben, was sie begeistert und was sie in diesem Alter am meisten brauchen. Dazu gehören: möglichst viel Spaß zu haben, viele neue Bewegungserfahrungen zu sammeln, auf bereits erworbenen Erfahrungen aufzubauen, mit unterschiedlichen Materialien zu experimentieren und ihr neu erworbenes Wissen und Können zu zeigen. Es ist toll mitanzusehen, mit wie viel Spaß und Eifer sie in jedem Training bei der Sache sind und vollkommen in ihren verschiedenen Rollen aufgehen.

> *«Gib dem kleinen Kind einen dürren Zweig,*
> *es wird Rosen daraus sprießen lassen.»*
>
> (Jean Paul)

In diesem Sinne wünsche ich allen Kindern, Trainern und Eltern viel Spaß und tolle Erlebnisse mit den «Fantasievollen Tennisstunden und kreativen Übungen». NN

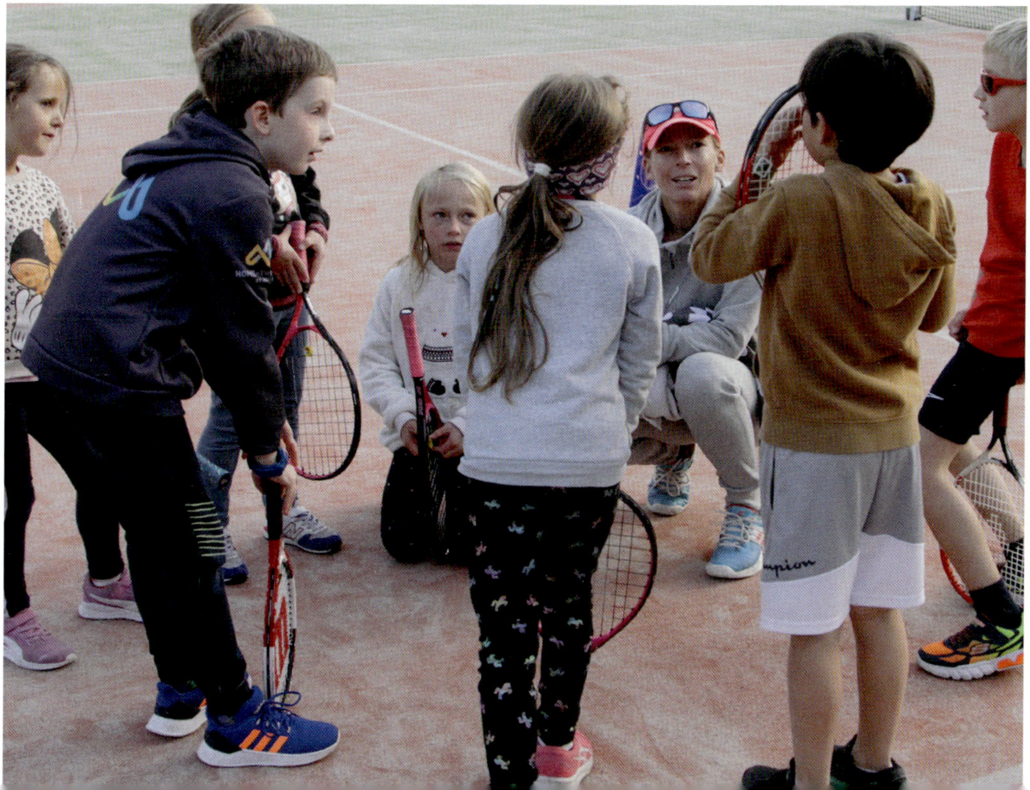

Danke, Nina!

In der Kids Tennis High School von Swiss Tennis ist das **«Lernen mit Entdecken»** ein zentrales Element der Unterrichtsphilosophie, denn es ist erwiesen, dass Menschen für Dinge stärker belohnt werden, welche sie selber erreicht oder entdeckt haben. «Das Gehirn ist deshalb so gebaut, dass es uns ein gutes Gefühl gibt, wenn wir die Kontrolle über etwas haben.» («Wir haben den tiefen Wunsch frei zu sein», Interview von Frederik Jötten mit Tali Sharot (Psychologin und Neurowissenschafterin), NZZ am Sonntag 11.06.2017)

Nina Nittinger beschreibt in ihrem Buch **«Fantasievolle Tennisstunden»** mit vielen Beispielen und grundsätzlichen Gedanken, wie das **«Entdecken»** ermöglicht und gefördert werden kann. Entdecken heißt für sie ausprobieren, experimentieren, forschen, konstruieren, kombinieren, verändern, anpassen, gestalten und selbst entscheiden oder wählen können.

Voraussetzung dafür ist, dass die Kinder

- genügend Zeit,
- ausreichend Freiraum und
- viele Materialien

zur Verfügung haben.

Das Buch von Nina Nittinger ist auch eine Anleitung, wie **Kreativität** gefördert werden kann. Diese entsteht

- aus der Neuverknüpfung bestehender Inhalte und
- offenen Aufgabenstellungen.

Diese geben Raum für kreatives Verhalten. Es ist entscheidend, dass die Kinder eigene Erfahrungen und Ideen miteinander verknüpfen und ausprobieren können. Deswegen ist es auch wichtig, dass die Kinder mit unterschiedlichen Materialien, welche sie aus dem Alltag kennen, experimentieren können. Sie finden dadurch neue Lösungen und nehmen sich als fähig und kompetent wahr, was für die Motivation und das Selbstvertrauen Voraussetzung ist.

Mit offenen **Aufgabenstellungen,** für welche die Leiterpersonen vorerst keine eigenen Lösungen präsentieren, diese aber so gestalten, dass sich die Kinder gezielt Kompetenzen aneignen, lernen die Kinder unbewusst und spielerisch.

Nina Nittinger lässt die Kinder in viele «Welten» eintauchen, sei es im Weltall, Krankenhaus oder Zirkus, überall können sie als Astronauten, Ärzte oder Artisten **mit allen Sinnen** und **vielseitig** neue Bewegungserfahrungen sammeln.

Das Buch ist für die «Kids-Tennis-Ausbildungswelt», in welcher Ausbildende, Leiterpersonen und Eltern mit den Ideen von Nina Nittinger selbst als «Astronauten oder Astronautinnen in ihren Raumschiffen» zu neuen Monden und Planeten aufbrechen können, eine Bereicherung.

Danke, Nina, für deine Ideen, deine Leidenschaft und deine Schaffenskraft. Wir sind dankbar, dass wir daran teilhaben dürfen.

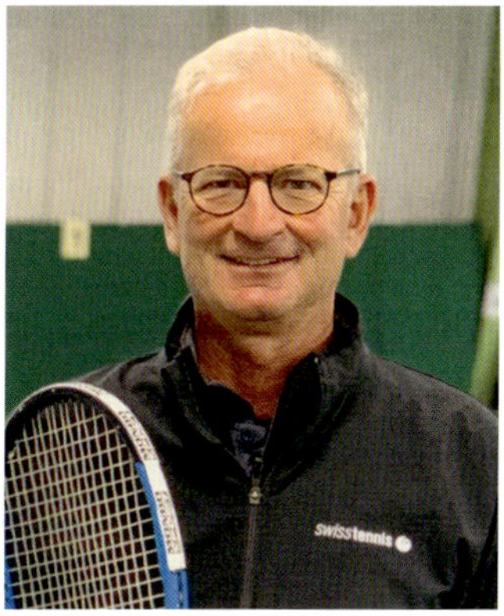

Martin Golser

- A-Trainer (Swiss Tennis)
- Kids Tennis Spezialist (Swiss Tennis)
- Ausbildungsexperte bei Swiss Tennis
- Mitautor Training Book Kids Tennis High School
- Experte für Jugendsport und Kindersport (BASPO)
- Tennislehrer mit eidgenössischem Fachausweis
- Diplom für das Höhere Lehramt Universität Bern

Fantasievolle Tennis-stunden

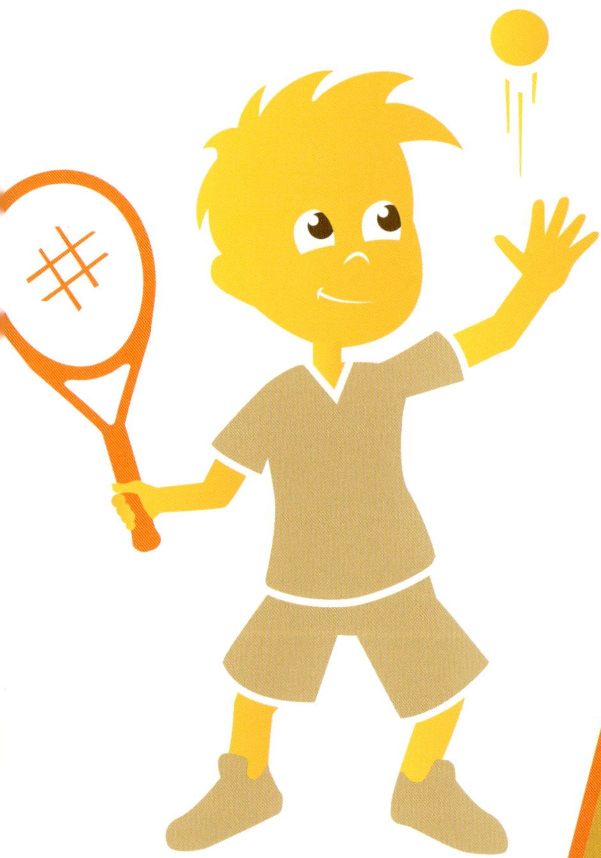

Theorieteil

Fantasievolle Tennisstunden

Empfehlungen für Übungen und Training

Tipps für Lektionen auf dem Tennisplatz

Tipps für Lektionen in Kita, Kindergarten oder Schule

Tipps für die Übungen zu Hause

Fantasievolle Tennisstunden

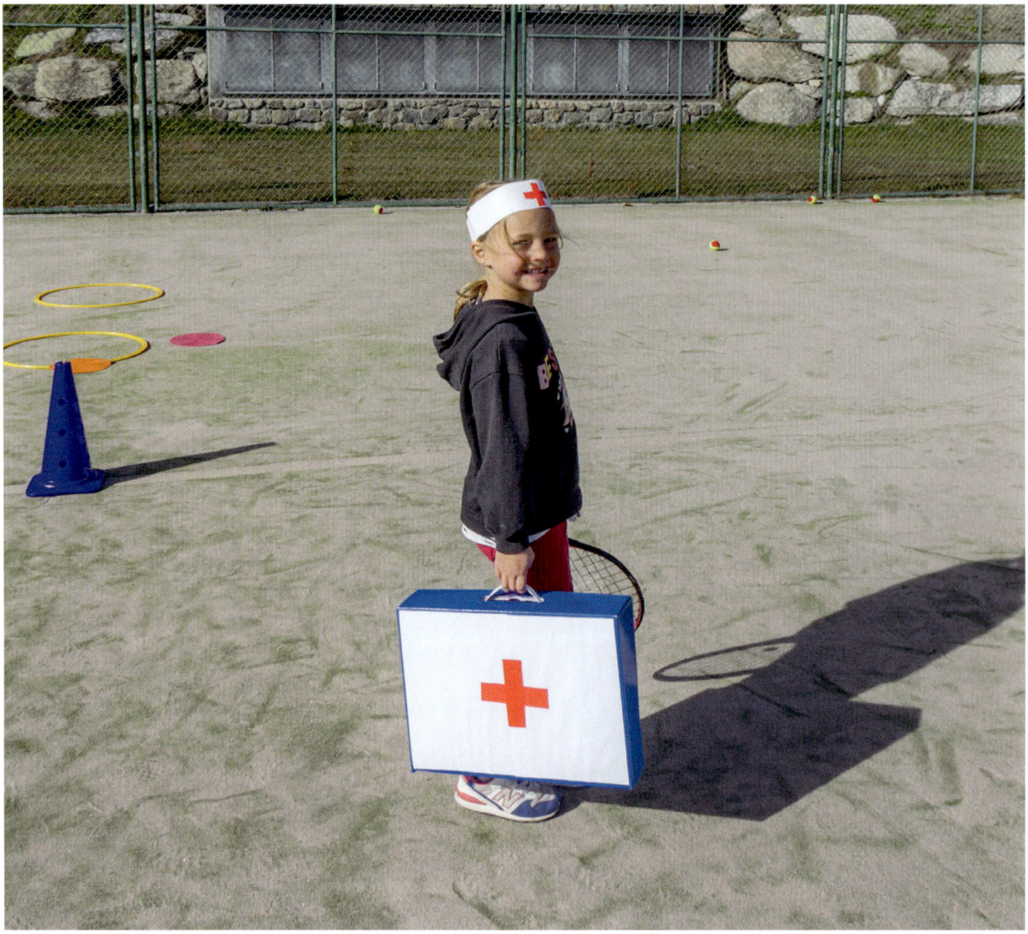

«Die größte Kunst ist, den Kleinen alles, was sie tun oder lernen sollen, zum Spiel und Zeitvertreib zu machen.»

(John Locke)

Fantasiewelten auf dem Tennisplatz

Egal ob zu Hause oder auf dem Tennisplatz, Kinder schlüpfen am liebsten in die Rollen von Handwerkern, Entdeckern, Astronauten oder Polizisten. Sie lieben es, in die Fantasiewelten von Märchen oder anderen Planeten einzutauchen, und werden so zu begeisterten

Akteuren in einem neuen Umfeld. Kinder haben von Natur aus ein extrem hohes Interesse am kreativen Spiel, denn auf diese Weise setzen sie sich mit sich selbst und ihrer unmittelbaren Umgebung auseinander. Die Kinder versuchen zudem alles, was um sie herum passiert, mit ihren Sinnen zu begreifen (begreifen = anfassen + erleben) und nicht nur mit dem Kopf zu verstehen.

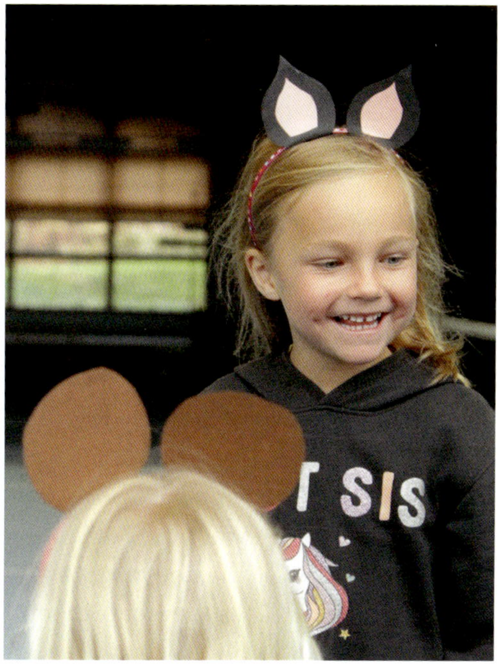

Spielen ist für Kinder ein sehr wichtiges Grundbedürfnis, und sich im Spiel auf dem Tennisplatz mit unterschiedlichen Materialien in einer Fantasiewelt zu bewegen, übt auf sie einen besonderen Reiz aus. Die Kinder können zudem von außen dazu angeregt werden, selber Ideen einzubringen, Übungen mitzugestalten, sich auszutauschen und das Erlebnis in den Vordergrund zu stellen.

Durch Spiele in der Gruppe, in denen einfache Regeln zu beachten sind, kommen die Kinder in Berührung mit Gesetzen des Zusammenlebens und sie lernen, sich in Gemeinschaften einzufügen. Gerade Tennis ist ein Spiel, das zu jeder Zeit Kreativität und Lösungsmöglichkeiten erfordert. Und nur durch vielfältiges Spielen können die Kinder ihre individuellen Eigenschaften entdecken und sich über die gewonnenen Erfahrungen zu einer eigenen Persönlichkeit weiterentwickeln.

Eine fantasievolle Tennisstunde sollte also immer spielerisch durchgeführt werden, in einer lebendigen und bildhaften Sprache stattfinden und die Vorstellungskraft der Kinder anregen. Die Kinder spielen am liebsten in der Welt ihrer Fantasie und verwandeln sich in Feen, Zauberer, Tiere, Geister, Piraten, Hexen und anderes. Offene Aufgabenstellungen geben Raum für kreatives Verhalten. Ist die Kreativität der Kinder gefragt und gefordert, dann entwickeln sie die Fähigkeit, eigene Erfahrungen und Ideen miteinander zu verknüpfen und auszuprobieren. Unzählige variantenreiche Lösungen entstehen durch spontanes und flexibles Denken. Dies kann aber nur geschehen, wenn den Kindern ausreichend Zeit gegeben wird und sie sich ohne Zwang und Druck entfalten können. Kann ein Kind mit Erfolgserlebnissen nach Hause gehen, dann wird genau an dieser Stelle der Grundstein für die Freude an der Bewegung und am Tennis gelegt und tief verankert.

Fantasievolle Tennisstunden mit den Eltern

Eine Tennisstunde für Eltern und Kinder gemeinsam, egal ob MuKi-Tennis, ElKi-Tennis oder Parents and Kids Tennis, ist ebenfalls eine fantastische Möglichkeit für alle Kinder, sich weiterzuentwickeln und auszuleben. Meistens sind dies der Einstieg und der erste Kontakt für die Kinder, und auch oftmals für die Eltern, mit einer Ball- und Rückschlagsportart, die auf spielerische und fantasievolle Art von Anfang an vermittelt werden soll.

Bis zu einem Alter von 5–6 Jahren ist es ganz normal, dass die Kinder Schwierigkeiten haben, mit anderen Kindern zu kooperieren. Ein Elternteil kann sehr dazu beitragen, dass das Training ohne Störungen durchgeführt werden kann. Es gibt den Kindern ein vertrautes Umfeld und sie können sich frei entfalten und experimentieren, ohne dass die ganze Gruppe darunter leidet. Partnerübungen können mit einem Elternteil sofort durchgeführt werden, wobei zwei Kinder unter 6 Jahren diese wahrscheinlich noch nicht sehr erfolgreich umsetzen können.

Das Elternteil kann je nach Aufgabe mitspielen, dem Kind helfen oder im Wettkampf im Team mit dem Kind oder gegen das Kind antreten. Das Kind ist auf diese Weise gut aufgehoben und kann sich in seinem eigenen Tempo in die Gruppe integrieren. Eltern kennen ihr Kind und den Rhythmus des Kindes am besten. Sie wissen, wo die Grenzen des Kindes liegen, wie man es am besten motivieren oder aufbauen kann. Auf diese Weise wird der Stundenablauf für Leiter wesentlich vereinfacht, denn Kinder, die beispielsweise aufgrund ihres Alters von einer Übung genug haben, können unter der Aufsicht eines Elternteils weiter forschen, entdecken und ausprobieren, ohne die anderen Kinder zu stören. Die Kinder erhalten auf diese Weise eine größere Chance, sich harmonisch in allen möglichen Bereichen zu entfalten.

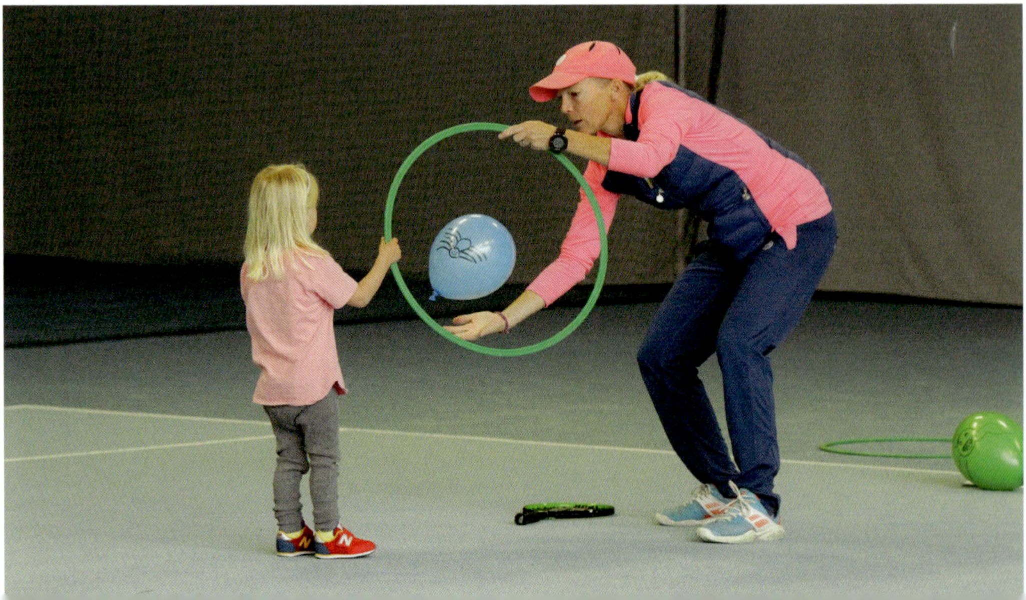

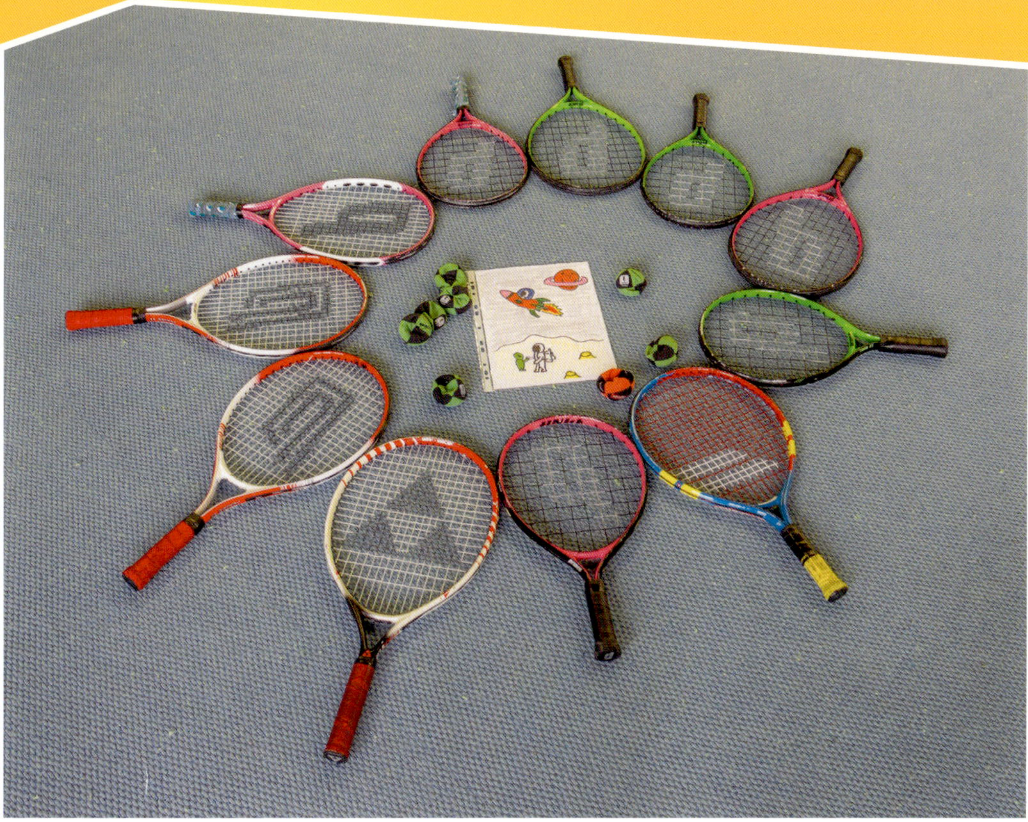

Fantasievoller Einstieg ins Tennis in Kita, Kindergarten und Schule

Auch für Kinder in Kita, Kindergarten oder Schule eignet sich ein fantasievoller Einstieg in den Tennissport. Eine oder mehrere Lektionen pro Schuljahr dienen in erster Linie dem Kennenlernen und Hineinschnuppern in die Sportart. Den Kindern wird so eine Möglichkeit gegeben, einen neuen Sport kennenzulernen und neue Bewegungserfahrungen zu sammeln. Die Kinder können dann mit den Eltern entscheiden, ob sie gerne in einem Club mit dieser Sportart weitermachen möchten. Den Clubs bietet sich der Vorteil, Kinder über diese Schnupperstunden abzuholen und für ihren Sport zu begeistern. In Kita, Kindergarten und Schule kann diese Stunde sowohl draußen auf einem Sportplatz, Parkplatz, in der Turnhalle oder in Zusammenarbeit mit einem Verein auf einem Tennisplatz durchgeführt werden. Für die Kinder ist es immer ein besonderes Erlebnis, wenn sie zum ersten Mal in einer großen Tennishalle oder im Tennisclub spielen dürfen. Die Betreuer der Kinder können ein fantasievolles Thema oder Material aussuchen, mit dem die Stunde gestaltet wird. Wenn das Thema bereits vorher behandelt wurde, können die Tennislektionen auf diesen Erfahrungen aufbauen. Die Kinder sind dann in der Lage, sich besonders gut mit dem Thema zu identifizieren und in der Fantasiewelt aufzugehen.

Kreative Übungen für zu Hause

Die kreativen Übungen in diesem Buch bieten den Kindern ebenfalls eine tolle Möglichkeit, sich zu Hause in ihrer Freizeit weiterzuentwickeln und auszuleben. Eltern und ihre Kinder können zusammen Übungen entwickeln, sie ausprobieren, mit Materialien experimentieren und viel Spaß haben. Es bietet sich an, mindestens ein- bis zweimal pro Woche eine oder mehrere Übungen als Ritual in den Alltag zu integrieren. Wenn die Kinder zum Beispiel wissen, dass sie mittwochnachmittags und samstagvormittags mit Papa zusammen Übungen machen können, freuen sie sich darauf und können schon im Vorfeld überlegen, was sie dann machen möchten. Die kreativen Übungen bilden zudem eine gute Basis für ein anschließendes kreatives und freies Spielen.

Für die Übungen können Themen oder unterschiedliche Materialien ausgewählt oder sogar etwas gebastelt werden. Ist das Thema zum Beispiel «Katz und Maus», können Mause- und Katzenohren ausgeschnitten und an einen Haarreifen geklebt werden. Wenn man Löcher in Kartons schneidet, können diese als Mauseloch dienen. Durch den Einsatz von selbstgebasteltem Material steigt die Vorfreude und die Kinder können sich noch besser in ihre Rolle als Katze oder Maus hineinversetzen.

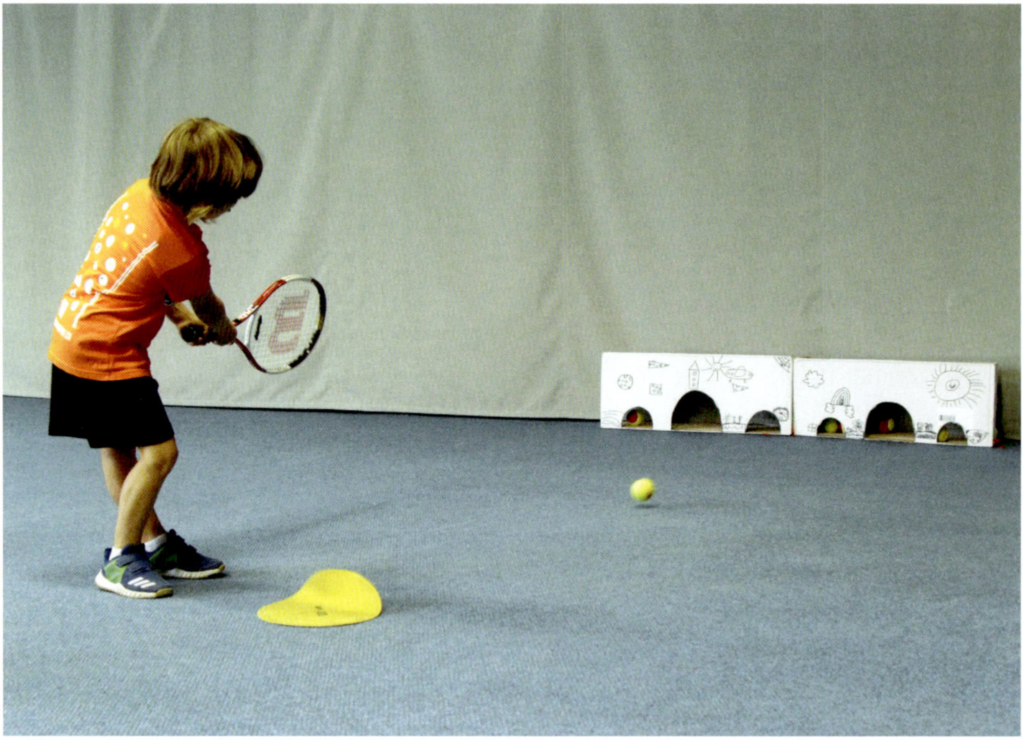

Bei den Übungen selber können Alltagsmaterialien benutzt werden. Wenn der Tennistrainer auf dem Platz ein Hütchen benutzt, können zu Hause leere oder mit Sand/Reis/Wasser gefüllte PET-Flaschen verwendet werden. Als weiche, leicht zu fangende Bälle können Socken oder Luftballons mit Reis ausgestopft werden. Für Markierungen auf dem Boden können die Kinder etwas aus Pappe oder Moosgummi ausschneiden, einen Topflappen, alte Deckel oder eine Schnur nehmen. Den Kindern wird eine Möglichkeit geboten, sich ihren Tennisplatz als Erlebniswelt selbst zu gestalten. Eine Anzeigetafel für den Spielstand kann leicht aus Pappe und/oder Papier gebastelt werden. Zudem beschäftigen sich die Kinder mit Zahlen und dem Spielstand: Wie werden Punkte gezählt, wer braucht wie viele Punkte, um zu gewinnen, wer schafft es zuerst, den Ball fünf- oder zehnmal hochzuhalten etc?

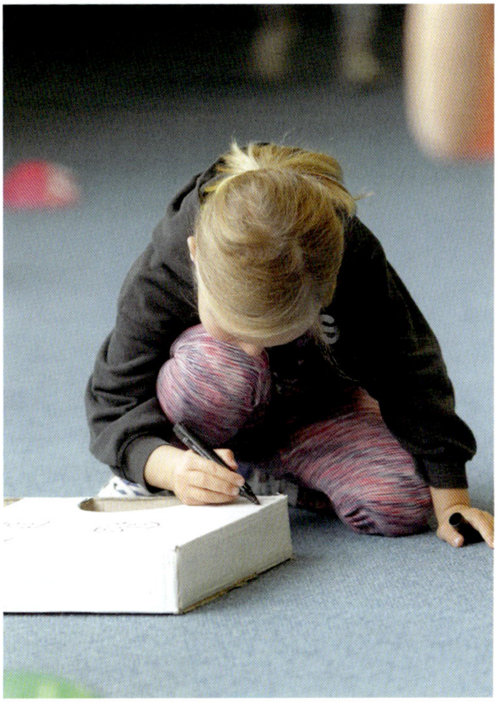

Der Fantasie sind keine Grenzen gesetzt. Und wenn man die Kinder entscheiden lässt, können die lustigsten und spannendsten Ideen entstehen.

Fantasievolles Material

> *«Kinder sollen Spielzeug selbst herstellen oder es wenigstens versuchen und sich darum kümmern. Dies wird sie daran gewöhnen, was sie brauchen, von sich selbst und ihren eigenen Bemühungen zu erwarten; sie lernen dabei Mäßigung in ihren Wünschen, Fleiß, Geschäftigkeit, Nachdenken, Findigkeit und Sparsamkeit.»*
>
> (John Locke)

Es gibt im Alltag viele Materialien, mit denen sich tolle Spielideen entwickeln und sehr einfach in den Tennis- und Sportunterricht, in Kita, Kindergarten oder zu Hause integrieren lassen. Alle Übungen können sowohl auf einem Sportplatz, in einer Turnhalle als auch daheim auf kleineren Bewegungsräumen einfach umgesetzt werden. Als Trainer,

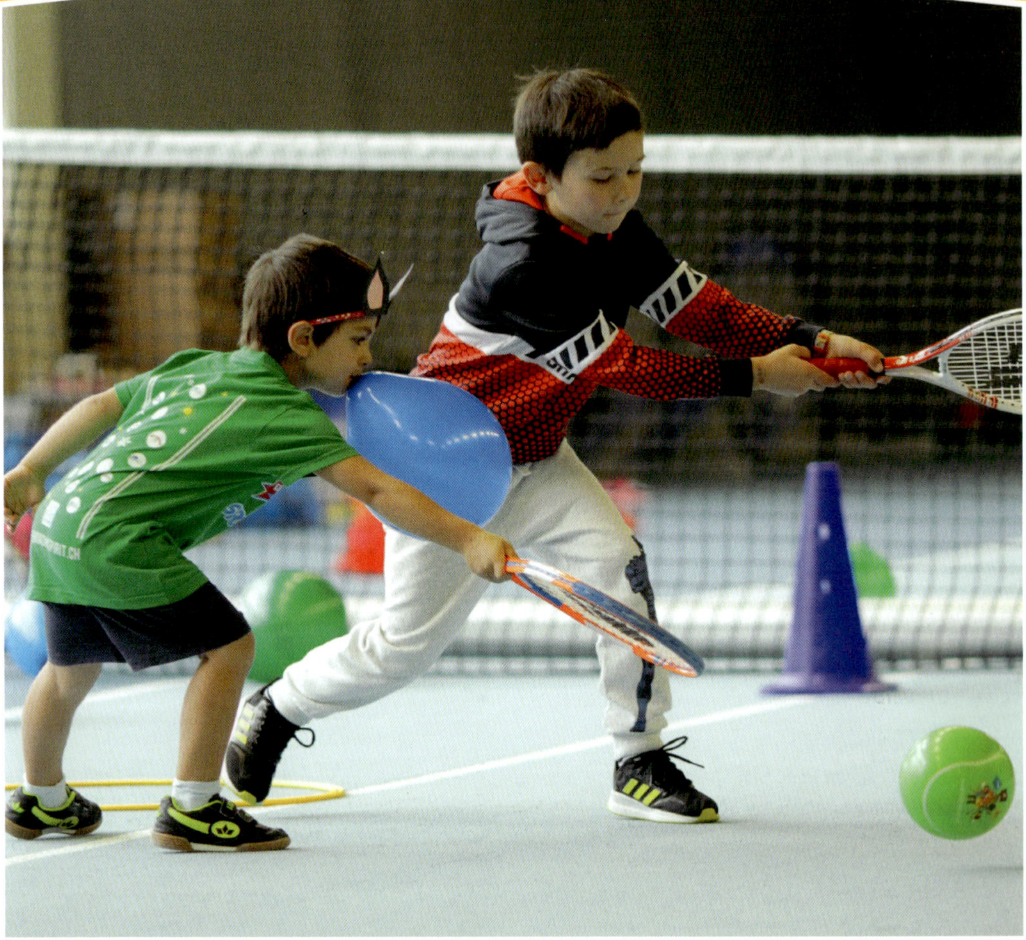

Lehrer, Leiter oder Elternteil kann man den Kindern mit einfachen Hilfsmitteln viel Abwechslung bieten und die Kreativität fördern. Alltagsmaterialien sind kostengünstig, einfach zu besorgen oder zu basteln und sehr variantenreich einzusetzen. Die Materialien haben zudem unterschiedliche Eigenschaften, die die Kinder erforschen und ausprobieren können. Manche sind leicht und ungefährlich, manche klebrig, andere schwer, manche kantig oder rund, die Fantasie kennt hier keine Grenzen. Je unterschiedlicher die Materialien sind, umso mehr wird die Kreativität der Kinder gefragt und gefordert. Dadurch können sie die Fähigkeit entwickeln, eigene Ideen und Erfahrungen miteinander zu verknüpfen. Durch spontanes und flexibles Denken entstehen zahlreiche Lösungsmöglichkeiten. Das ist nur möglich, wenn die Kinder sich in einem experimentierfreundlichen Umfeld ohne Zwang und Druck entfalten können. Nur wenn die Kinder durch ihr Ausprobieren und Experimentieren Erfolgserlebnisse und Selbstvertrauen bekommen, wird der Grundstein für die Freude an der Bewegung und am Sport tief verankert.

Material zum Basteln:

- PET-Flaschen, groß und klein, entweder leer, mit Wasser, Reis oder Sand gefüllt
- Reissäckchen aus Socken mit Plastiktüte oder Reisbälle mit zwei Ballons
- Markierungen (Füße, Hände, Pfeile) aus Moosgummi oder Pappe
- Pfannkuchen aus Filz
- Haarreifen mit Katzenohren, Mauseohren etc.
- Pappkartons als Tresor, Mauseloch, Backofen, Geschenke etc.
- Anzeigetafel aus Karton und Papier
- Wurfobjekt oder Geist aus Strumpf und Ball
- Banditenmaske aus alten Strümpfen
- Polizeikelle, Ampel
- Medaillen, Pokale
- Arztkoffer, Arzthaube
- Zielscheibe
- Zauberhut, Umhang

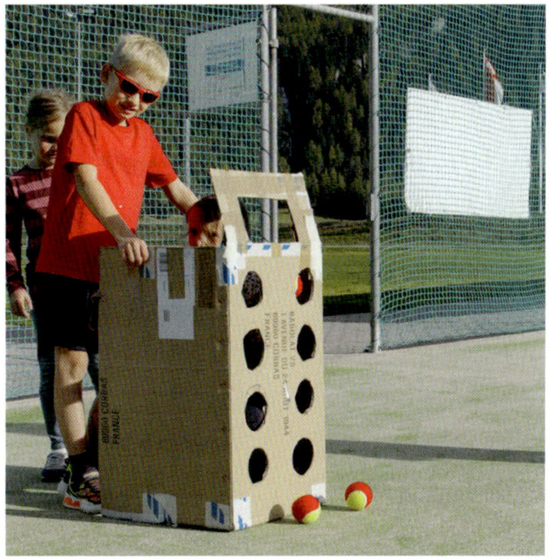

Ziele für die Entwicklung der Kinder

Grundsätzlich steht bei den fantasievollen Tennislektionen und den kreativen Übungen nicht nur das Tennisspielen im Fokus. Als Hauptziel ist die ganzheitliche Entwicklung der Kinder zu betrachten. An dem Schaubild mit der Blume und den neun Blütenblättern kann man sehen, dass alle Blütenblätter gleichmäßig wachsen sollten, damit sich aus einer kleinen später eine schöne große Blume entwickelt.

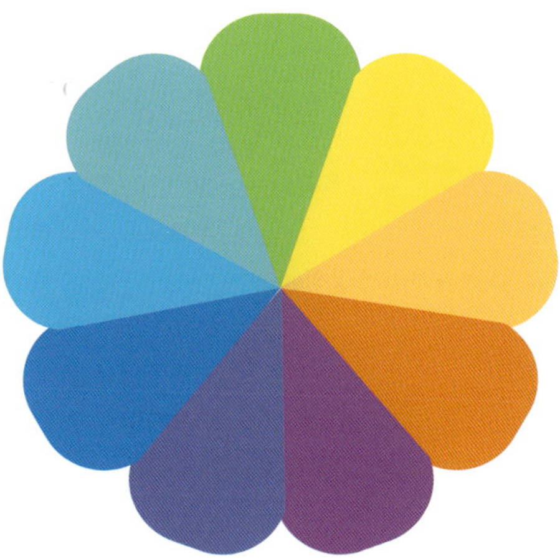

Aus diesem Grund sollten in allen Lektionen und Übungen die Entwicklung der folgenden neun Bereiche berücksichtigt werden:

Persönlichkeit:

- Förderung der Gesundheit
- Unterstützung der harmonischen Gesamtentwicklung
- Befriedigung des elementaren Bewegungsbedürfnisses
- Verbesserung der Bewegungsqualität
- Förderung von kreativen Handlungen
- Entwicklung des sozialen Verhaltens in der Gruppe
- Vertiefung der Beziehung zu den Eltern

Selbstkompetenz:

- Förderung der Selbstwahrnehmung
- Förderung des Selbstwertgefühls
- Entdecken und Umsetzen der eigenen Stärken und Handlungsmöglichkeiten
- Entwicklung von Vertrauen in die eigenen Fähigkeiten

Sinneserfahrungen:

- Anregung durch verschiedene Reize
- Besonders hervorgehoben werden sollten taktile, auditive und visuelle Reize.

Koordinative Fähigkeiten:

- Gleichgewichtsfähigkeit
- Reaktionsfähigkeit
- Rhythmisierungsfähigkeit
- Differenzierungsfähigkeit
- Orientierungsfähigkeit
- Kopplungsfähigkeit
- Umstellungsfähigkeit

Körperwahrnehmung:

- Selbstwahrnehmung: lernen, den eigenen Körper wahrzunehmen
- Selbstkompetenz: lernen, sich selbst einzuschätzen
- Selbstregulation: lernen, mit den eigenen Emotionen umzugehen

Umgang mit Material:

- Auge-Hand-Koordination
- Kraftdosierung
- Feinmotorik
- Kennenlernen von Größe, Gewicht und physikalischen Eigenschaften von Gegenständen

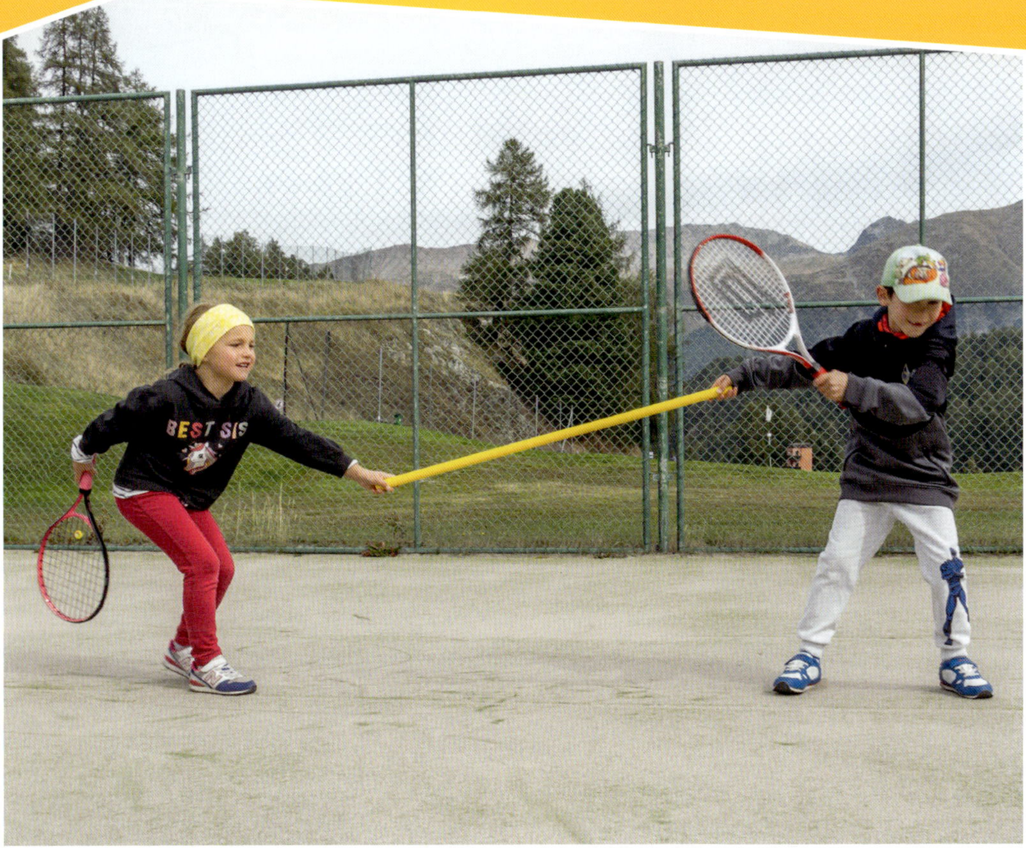

Soziale Kompetenzen:

- Kooperations- und Kommunikationsfähigkeit entwickeln
- zuhören, gemeinsam planen, entscheiden, Kompromisse aushandeln, gemeinsame Lösungen entwickeln, Rücksicht nehmen, sich gegenseitig helfen, Hilfe annehmen etc.
- Gruppenerlebnisse sind ein wichtiges und hervorragendes Element der sozialen Entwicklung.
- Teamgeist fördern
- respektvollen Umgang miteinander pflegen

Kognitive Fähigkeiten:

- spielerische Anregung zum Denken
- Förderung von Konzentration
- Sprachverständnis
- Wortschatzerweiterung

Fantasie und Kreativität:

- eigenständige Ideen entwickeln
- eigene Fähigkeiten einbringen
- alle Fähigkeiten nutzen

Grundsätze der Bewegungsentwicklung

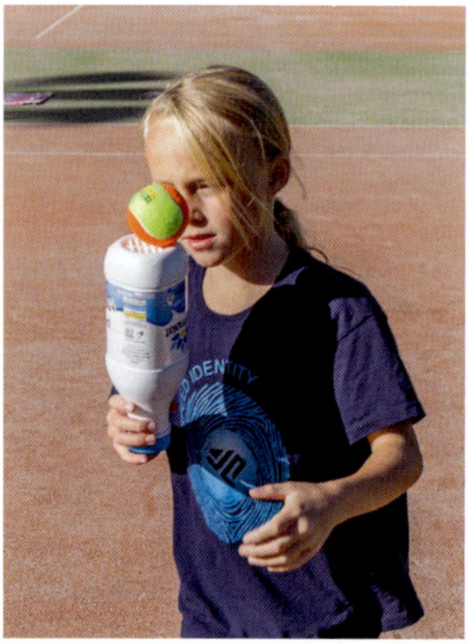

Kinder haben schon von Geburt an einen inneren Bewegungsdrang. Sie bewegen sich von Natur aus gerne und viel. Bewegung schult und entwickelt neben der Wahrnehmung vor allen Dingen die Raumerfahrung, das Körperbewusstsein und die koordinativen Eigenschaften:

1. Gleichgewichtsfähigkeit
2. Reaktionsfähigkeit
3. Rhythmisierungsfähigkeit
4. Differenzierungsfähigkeit
5. Orientierungsfähigkeit
6. Kopplungsfähigkeit
7. Umstellungs- und Anpassungsfähigkeit

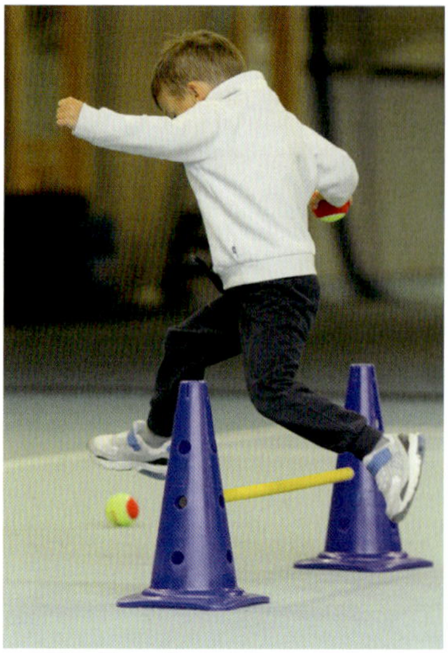

Alle Erfahrungen aus der Bewegung mit dem eigenen Körper können als unmittelbares Erleben des «Ich» aufgefasst werden. Dies ist notwendig für den Aufbau von Selbstbewusstsein und für eine positiv empfundene Selbstwahrnehmung. Neben den sieben koordinativen Eigenschaften verbessert Bewegung die vier konditionellen Faktoren:

1. Ausdauer
2. Kraft
3. Schnelligkeit
4. Beweglichkeit

Das Bundesamt für Sport in Magglingen (vgl. J + S-Kindersport, Theoretische Grundlagen) betont, dass jede neue Bewegung bei einem Kind auf bereits vorhandenen Bewegungsgrundlagen aufbaut. Je mehr Bewegungserfahrungen und je gefestigter die Bewegungsgrundformen sind, umso komplexere motorische Handlungen können später von dem Kind umgesetzt werden. Aus diesem Grund spielen möglichst vielfältige Bewegungserfahrungen im Kindesalter eine sehr große Rolle. Zu den Bewegungsgrundformen (nach J + S- Kindersport, Theoretische Grundlagen) gehören:

1. Laufen, Springen
2. Balancieren
3. Rollen, Drehen
4. Klettern, Stützen
5. Schaukeln, Schwingen
6. Rhythmisieren, Tanzen
7. Werfen, Fangen
8. Kämpfen, Raufen
9. Rutschen, Gleiten
10. Weitere Formen

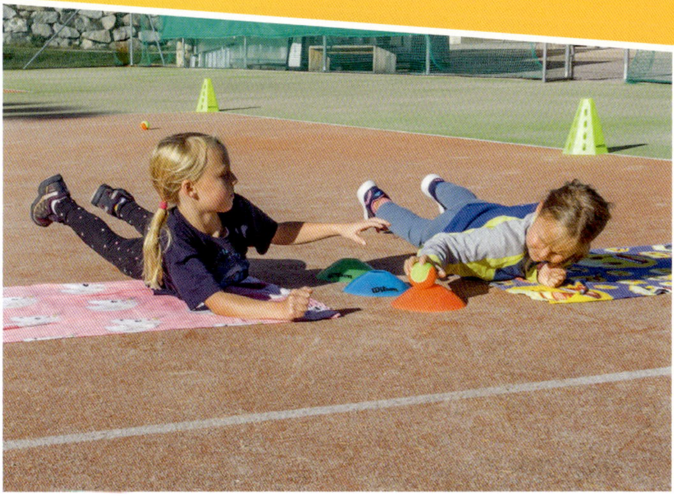

Alle Lektionen und Übungen sollten also aus möglichst vielfältigen Bewegungsgrundformen zusammengestellt werden. In diesem Alter steht die Entwicklung der koordinativen Faktoren mit Berücksichtigung aller Bewegungsgrundformen an erster Stelle. Konditionelle Faktoren können in Verbindung mit den koordinativen Herausforderungen eingebaut werden. Berücksichtigt man diese, gibt es unendlich viele Gestaltungsmöglichkeiten. Anbei sind noch weitere Grundsätze für die Bewegungsentwicklung aufgelistet:

- Die Grundlage für die Kinderwelt ist eine Bewegungswelt.
- Die Kinder sollen die Welt durch Bewegung erobern und «begreifen», d. h. greifen und anfassen.
- Bewegung soll von den Kindern immer positiv erlebt werden.
- Viel Bewegung ist wichtig für die körperliche, psychische und geistige Entwicklung von Kindern.
- Je jünger die Kinder sind, umso mehr Bewegungsfreiraum und Freiheit zum Ausprobieren und Erforschen sollten ihnen gegeben werden.
- Kinder leben in einer anderen Vorstellungs- und Bewegungswelt, aus dem Grund sollten die Trainingseinheiten in Themen eingebettet werden.
- Herausfordernde, kindgerecht verpackte Übungen sorgen für viel Spaß und Erfolgserlebnisse.
- Erfolgserlebnisse und Fortschritte prägen früh die Einstellung eines Kindes zur sportlichen Aktivität.
- Je positiver die Empfindungen und Erfahrungen mit Bewegung und Sport als Kind sind, umso größer ist die Chance, dass sie im Sport ein Leben lang aktiv bleiben. Die Bewegungserziehung der Kinder ist die Grundlage für eine zukünftige (komplexere) Ausbildung.
- Erworbene Bewegungsmuster führen zu verstärkten Verknüpfungen im Gehirn.
- Auf diesen Bewegungsmustern können die Kinder aufbauen, es erleichtert ihnen, neue Bewegungen aufzunehmen oder sie mit anderen Bewegungen zu kombinieren.

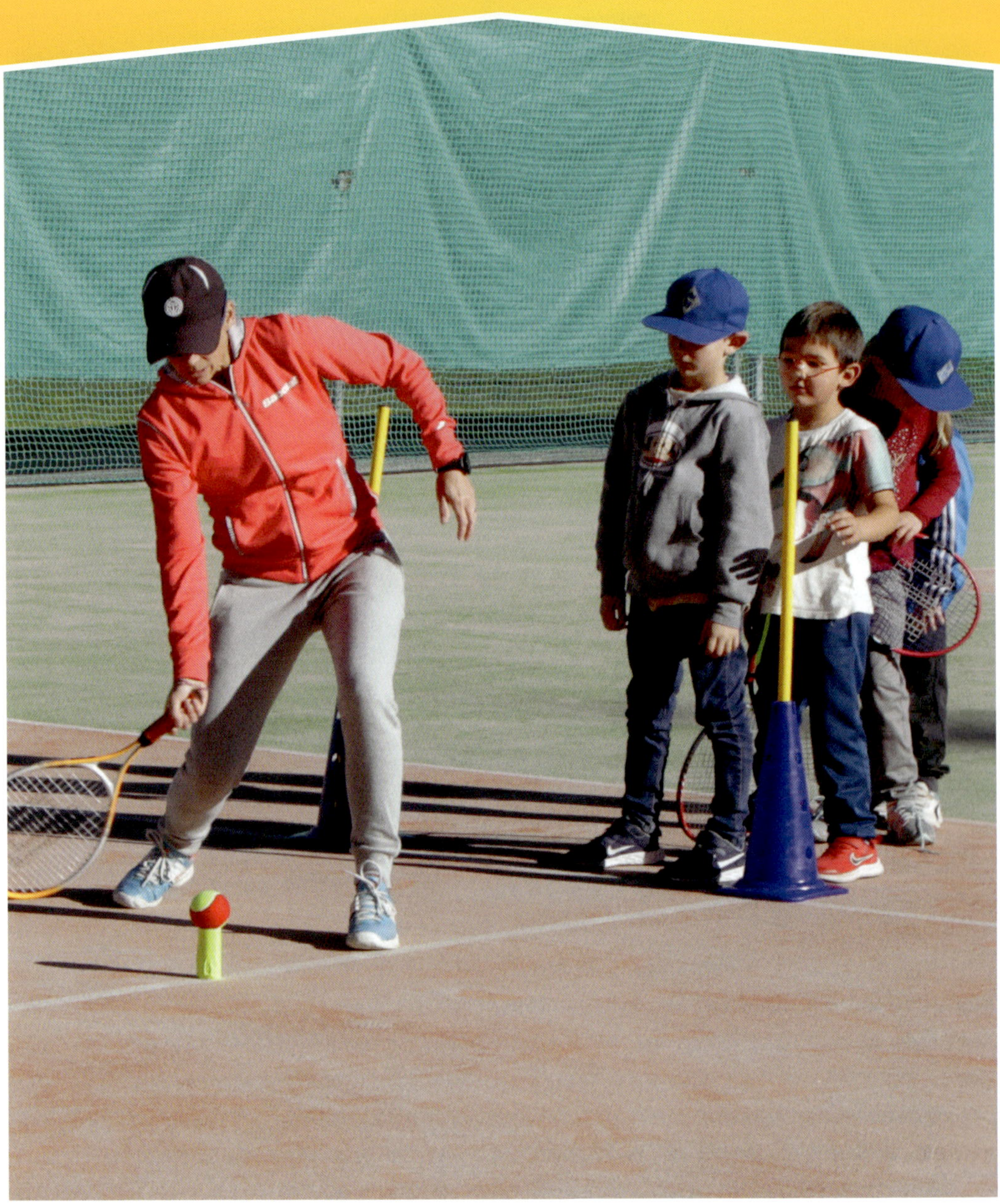

Kommunikation und Korrekturen

Die Kommunikation ist einer der wichtigsten Bausteine der Interaktion mit anderen Menschen. Von Geburt an werden Kinder mit der Sprache und somit der Kommunikation mit anderen Personen konfrontiert. Die Art, wie die Eltern und Trainer zu Hause oder beim Training kommunizieren, hat zu jeder Zeit einen Einfluss auf die Entwicklung eines Kindes. Gerade bei der Vermittlung von Wissen ist die kindgerechte Kommunikation der Schlüssel. Die Inhalte der Kommunikation sollten positiv formuliert, wertschätzend und ehrlich sein. Auch Nachfragen und gutes Zuhören verstärkt bei den Kindern das Gefühl, dass sie ernst genommen werden. Anbei sind weitere Punkte aufgelistet, die bei der Kommunikation beachtet werden sollten:

- Die verbale und nonverbale Kommunikation sollten übereinstimmen. Bei einer effektiven Kommunikation sind die Signale des Körpers, also die Gestik, Mimik und Haltung wichtiger als die Worte.
- Sprache, Haltung, Gestik, Mimik und Positionen der Eltern und Leiter sollten dem Alter der Kindern angepasst sein.
- Bei der Körpersprache sollte man darauf achten, dass:
  - die Hände das Gesagte unterstützen;
  - der Blickkontakt zum Kind oder zur Gruppe immer erhalten bleibt;
  - das Auftreten zum Sport und der Gruppe passt;
  - der Gesichtsausdruck und die Körperhaltung zum Gesagten passen.
- Erklärungen sollten immer einfach, kurz und prägnant sein. Zu viele Erklärungen führen zu Verwirrung und Unklarheiten.
- Es sollte möglichst immer mit Ich-Botschaften kommuniziert werden.
  - Ich-Botschaften machen deutlich, was der Leiter von den Kindern erwartet und was er kommunizieren möchte.
  - Ich-Botschaften sind menschlich und vertrauensvoll.
  - Du-Botschaften hingegen wirken eher herabsetzend und anschuldigend. Sie stoßen bei Kindern oft auf Widerstand.
- Wenn ein oder mehrere Kinder eine Erklärung nicht verstehen, ist es nicht ratsam, lauter oder ungeduldig zu werden.
  - Das Verstehen von Aussagen und Aufforderungen benötigt Zeit.
  - Es ist ein erster Schritt des Lernprozesses.
  - Eine ruhige, aber bestimmte Kommunikation mit Kindern führt einfacher zum Ziel.
- Demonstrationen von Bewegungen sollten einfach und korrekt gezeigt werden.
- Es sollte möglichst wenige konkrete Vorgaben zu den motorischen und taktischen Handlungsausführungen geben.
- Die Kinder sollten Bewegungen ohne Korrekturen durch den Leiter oder die Eltern ausführen können.
- Das selbstständige Spielen und Ausprobieren kann durch Impulse in Frageform, Fantasiegeschichten, Regeln und strukturelle Festlegungen (Anzahl der Kinder, Spielfeld, Ziele etc.) bereichert werden.
- Die Kinder sollten immer wie Kinder und niemals wie kleine Erwachsene behandelt werden.
- Ein Feedback sollte immer positiv formuliert werden.
- Es sollte immer die Anstrengung des Kindes und nicht das Ergebnis gelobt werden.

Methodik und Didaktik

Didaktik ist ein Begriff, der aus dem Griechischen kommt und sowohl «lehren» als auch «belehren» bedeutet und überall dort stattfindet, wo die Lehrenden und Lernenden aufeinandertreffen. Folglich kann man unter Didaktik die Wissenschaft der Lehre und des Lernens oder die praktische Vermittlung von theoretischem Wissen verstehen (vgl. https://www.cornelsen.de/empfehlungen/paedagogik/didaktik).

Der Begriff Methodik kommt ebenfalls aus dem Griechischen und bedeutet übersetzt die «Kunst des planmäßigen Vorgehens». Die richtige Methodik bezeichnet somit eine festgelegte, systematische Art des Handelns zum Erreichen bestimmter Ziele (vgl. https://www.cornelsen.de/empfehlungen/paedagogik/methodik).

Bei der Didaktik und Methodik kommt es also darauf an, was vermittelt werden soll und wie dies durchgeführt wird. Bei den in diesem Buch aufgezeigten Trainingseinheiten oder Übungsfolgen sollte der Leiter also zu jeder Zeit überlegen, was er den Kindern vermitteln möchte und wie er dies praktisch umsetzen kann. Jede Übung sollte dem Niveau der Kinder angepasst und eine machbare Herausforderung sein. Nur mit Erfolgserlebnissen bleiben Motivation und der Spaß erhalten und es kann Lerneffekte geben. Sind die Kinder über- oder unterfordert, bleibt dieser Lerneffekt aus. Um die Übungen anzupassen, können die Leiter die folgenden Trainingsprinzipien beachten:

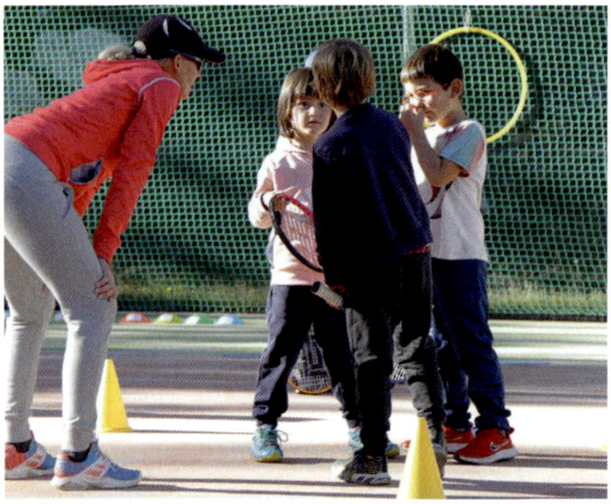

- → von einfach zu schwer/komplex
- → von langsam zu schnell
- → von großem Ball zu kleinem Ball
- → von kleinem Platz zu großem Platz
- → von viel Zeit zu wenig Zeit
- → von langsamer Ausführung zu schnellstmöglicher Ausführung
- → von wenigen Wiederholungen zu vielen Wiederholungen
- → von bekannt zu unbekannt
- → etc.

Für Gegensatzerfahrungen können diese Methoden jedoch auch umgekehrt eingesetzt werden.

Ein Vereinfachen oder Erschweren von Übungen kann man durch das Variieren oder Ändern der folgenden Faktoren erreichen:

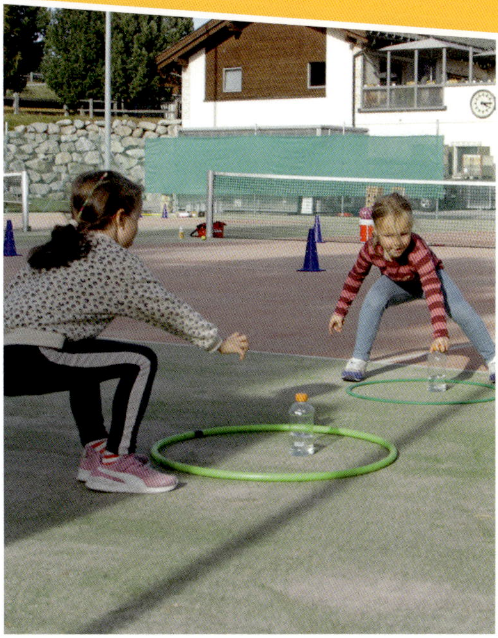

Spielfeld:

- Wird das Spielfeld vergrößert, ist es einfacher, dieses zu treffen, aber die Laufwege verlängern sich.
- Wird das Spielfeld verkleinert, ist es schwieriger, dieses zu treffen, aber die Laufwege verkürzen sich.

Zielfelder:

- Zielfelder sollten dem Niveau der Kinder angepasst werden, damit sie Erfolgserlebnisse haben. Je besser die Kinder werden, umso kleiner wird das Ziel.
- Bei konkreten Übungen im Tennis oder Übungen mit einem kleinen Ziel (z. B. wer schafft zuerst drei Treffer) ist es sinnvoll, dass sie mindestens einen bis zwei von zehn bis zwanzig Schlägen in das Zielfeld treffen können.
- Bei Übungen mit einer hohen Wiederholungszahl und einem hohen Ziel (z. B. wer schafft zuerst 20 Treffer), sollten die Erfolgschance bei über 50 % liegen.

Material:

- Das Material, wie z. B. Bälle, sollte nach den Prinzipien von groß zu klein und von einfach zu handhaben zu schwierig zu handhaben eingesetzt werden.
- Große Bälle sind langsamer und einfacher zu fangen und zu treffen, kleine Bälle sind schneller und schwerer zu fangen und zu treffen.

Geschwindigkeit:

- Große Bälle sind langsamer und einfacher zu fangen und zu treffen, kleine Bälle sind schneller und schwerer zu fangen und zu treffen.
- Auch das Tempo, in dem Übungen durchgeführt werden, kann hier von langsam zu schnell entwickelt werden. Je schneller man eine Bewegung durchführen muss, umso schwieriger wird es.

Zeit:

- Bei der Gestaltung der Trainings- und Pausenzeiten muss man sich nach der Dauer der gesamten Einheit und der Intensität der einzelnen Spiele oder Übungen richten. Je älter und trainierter die Kinder sind, umso weniger und kürzer werden die Pausen und umso länger werden die Trainingseinheiten.
- Bei der Zeitgestaltung kann man von einer kurzen Belastungs- oder Spieldauer zu einer längeren übergehen. Grundsätzlich können sich Kinder bei Spielen länger konzentrieren als bei anderen Übungsformen.
- Sehr intensive Übungsformen brauchen eine entsprechende Pausengestaltung.

Entwicklung der Kinder und Anpassung der Lektionen

Die Bewegungsentwicklung von Kindern verläuft grundsätzlich nach den gleichen Gesetzmäßigkeiten; zu welchem Zeitpunkt die Entwicklung jedoch stattfindet, kann man nicht sagen. Ein afrikanisches Sprichwort besagt, dass das Gras nicht schneller wächst, nur weil man daran zieht. Es wächst in seinem eigenen Tempo und zu seiner eigenen Zeit. Bei Kindern sollte man speziell das Erreichen von bestimmten Meilensteinen im Auge behalten und nicht nur das Lebensalter beachten. Bis Kinder beispielsweise eine motorische Fähigkeit entwickelt haben, können sich von Kind zu Kind größere Altersunterschiede herausstellen.

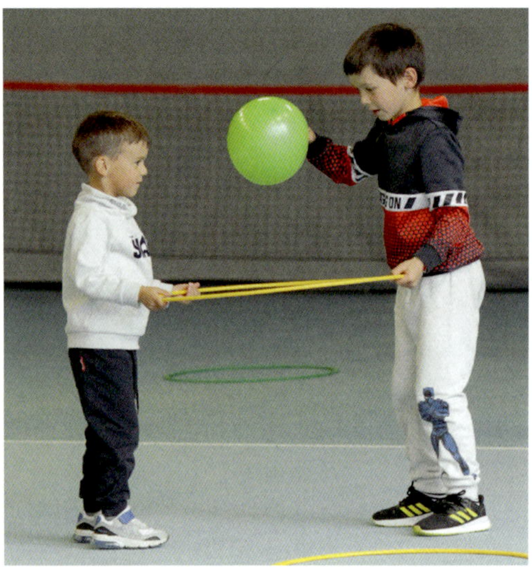

Während Drei- und Vierjährige sich noch eher grobmotorisch bewegen, gelingt es den Fünfjährigen zum Teil schon dank einer besseren Haltungskontrolle, einem besseren Gleichgewicht, elastischen Gelenken und Bändern sowie mit einem relativ belastbaren Skelett leicht, die Bewegungsqualitäten zu verfeinern, den Bewegungsreichtum und ihre Bewegungssicherheit durch differenzierte Aufgabenstellungen zu erweitern. Kinder, die über einen sehr großen Bewegungsdrang verfügen und sportlich sehr aktiv sind, entwickeln ihre motorischen Fähigkeiten schneller und können früher komplexe Anforderungen lösen. Jüngere Kinder können zudem nicht sehr lange zuhören oder stillstehen, sie wissen noch nicht genau, auf was sie ihre Aufmerksamkeit lenken sollen. Ihre Aufmerksamkeit bei Übungen ist sehr kurz und verlängert sich aber bei Spielen. Ältere Kinder können ihre Aufmerksamkeit bereits über einen längeren Zeitraum auf die wichtigen Dinge lenken. Bei allen Altersgruppen ist zu beachten, dass die Aufmerksamkeit bei Spielen um einiges länger ist als bei Übungen. Aus diesem Grund sollten alle Einheiten sehr spielerisch und kindgerecht gestaltet werden.

An dieser Stelle sollte sich jeder Leiter, Trainer oder Erzieher überlegen, ob er seine Trainingseinheiten altersunabhängig mit unterschiedlichen Schwierigkeitsstufen organisiert nach dem Prinzip blau, rot und orange, oder ob die Kinder nach ihrem Alter, zum Beispiel

3–5, 5–6/7, 7/8–9/10 Jahre eingeteilt werden. Für den Leiter einer Gruppe ist es natürlich am einfachsten zu unterrichten, wenn eine Gruppe sehr homogen ist. Das kommt in der Praxis jedoch sehr selten vor. Die folgende Tabelle mit Beispielen zeigt auf, wie Übungen schnell angepasst werden können. Dafür sollten auch alle Methoden aus dem vorherigen Kapitel über das Erschweren und Vereinfachen hinzugezogen werden. Merkt ein Leiter, dass für Kinder Übungen zu leicht zu bewältigen sind, dann kann er sie erschweren. Ist eine Übung zu schwer, kann er einen Schritt zurückgehen und sie vereinfachen.

Alter	Stufe	Bewegung	Tennis	Material
3–5	blau	im Stehen mit zwei Händen fangen mit zwei Händen werfen mit zwei Füßen springen auf einem Bein kurz balancieren	großen Ball aus der Luft im Stehen fangen gerollter Ball mit Stoppen gerollter Ball ohne Stoppen Ballon in der Luft halten Ball mit zwei Händen fangen und ihn aufprellen können noch nicht zählen	Ballons große Bälle kleine Felder kurze Laufwege große Ziele
5–6/7	rot	mit einer Hand in eine grobe Richtung werfen sicher vorwärts rennen (30 m in ca. 15 s) beidbeinig seitlich springen (ca. fünfmal) aus dem Stand mit zwei Beinen springen (ca. 50 cm weit) auf einem Bein balancieren (ca. 5 s) unterschiedliche Bälle fangen	Ball fangen nach Aufsprung Ball fangen in Hütchen Ball fangen im Sandwich Ball fangen mit zwei Deckeln Ball mit dem Schläger stoppen und zurückspielen können mit einer und zwei Händen im Stehen prellen können besser zählen, brauchen aber noch visuelle Hilfen	rote Bälle mittlere Felder mittlere Laufwege mittlere Ziele
7/8–9/10	orange	weit werfen und mit einer Hand gut zielen vorwärts und rückwärts balancieren aus dem Stand hochspringen (20–40 cm) können schnell rennen (30 m in ca. 10 s) beidbeinige Sprünge vorwärts (ca. 10–20) einbeinig Hüpfer vorwärts (ca. 5–10) Einbeinstand halten (ca. 10–20 s) auf den Zehen stehen (ca. 10–20 s) auf den Fersen laufen (ca. 5–10 m). Ballgefühl und Körperbeherrschung Fangen in Bewegung	können Ball direkt zurückspielen können Ballwechsel und Punkte über das Netz spielen können prellen und rennen können sehr gut im Kopf zählen	orange Bälle große Felder lange Laufwege kleine Ziele

Empfehlungen für Übungen und Training

Training auf dem Tennisplatz

Organisation:

- Die Zeitdauer von 45–60 min sollte nicht überschritten werden.
- Die Teilnehmerzahl:
  - … sollte pro Betreuer bei vier bis maximal sechs Kindern liegen.
  - Ist beim Training (MuKi-Tennis, ElKi-Tennis) pro Kind ein Elternteil anwesend, können acht bis zehn Kinder mit Elternteil betreut werden.
- Besonders bei Kindern zwischen 3 und 5 Jahren ist es zu empfehlen, dass ein Elternteil mit auf den Platz kommt und die Übungen mit seinem Kind durchführt.
- Es sollten zwischen den Übungen immer kleine Pausen gemacht werden. In einer längeren Einheit von einer Stunde sollte eine längere Pause eingeplant werden.

Kommunikation und Korrekturen:

- Der Leiter sollte sich immer genug Zeit für Erklärungen nehmen.
- Die Erklärungen sollten einfach und klar vermittelt werden.
- Die Kinder stehen im Mittelpunkt.
- Alle Erklärungen und Hinweise sollten positiv und mit einer Ich-Botschaft formuliert werden.

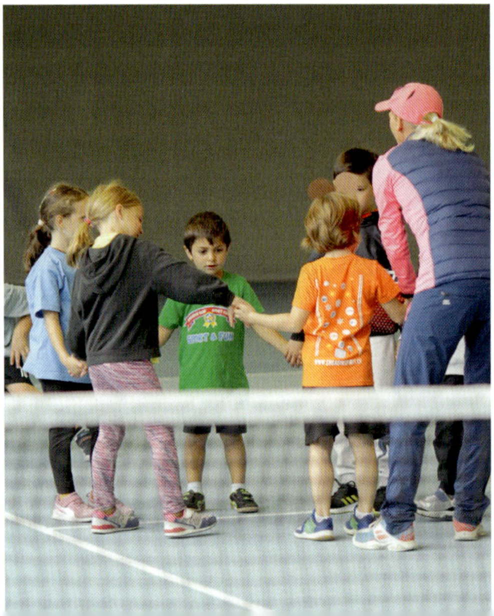

Inhalt und Methodik:

- Jede Einheit sollte gut durchgeplant und zielgerichtet sein.
- Die Übungen sollten spielerisch, kindgerecht und abwechslungsreich gestaltet werden.
- Jede Einheit sollte mindestens eine Übung oder Station haben, an der sich die Teilnehmer sehr aktiv bewegen.
- Es sollten in jeder Einheit attraktive Themen und Inhalte zusammengestellt werden.
- Es sollten Rituale eingeführt und konsequent beibehalten werden.

- Die implizite und explizite Förderung sollte beachtet werden:
  - implizit = komplexe Spielhandlungen, man lernt ganz nebenbei (für kleine Kinder ausreichend)
  - explizit = Spiel-und Übungsformen, um einzelne Funktionen gezielt zu fördern
- Die Schulung des Arbeitsgedächtnisses sollte regelmäßig eingesetzt werden, kognitive Aufsetzer = Signale merken und reagieren.
- Inhibition und kognitive Flexibilität = zuvor gelernte Regeln verändern.

Stundengestaltung in Kita, Kindergarten oder Schule

Organisation:

- Die Zeitdauer von 45–60 min sollte nicht überschritten werden und entspricht einer Unterrichtslektion.
- In der Kita oder Schule werden die Gruppen meistens zusätzlich von einem oder zwei Lehrern betreut.
- Besonders bei jüngeren Kindern sollten mehrere Betreuer helfen.
- Es sollten zwischen den Übungen immer kleine Pausen gemacht werden.
- Es sollte eine längere Trinkpause nach der Hälfte der Zeit geben.

Kommunikation:

- Die Lehrer und Erzieher sollten sich immer genug Zeit für Erklärungen nehmen.
- Die Erklärungen sollten einfach und klar vermittelt werden.
- Die Gruppenregeln sollten vor der Stunde klar kommuniziert werden.
- Die Kinder stehen im Mittelpunkt.
- Alle Erklärungen und Hinweise sollten positiv formuliert werden.

Inhalt und Methodik:

- Die Stunde sollte gut durchgeplant sein.
- Die Übungen sollten auf ein Thema abgestimmt sein, das die Kinder vielleicht schon aus dem Unterricht kennen.
- Bei jüngeren Kindern sollte es viele Gruppenübungen geben, die alle gemeinsam durchführen.
- Sind die Kinder etwas älter oder haben sie bereits Erfahrungen mit Tennis gemacht, können vermehrt Partnerübungen durchgeführt werden.
- Je älter die Kinder werden, umso besser können sie kooperieren und selbstständig an Stationen arbeiten.

Übungen zu Hause

Organisation:

- Eltern, die mit ihren Kindern zu Hause üben, sollten sich zwei bis drei Übungen aussuchen und diese je nach Alter des Kindes fünf bis zehn Minuten durchführen.
- Es ist empfehlenswert, ein- bis zweimal pro Woche Übungen durchzuführen.
- Es sollten zwischen den Übungen immer kleine Pausen gemacht werden.
- Die Eltern können zusammen mit dem Kind den Tag und die Uhrzeit festlegen.

Kommunikation und Korrekturen:

- Die Eltern sollten sich immer genug Zeit für Erklärungen nehmen.
- Die Erklärungen sollten einfach und klar vermittelt werden.
- Das Kind steht immer im Mittelpunkt.
- Alle Erklärungen und Hinweise sollten positiv formuliert werden.
- Falls das Kind etwas falsch macht oder keine Lust mehr hat, können die Eltern es durch eine andere Übung oder Fragen ablenken.

Inhalt und Methodik:

- Es sollten Rituale eingeführt und konsequent beibehalten werden.
- Das Kind kann sich zusammen mit dem Elternteil ein Ritual aussuchen, das vorher und nachher durchgeführt wird.
- Es kann sich das Thema aussuchen oder zusammen mit dem Elternteil gestalten.
- Die Übungen sollten spielerisch, kindgerecht und abwechslungsreich gestaltet werden.
- Es sollte mindestens eine Übung dabei sein, bei der das Kind sich sehr aktiv bewegt.

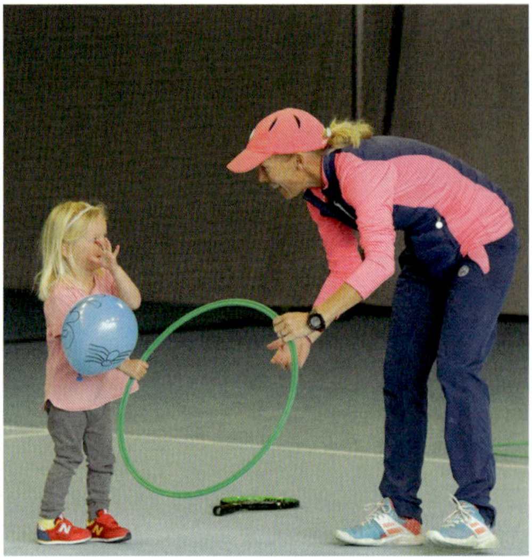

Gruppenübungen, Partnerübungen und Einzelübungen

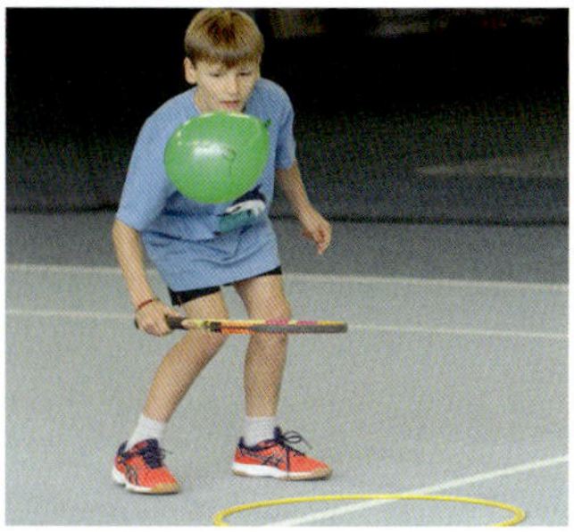

Einzelübungen (im Folgenden mit **(E)** gekennzeichnet)

- Führt jeder für sich alleine aus.
- Werden entweder an einer Station ausgeführt oder sind in eine Gruppenübung eingebettet.
- Sind optimale Übungen für zu Hause, da sie auch ohne Partner durchgeführt werden können.
- Können auch einzeln als Wettkampf gegen andere durchgeführt werden.

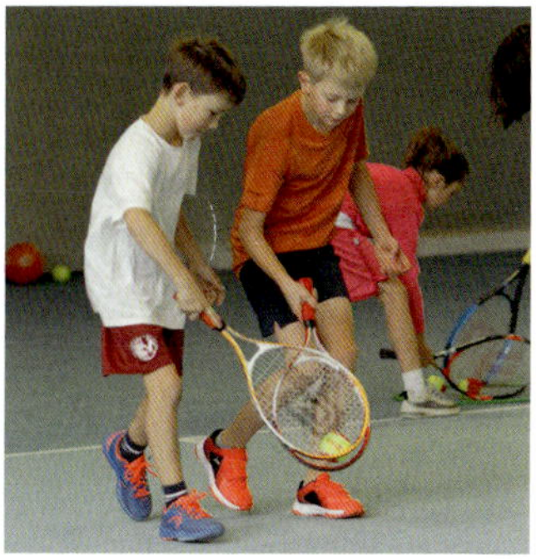

Partnerübungen (im Folgenden mit **(P)** gekennzeichnet)

- Partnerübungen sind die optimalen Übungen für zu Hause und können mit einem Elternteil, Geschwistern oder anderen Kindern ausprobiert werden.
- Die Partnerübungen werden zu zweit von
  - zwei Kindern,
  - einem Erwachsenem und einem Kind,
  - einem Trainer und Kind,
  - miteinander oder gegeneinander durchgeführt.

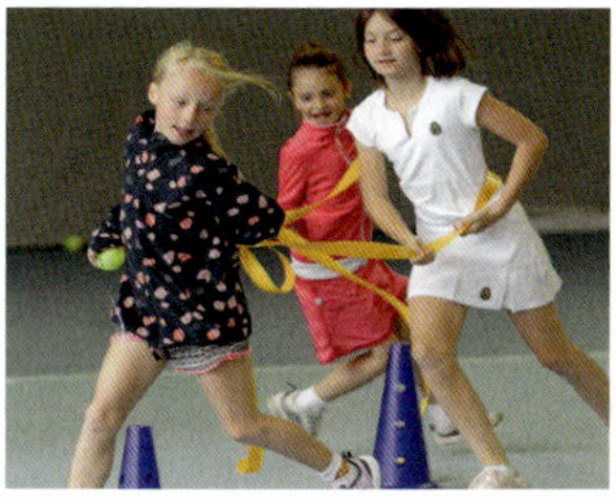

Teamübungen (im Folgenden mit **(T)** gekennzeichnet)

- Diese Übungen können in
  - zwei großen Teams mit- oder gegeneinander oder
  - Zweier-, Dreier- oder Vierer-Teams mit- oder gegeneinander durchgeführt werden.
  - Dabei treten die Teams gegeneinander an.
  - Übungen für Teams eigenen sich sehr gut für zu Hause.

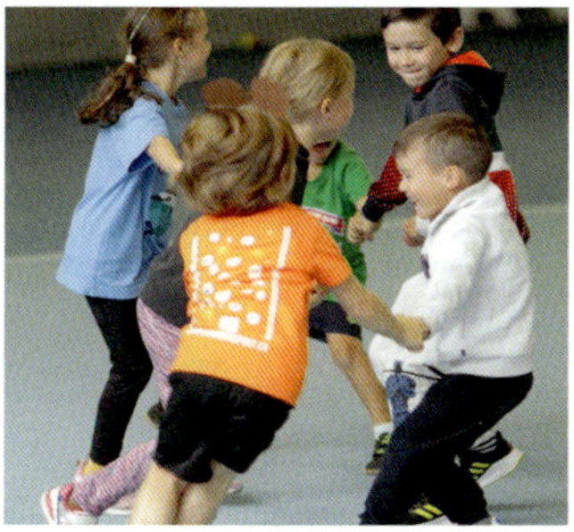

Gruppenübungen (im Folgenden mit **(G)** gekennzeichnet)

- Werden von allen Teilnehmern gleichzeitig durchgeführt und alle sind involviert.
- Gruppenübungen können auch Einzel-, Partner- oder Teamübungen beinhalten.
- Auch Gruppenübungen können zu Hause mit der ganzen Familie oder beispielsweise mit den Nachbarskindern ausprobiert werden.

Tipps für Lektionen auf dem Tennisplatz

Vor der Stunde

Vorankündigung:

- Als Vorbereitung für ein Angebot für fantasievolle Tennisstunden kann eine Informationsveranstaltung organisiert werden.
- Es kann auch ein Schreiben mit den Vorteilen des fantasievollen Trainings und der kreativen Übungen verfasst werden. Alle Informationen lassen sich leicht mit diesem Buch zusammenstellen.
- Die fantasievollen und kreativen Übungen können aber auch ohne besondere Vorankündigung in das normale Tennistraining eingebaut werden.
- Es ist zu empfehlen, eine Gruppe (per E-Mail oder WhatsApp) zu gründen. Einen Tag vor dem Training sollte der Leiter das Training mit der Bestätigung der Uhrzeit und dem Thema ankündigen. Damit steigt die Vorfreude und die Teilnehmer werden positiv «abgeholt». Alle Teilnehmer wissen, dass das Training nun sicher stattfindet. Die Kinder können sich zum Beispiel dem Thema entsprechend verkleiden, wenn sie Lust haben.

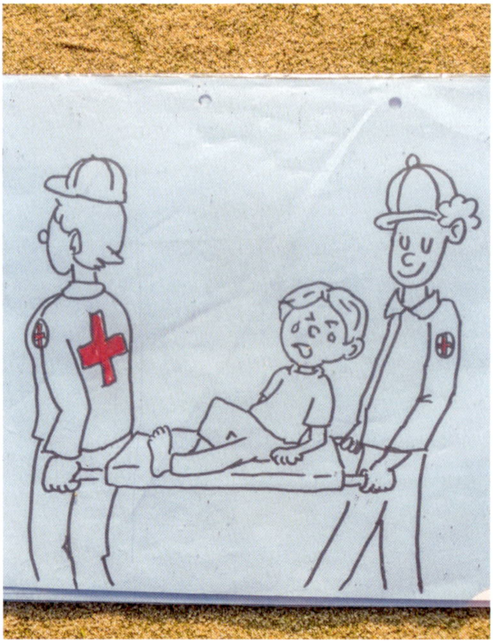

Vorbereitung:

- Jede Stunde sollte schriftlich vorbereitet werden.
- Die einzelnen Übungen können notiert oder ausgedruckt werden.
- Beim Training an Stationen können Bilder für jede Station ausgedruckt oder gemalt werden.
- Für jede Übung sollte die Organisationsform festgelegt werden.
- Die Übungen können beliebig zusammengestellt werden, sie sollten aber logisch aufeinander aufbauen und ein spezifisches Ziel verfolgen.
- Die Übungen können dem Stand der Gruppe entsprechend erleichtert oder erschwert werden.

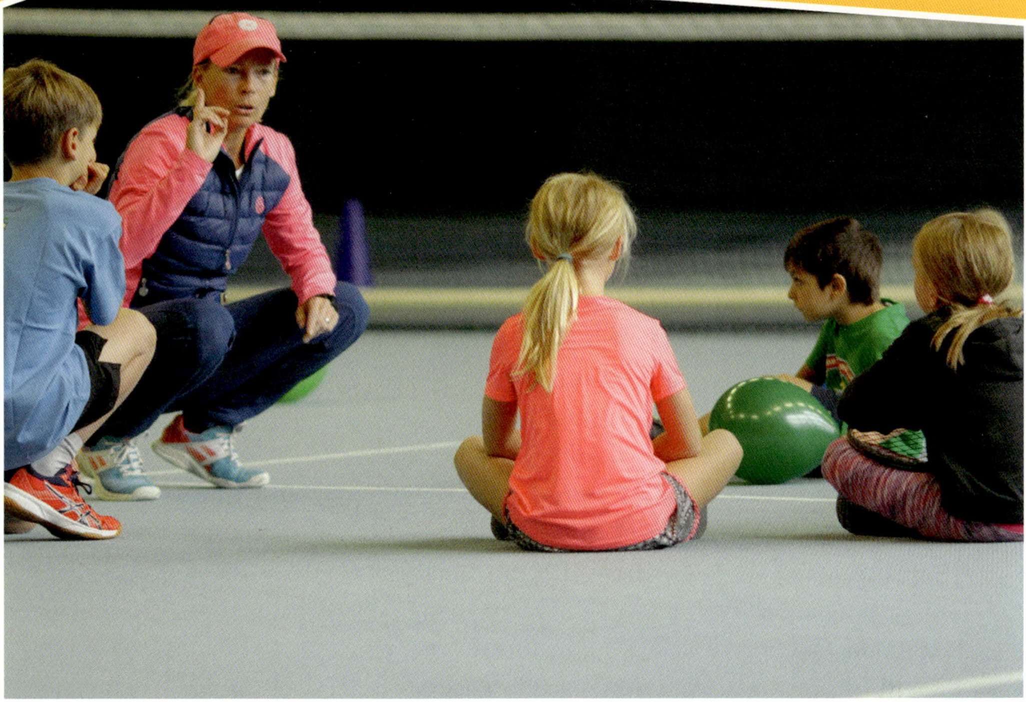

Material:

- Jeder Trainer oder Leiter sollte vor der Stunde das benötigte Material vorbereiten.
- Das Material, das in diesem Buch verwendet wird, ist entweder leicht zu erwerben, einfach zu beschaffen oder es ist das Material, welches ein normaler Trainer zur Verfügung haben sollte.
- Es wird davon ausgegangen, dass die Leiter einer Stunde das übliche Material eines Tennistrainers zur Verfügung haben.
- In der Stundenplanung wird hier nur zusätzlich benötigtes Material aufgeführt.
- Material aus einer Turnhalle wird in diesem Buch nicht aufgeführt, da dies nicht jedem Trainer zur Verfügung steht.
- Falls die Stunde in einer Turnhalle durchgeführt wird, kann und sollte dort natürlich das vorhandene Material ausgenutzt werden.

Gruppenregeln:

Jüngere Kinder nehmen vielleicht zum ersten Mal an einem Unterricht in einer Gruppe teil und sind noch sehr stark auf sich selbst fixiert. Sie müssen in der ersten Zeit bzw. in den ersten Stunden lernen, dass auch andere Kinder in der Gruppe sind, die gleichberechtigt sein möchten und um die der Leiter sich kümmern muss. Die Regeln für die Gruppe sollten vor oder beim ersten Training festgelegt werden. Im Laufe der Zeit, wenn der Leiter diese Regeln immer wiederholt, verinnerlichen die Kinder die Regeln. Natürlich muss der Leiter als Vorbild mit gutem Bespiel vorangehen, sonst verliert er seine Glaubwürdigkeit.

Die nachfolgenden Regeln sind lediglich Beispiele und sollen von jeder Betreuungsperson so erstellt werden, dass sie zu den Kindern und der Umgebung z. B. dem Club oder der Sporthalle passen, da dort die Richtlinien sehr unterschiedlich sein können.

- Der Leiter sollte altersgerechte Regeln aufstellen und diese in einer kindgerechten Sprache regelmäßig wiederholen.
- Der Leiter sollte zu jeder Zeit auf die Einhaltung der Regeln achten.
- Es sollten klare, aber kindgerechte Konsequenzen zu nicht gewünschtem Verhalten vorliegen, die dann auch konsequent umgesetzt werden müssen.
- Der Leiter kann den Kindern bei Konflikten Lösungsmöglichkeiten aufzeigen.
- Es sollten zudem eine Ess- und Trinkregel und eine Kleider- und Schuhregel für alle Teilnehmer festgelegt werden.
- Die Regeln können aufgeteilt werden in vor, bei und nach dem Training, z. B.:
  - Vor dem Training ziehen sich alle in der Umkleidekabine um und betreten den Platz nur mit Sportschuhen und -kleidung.
  - Auf dem Tennisplatz wird zuerst das Begrüßungsritual durchgeführt.
  - Es wird auf dem Platz nur Wasser getrunken und nicht gegessen.
  - Bei aggressivem Verhalten gibt es eine Gelbe Karte und die Kinder versuchen, den Konflikt mit Hilfe des Trainers zu lösen.
  - Bei wiederholtem aggressivem Verhalten, also zwei Gelben Karten, gibt es eine Rote Karte und der Spieler muss eine vorher vereinbarte Konsequenz übernehmen.
  - Wenn der Trainer etwas erklärt, hören alle aufmerksam zu und schauen den Trainer an.
  - Nach dem Training wird das Abschlussritual durchgeführt.
  - Dann gehen alle gemeinsam in die Umkleidekabine und ziehen sich um.

Auf dem Platz

Begrüßungsritual:

- Zu Beginn einer jeden Stunde eignet sich ein Begrüßungsritual.
- Das Thema und/oder das Ziel der Stunde werden besprochen.
- Die erste Übung der Stunde kann dem Einstimmen und Aufwärmen dienen und beispielsweise eine Gruppenübung für alle gemeinsam sein. Die Gruppe kann so miteinander in Kontakt kommen und fröhlich und gelöst loslegen.
- Danach können verschiedene Aufgaben gestellt oder ein Training an Stationen durchgeführt werden.

Inhalt und Methodik:

- Alle Aufgaben sollten so gestellt werden, dass ein guter Wechsel in der Belastung besteht.

- Die Übungen sollten nicht zu lange gehen und der Ort regelmäßig gewechselt werden.
- Die Aufgaben sollten immer so gestellt werden, dass alle beschäftigt sind.
- Wettkämpfe fördern die Motivation:
  - Wer ist am schnellsten fertig?
  - Wer schafft das zehn- oder zwanzigmal hintereinander?
  - Welches Paar ist schneller?
  - Wer trifft das Ziel öfter oder wer trifft das Ziel zuerst zehnmal?
- Alle sollen aktiv zur Gestaltung der Stunde beitragen. Es können Zusatzaufgaben verteilt werden:
  - Erst eine Aufgabe erledigen, dann durch einen Parcours laufen oder vier Bälle sammeln.
  - Die Kinder haben oft gute Ideen, die aufgegriffen werden können.
  - Das Tempo bei Übungen kann und sollte variiert werden, mal wird die Übung langsam und sehr korrekt ausgeführt, beim nächsten Mal so schnell wie möglich.
  - Auch der Krafteinsatz bei einer Übung kann variiert werden. Einmal wird ganz sanft gespielt, beim nächsten Mal so schnell, wie es geht.
  - Trainer, Lehrer und andere Betreuer sollten sich immer dem Tempo/Niveau der Kinder anpassen.

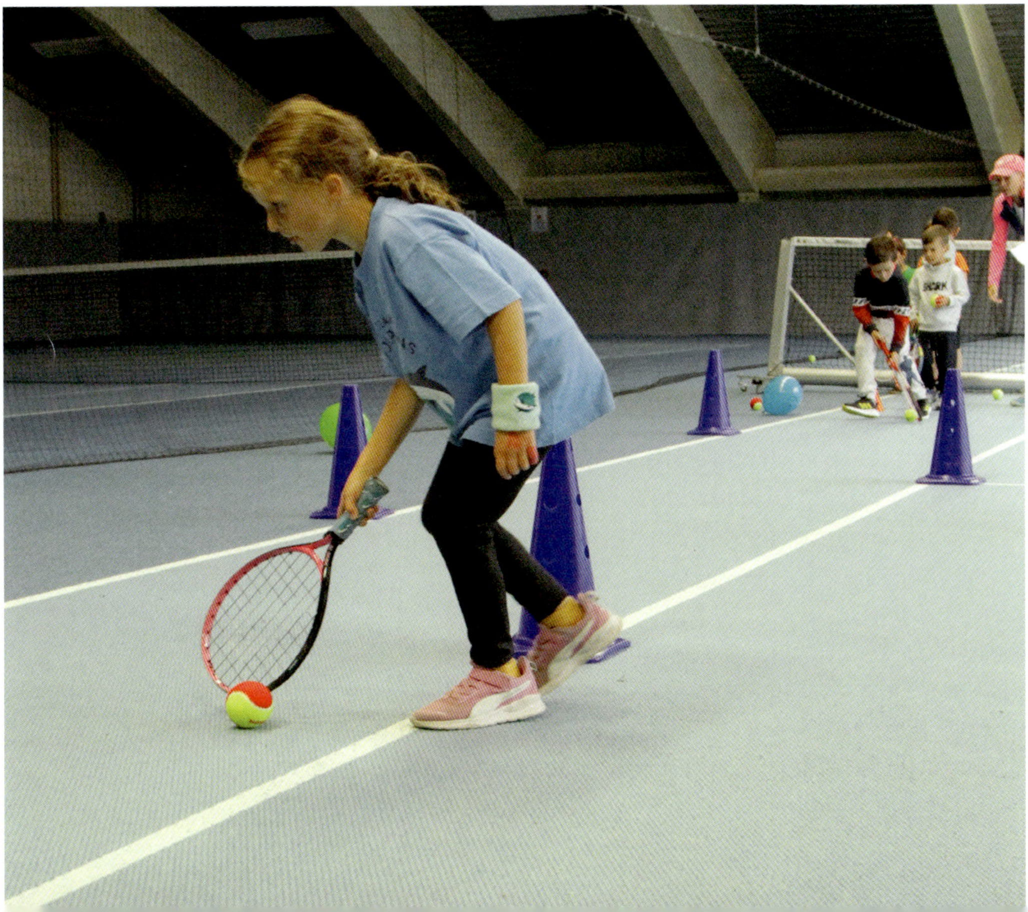

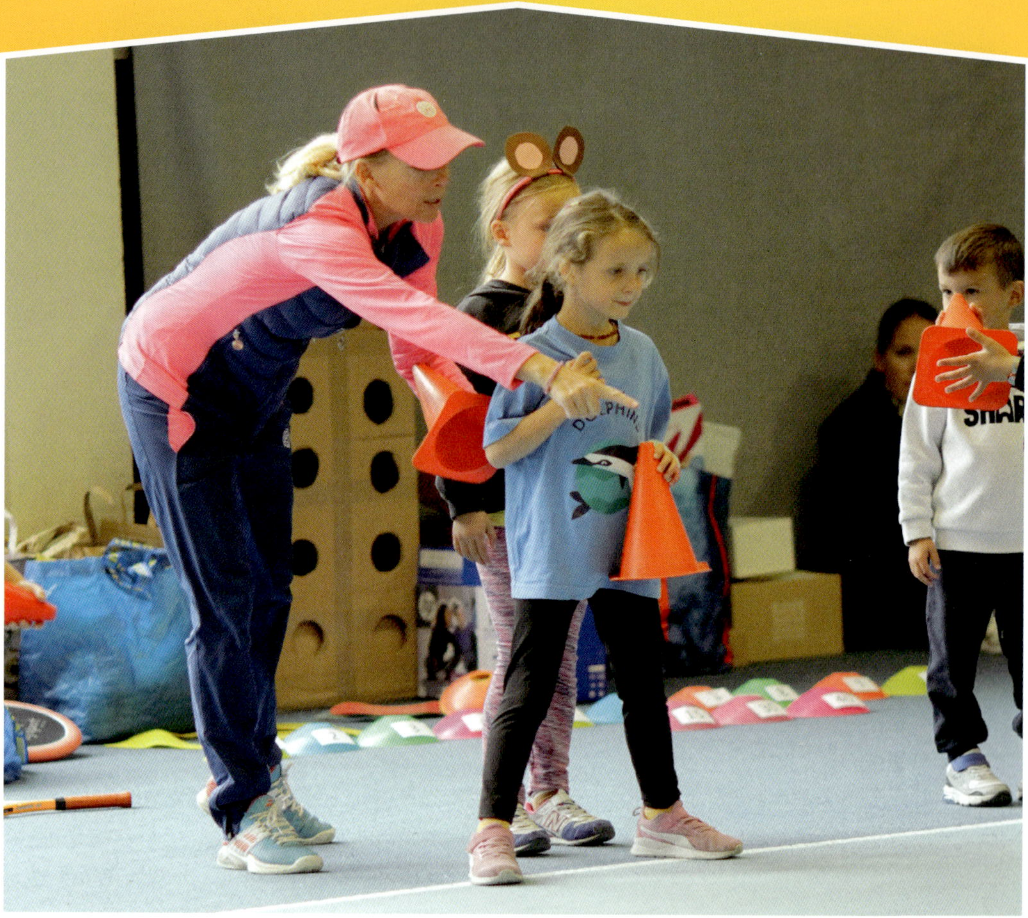

Kommunikation und Korrekturen:

- Der Leiter sollte immer alle Teilnehmer im Blick haben.
- Die Sprache sollte laut und deutlich und verständlich sein.
- Spricht man mit einem Kind, sollte dies auf gleicher Augenhöhe stattfinden.
- Während der Erklärungen oder Demonstrationen sollten alle still und aufmerksam sein. Erklärungen können jeweils mit einem Ritual des Leiters begonnen werden, z. B. Hand heben, es ist das Signal, dass nun alle zuhören sollten.
- Demonstrationen sollten korrekt und in Echtzeit vorgeführt werden. Vorzeigen und Erklären sollten sich abwechseln.
- Korrekturen sollten immer positiv formuliert und aufbauend sein.
- Die Teilnehmer sollten gelobt und bestätigt und möglichst oft persönlich angesprochen werden.

Abschluss und Ritual:

- Zum Schluss der Stunde kann noch eine Gruppenübung oder eine Übung zum Ausklang durchgeführt werden.
- Eine Stunde sollte immer mit einem Abschiedsritual beendet werden.

Nach der Stunde

- Der Leiter kann sich bei den Kindern mit gezielten Fragen ein Feedback abholen, oder die Kinder können beispielsweise auf einem Schaubild mit einer Zielscheibe anzeigen, wie und was ihnen gefallen hat. Feedback-Methoden:
  - Die Kinder malen nach der Stunde ein +, eine 0 oder ein –.
  - Die Kinder zeigen mit dem Daumen hoch, neutral, runter.
  - Dartscheibe mit Punkten für die Stunde
- Die Kinder dürfen aussprechen, was ihnen gefallen hat und was nicht. Die Erfahrungen daraus können für die nächsten Stunden genutzt werden.
- Oft sieht man auch an der Körpersprache, ob die Kinder glücklich vom Platz gehen oder nicht.
- Überlegungen für zu Hause:
  - Haben die Kinder Spaß gehabt?
  - War die Stunde erlebnis- und abwechslungsreich?
  - War die Stunde intensiv genug?
  - Haben die Kinder etwas Neues gelernt?
  - Haben die Übungen auf Bekanntem aufgebaut?
  - Ist die Gruppe zusammengewachsen oder müssen mehr Teamübungen eingeführt werden?
  - Gab es Konflikte?
  - Hat den Kindern das Thema gefallen?
  - Bei welchen Übungen waren sie besonders eifrig/begeistert?
  - Was war sonst noch gut oder nicht so gut?
- Einen oder zwei Tage nach dem Training sollten die Kinder und Eltern an die tolle Stunde erinnert werden, indem man ihnen ein paar Fotos oder ein zusammengeschnittenes Video der Stunde schickt.

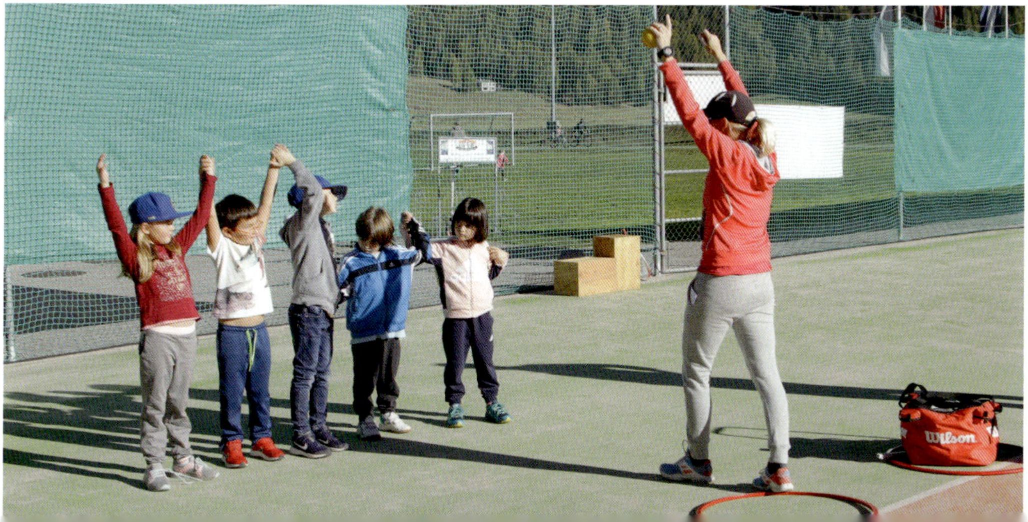

Tipps für Lektionen in Kita, Kindergarten oder Schule

Die Kindergärtner, Lehrer oder Erzieherinnen sollten überlegen, welches Thema zu den Kindern passt, die sie betreuen. Vielleicht gibt es ein Thema im Unterricht, das auch im Zusammenhang mit Tennis leicht umzusetzen ist. Wenn das Thema im Unterricht z. B. Weltraum, Planeten oder Astronauten ist, dann kann dieses leicht in die Tennisstunde übertragen werden. Für Kinder in der Kita, im Kindergarten und in der ersten Klasse eignen sich vor allem Themen und Gruppenübungen, die einfach mit einer großen Gruppe in der Turnhalle oder auf einem Sportplatz umzusetzen sind und die nicht zwingend ein Tennisnetz erfordern. Für die Kinder soll diese Stunde eine Möglichkeit bieten, in die Sportart Tennis hineinzuschnuppern und erste Erfahrungen mit dem Schläger und verschiedenen Bällen zu sammeln. Es geht in erster Linie um Bewegungs- und Materialerfahrungen und nicht um das Tennisspielen selbst. Dennoch sollten die Betreuer folgende Tipps berücksichtigen:

Vorankündigung der Stunde:

- Den Kindern sollte vorher Bescheid gegeben werden, dass sie eine Tennisstunde haben.
- Auf diese Weise werden sie die richtige Ausrüstung (Schuhe, Kleidung) mitnehmen.
- Die Vorfreude unter den Kindern steigt schon ein bis zwei Tage vorher, wenn sie wissen, sie können etwas Neues erleben und ausprobieren.

Vorbereitung:

- Die Betreuer sollen sich das Thema aussuchen und gegebenenfalls zu den Übungen oder Stationen Bilder ausdrucken.
- Sie können auch ein passendes Lied zu dem Thema herunterladen und zum Einstieg oder bei der ersten Übung laufen lassen.

Material:

- Wichtig ist zu überlegen, wo die Stunde stattfindet und welches Material zur Verfügung steht.
- Falls zusätzliches Material benötigt wird, muss dies organisiert werden.
- Die Gruppe kann auch in den Tagen vor der Tennislektion gemeinsam etwas zu dem Thema basteln.

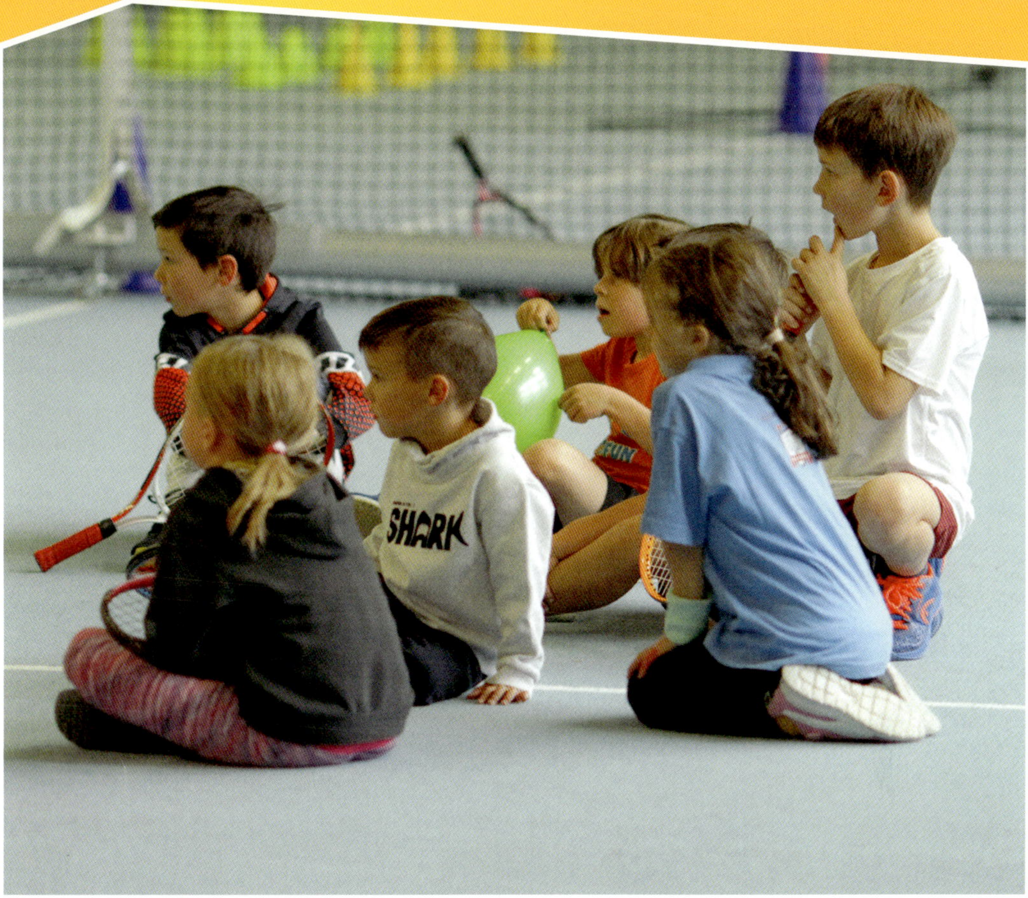

Gruppenregeln:

- Die Schuh-, Kleider-, Ess- und Trinkregel gilt für alle Teilnehmenden.
- Vor der Stunde sollten die Gruppenregeln für den Umgang mit dem Material festgelegt werden, insbesondere wenn es Material wie Schläger und Bälle gibt, mit dem sich die Kinder gegenseitig verletzen können.

Durchführung:

- Wenn die Kinder Übungen durchführen, sollte es ein deutliches Signal geben: Bei «Start» wissen alle, jetzt geht es los, und bei «Stopp» müssen alle sofort aufhören.
- Bei jüngeren Kindern eignen sich Gruppenübungen, die alle gemeinsam durchführen.
- Je älter die Kinder werden, umso besser können sie miteinander kooperieren und Partnerübungen durchführen oder selbstständig an Stationen arbeiten.

Nachbereitung:

- Im Nachhinein sollte das Thema der Stunde weiter behandelt werden.
- Es können die Inhalte in ähnlicher Weise z. B. im Turnunterricht aufgegriffen werden.
- Die Kinder können Bilder zu dem Thema malen, Wissensposter erstellen oder weitere Objekte basteln.

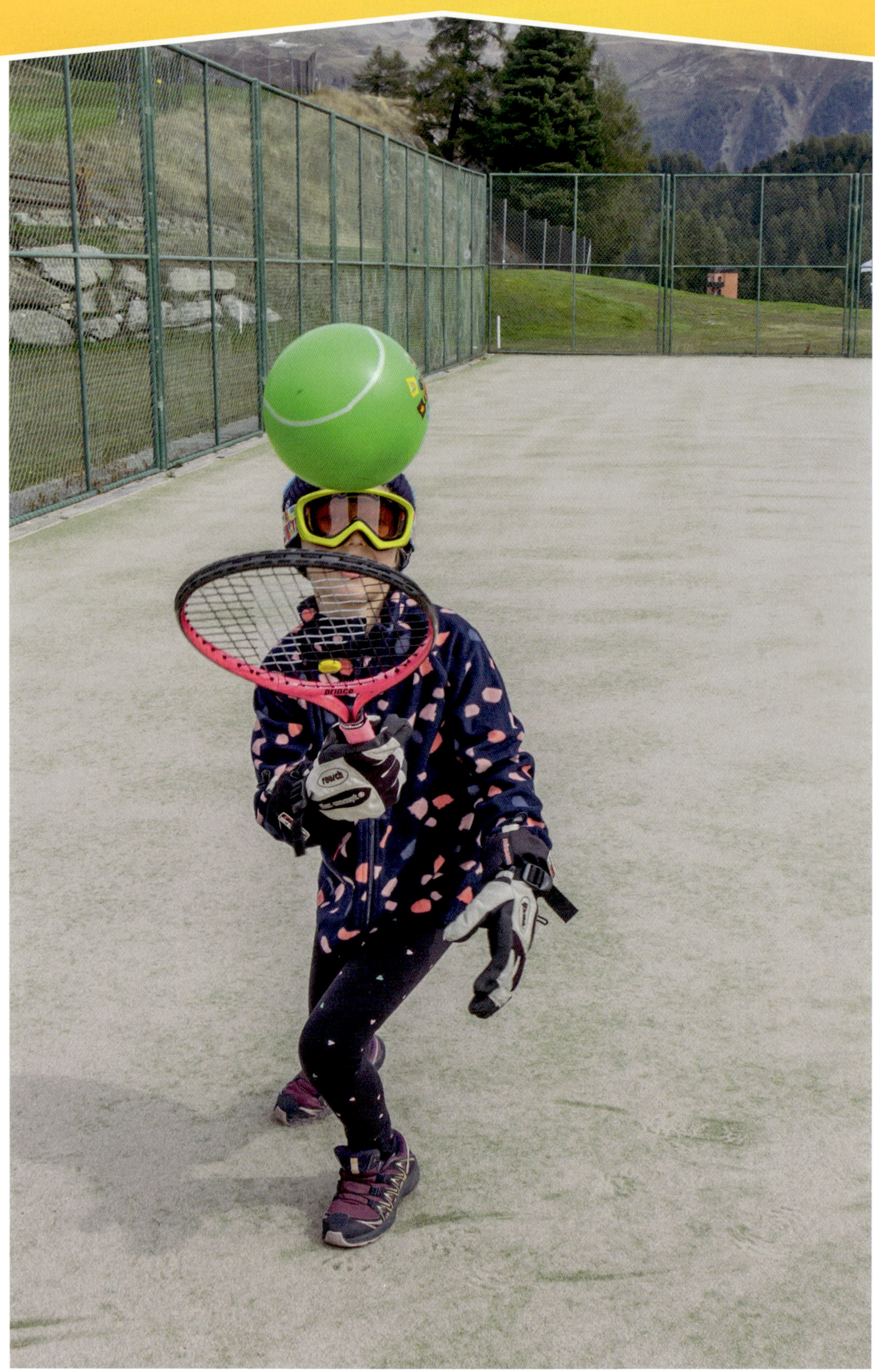

Tipps für die Übungen zu Hause

Auch bei den Übungen, die zu Hause durchgeführt werden, sollten sich die Eltern überlegen, welches Thema ihr Kind bzw. ihre Kinder gerne haben. Es ist einfacher, Kinder zu begeistern, wenn sie hören: «Komm, wie probieren mal aus, wie Astronauten durch den Weltraum zu fliegen und Meteoriten einzufangen!» als einfach nur: «Komm, wir gehen jetzt ein paar Übungen machen!» Mädchen möchten sich vielleicht lieber als Prinzessinnen verkleiden und mit einer goldenen Kugel spielen. Den Eltern sollte es nicht schwerfallen, das richtige Thema zu wählen, denn sie kennen ihre Kinder am besten.

Die Übungen sollten auch hier möglichst viele unterschiedliche Schwerpunkte behandeln, die aus den im Kapitel «Grundsätze der Bewegungsentwicklung» vorgestellten Bewegungsgrundformen entnommen werden können. Zum Beispiel:

1. Fangen und werfen
2. Laufen und springen
3. Rollen und drehen
4. etc.

Wenn die Eltern an einem Tag z. B. zwei bis drei Übungen mit bestimmten Bewegungsgrundformen gewählt haben, können sie das nächste Mal schauen, ob ihr Kind diese Übungen nun besser ausführt. Es ist auch möglich, die Übungen leicht abzuwandeln und gegebenenfalls etwas schwerer zu machen. Oder sie können komplett neue Übungen mit anderen Bewegungsgrundlagen wählen und beim nächsten Mal die vorherigen wiederholen und überprüfen. Nicht nur beim Thema, auch bei den Übungen sollte das Kind mitgestalten dürfen:

- Die Eltern geben das Thema und das Material vor, z. B.: «Heute bist du eine Prinzessin und hast eine goldene Kugel, mit der du spielen kannst!» oder «Heute sind wir alle Astronauten und wir fliegen gemeinsam durch den Weltraum und lassen die Meteoriten (Luftballons) fliegen!» Dann kann das Kind mit der goldenen Kugel oder dem Ballon experimentieren.
- Später können die Eltern vorschlagen: «Schau mal, wie ich das mache. Kannst du die Kugel auch dreimal hochwerfen und wieder fangen?» oder «Kannst du den Meteoriten nur mit der Hand oder auch mit anderen Körperteilen in der Luft halten?»
- Die Eltern schlagen z. B. eine Übung vor und das Kind darf die nächste aussuchen.

Praxisteil: Themen mit Tieren

FANTASIEVOLLE Tennis-STUNDEN

Themen

Ameisen

Seehund-Show

Katz und Maus

Tiere in Australien

Eichhörnchen

Ameisen

Zusätzliches Material:

Bilder von Ameisen, Stangen, Tücher, Löffel, Bälle, Hütchen, Kisten oder Kartons oder Eimer, verschiedene Bälle

Einstieg

Als Erstes wird das Begrüßungsritual durchgeführt. Danach wird das Thema besprochen und die Bilder zu dem Thema gezeigt. Heute wird gefragt, was die Kinder über Ameisen wissen, welche Aufgaben sie haben und warum sie nützlich sind. Es sollten möglichst niedliche Bilder von Ameisen gezeigt werden, damit das Thema von Anfang an positiv aufgenommen wird. Ameisen sind sehr fleißig, sie arbeiten in großen Gruppen zusammen, sie leben in einem Ameisenhaufen, sie bilden Straßen zum Futter, sie können Dinge transportieren, die viel größer sind als sie selbst etc.

Übung 1: Ameisenstraße (G, T)

Bei der Ameisenstraße stehen alle Ameisen im Abstand von ca. 1–2 Metern hintereinander und dürfen sich nicht bewegen. Die Ameisen sollen ihr Futter (Bälle) zum Ameisenhaufen (Ballkorb, Kiste, Karton, Eimer) transportieren. Die erste Ameise nimmt das Futter (einen großen oder kleinen Ball) auf, dreht sich und wirft ihn zur nächsten Ameise. Diese muss den Ball fangen und weiter zur nächsten Ameise werfen. Der Ball kann auch über dem Kopf weitergegeben werden. Die letzte Ameise muss das Futter in den Ameisenhaufen werfen. Fällt das Futter auf den Boden oder trifft die letzte Ameise den Korb nicht, muss das Futter wieder von vorne durch die Ameisenstraße transportiert werden. Dann geht die Ameise, die geworfen hat, mit dem Ball zum Anfang.

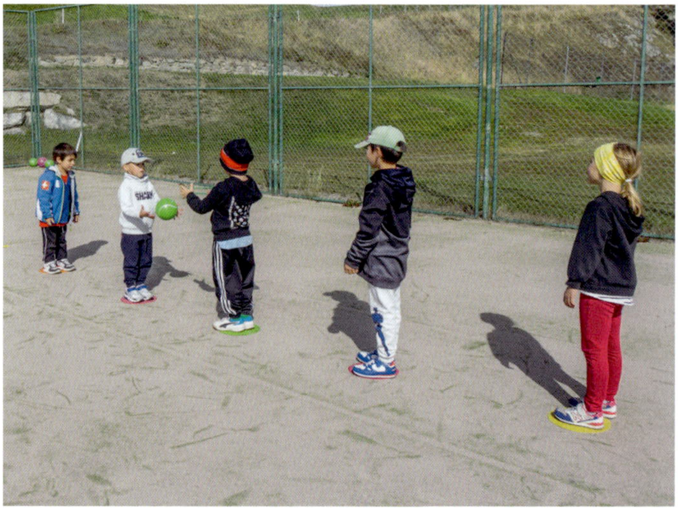

Übung 2: Superameisen (P, T)

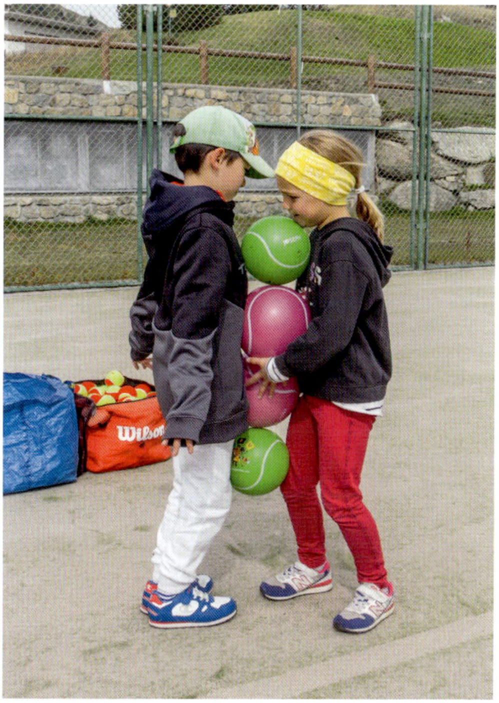

Dieses Spiel wird in Zweier-Teams durchgeführt. Es geht darum, welches Team die zwei Superameisen sind. Superameisen können extrem viele Dinge auf einmal transportieren. Das Ziel ist, so viele Bälle wie möglich am Körper zu behalten, ohne dass sie herunterfallen. Es dürfen allerdings keine Bälle in Taschen oder unter das T-Shirt gesteckt werden. Jedes Team versucht, bei sich so viele Bälle wie möglich zu positionieren. Es wird gezählt, wie viele Bälle sich am Körper befinden. Sobald ein Ball herunterfällt, darf kein neuer mehr genommen werden. Als Wettkampf müssen diese Bälle über eine festgelegte Strecke transportiert werden.

Übung 3: Fleißige Ameisen (G, T, P)

Die fleißigen Ameisen müssen zu zweit ihr Futter zu ihrem eigenen Ameisenhaufen transportieren. Dafür bekommen sie Hilfsmittel und müssen damit jeweils unterschiedlich große Bälle in einen Zielbehälter bringen, ohne dass die Bälle berührt werden. Als Transportmittel stehen zur Verfügung:

- zwei Schläger
- zwei Stangen
- ein Tuch
- zwei Löffel
- oder Ähnliches

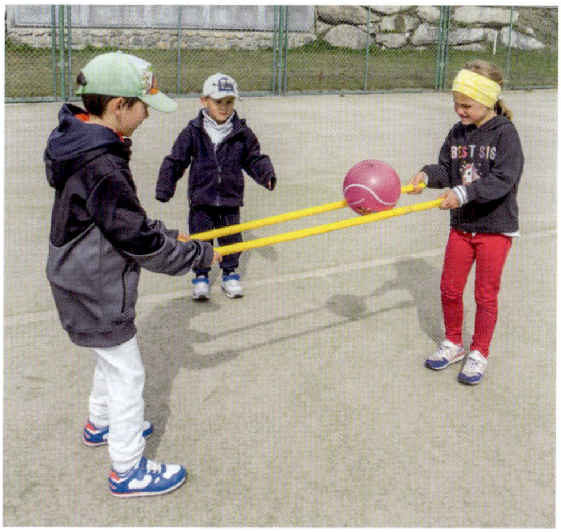

Hier sollte probiert werden, die unterschiedlichen Bälle mit unterschiedlichem Material zu transportieren. Was geht einfach? Was ist schwer?

Bei einem Wettkampf dürfen sie die Hilfsmittel jeweils einmal benutzen und müssen damit verschiedene Bälle ins Ziel transportieren.

Übung 4: Futtertransport (G, T, P, E)

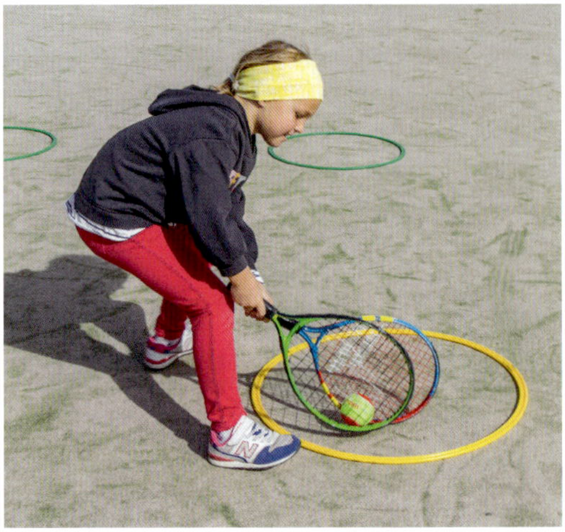

Es gibt eine Stafette oder jede Ameise geht einzeln durch diesen Parcours. Es gibt zwei Reihen mit Ringen, auf der einen Seite befindet sich das Futter (ein Tennisball) im Ameisenhaufen (Ring), auf der anderen Seite ist der leere Ameisenhaufen. Die Ameisen sollen nun jeweils das Futter von der einen Seite mit zwei Schlägern auf die andere Seite in den Ameisenhaufen transportieren.

Übung 5: Giftige Ameisen (G, T)

Es gibt zwei Teams, das eine Team sind die schnellen und die anderen die giftigen Ameisen. Die giftigen Ameisen stehen im Kreis oder in zwei Reihen gegenüber und rollen

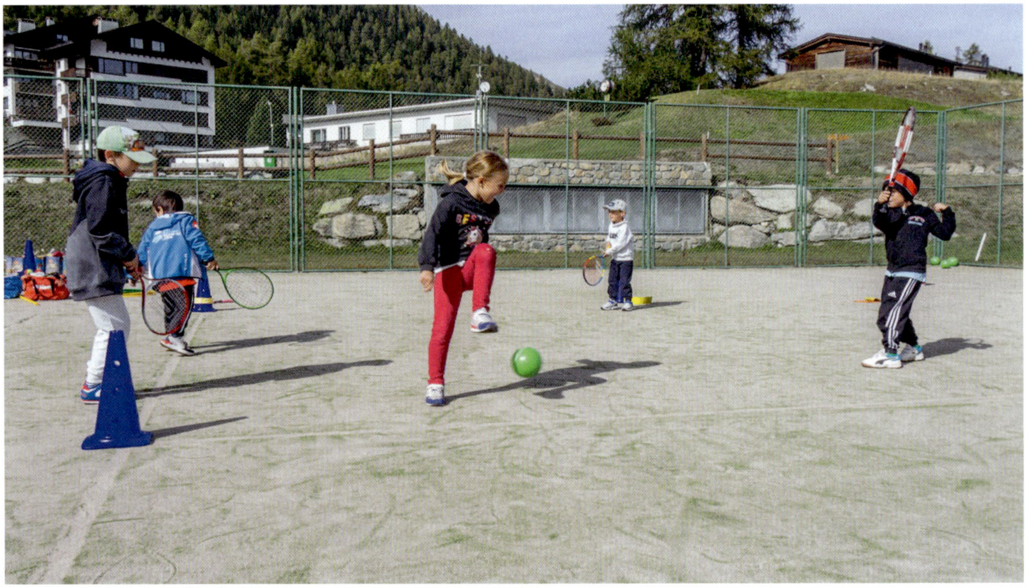

Bälle über den Boden hin und her. Dabei versuchen sie, die schnellen Ameisen zu treffen, die wiederum versuchen, den giftigen Bällen auszuweichen. Wer getroffen ist, wechselt sich mit der giftigen Ameise ab.

Übung 6: Ameisentennis (P, T)

Es spielen immer zwei Ameisen gegeneinander. Die beiden Ameisen müssen jedoch bei jedem Punkt etwas transportieren, z. B. eine Stange, die sie mit ihrer inneren Hand festhalten. Das bedeutet, dass die eine Ameise vielleicht mit der linken Hand spielen muss. Nach jedem verlorenen Punkt wird die Seite gewechselt. Hat ein Team fünf Punkte gewonnen, muss es das Material in der Mitte austauschen und das benutzte in den Ameisenhaufen legen.

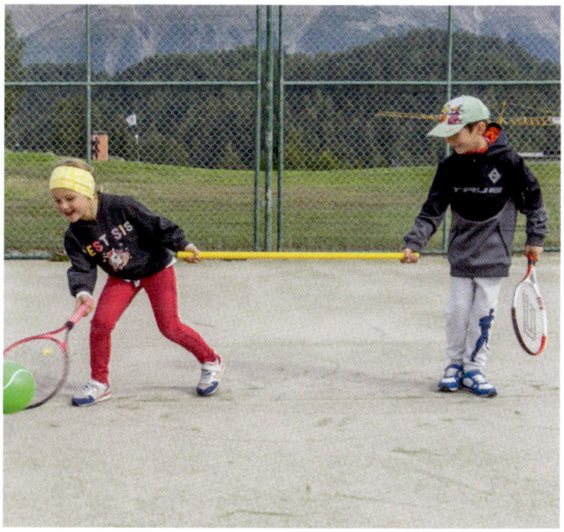

Übung 7: Ameisenhaufen (G, T)

Auf dem Platz steht noch das Material der Stunde und die fleißigen Ameisen sollen dieses aufräumen und Ameisenhaufen transportieren. Die Ameisen joggen langsam in einer Reihe durch den Wald mit vielen Hindernissen. Jede Ameise darf maximal zwei Dinge gleichzeitig transportieren, aber es müssen zwei unterschiedliche Dinge sein, z. B. Ball und Hütchen. Als Teamwettkampf können die Ameisen in zwei Teams schauen, wer einen größeren Ameisenhaufen mit dem gesammelten Material bauen kann.

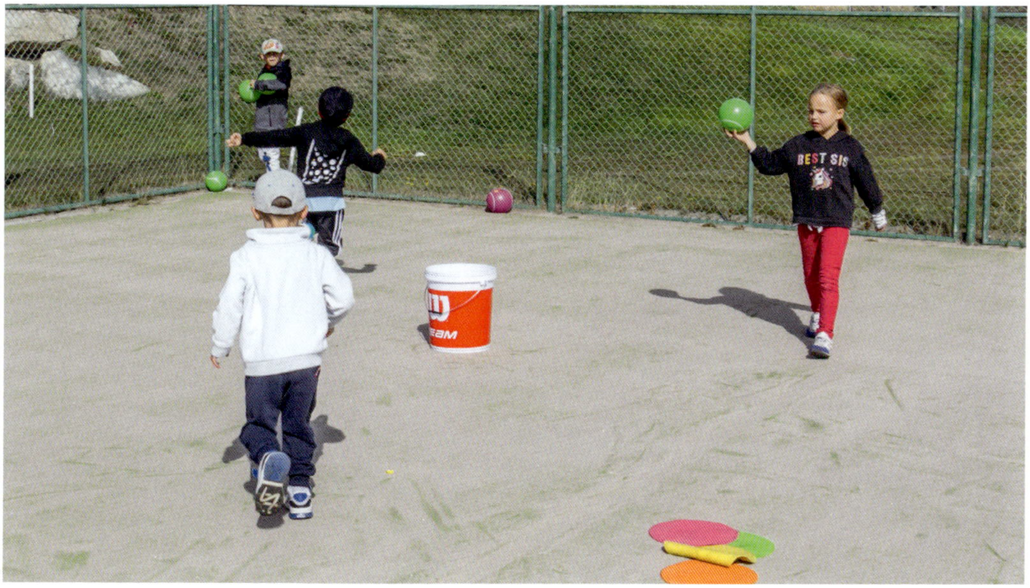

Übung 8: Krabbelnde Ameisen

Zum Abschluss und zur Entspannung lassen sich zwei Partner gegenseitig Ameisen über den ganzen Körper krabbeln. Ein Kind legt sich auf den Boden und das andere Kind lässt ihm mit den Fingern kleine Ameisen über den ganzen Körper krabbeln, von den Füßen bis zum Kopf über die Arme und Beine und wieder zurück zu den Füßen. Danach ist Wechsel.

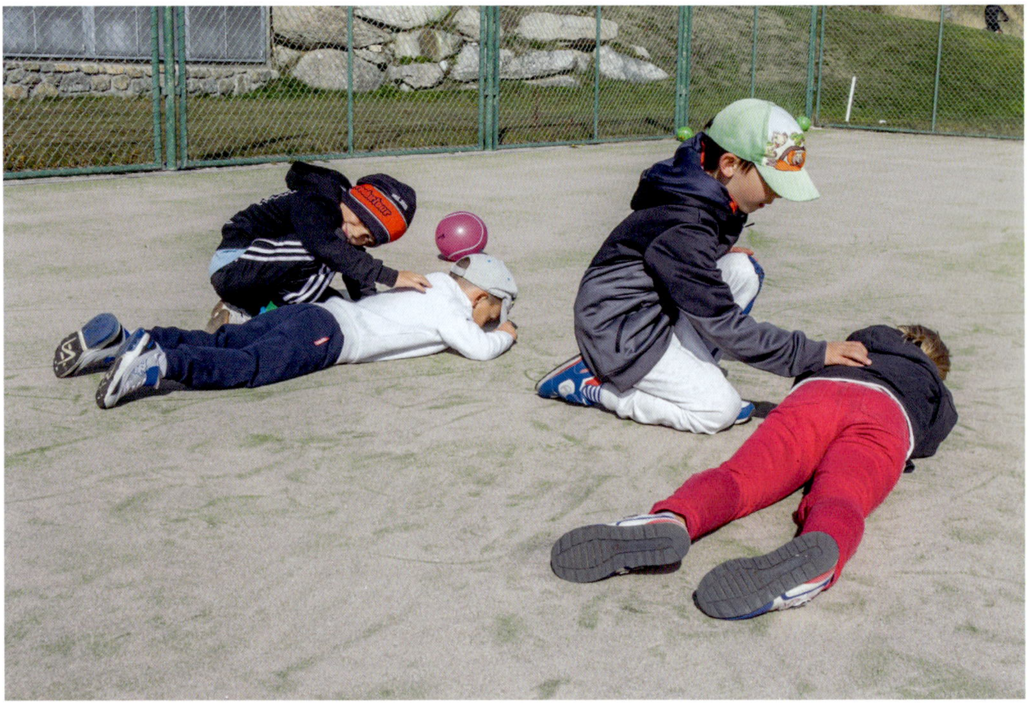

Abschluss

Es wird zusammen das Abschlussritual durchgeführt. Jedes Kind darf ein Feedback über die Stunde geben, was es gelernt hat, welches seine Lieblingsübung war und/oder was ihm nicht so gefallen hat.

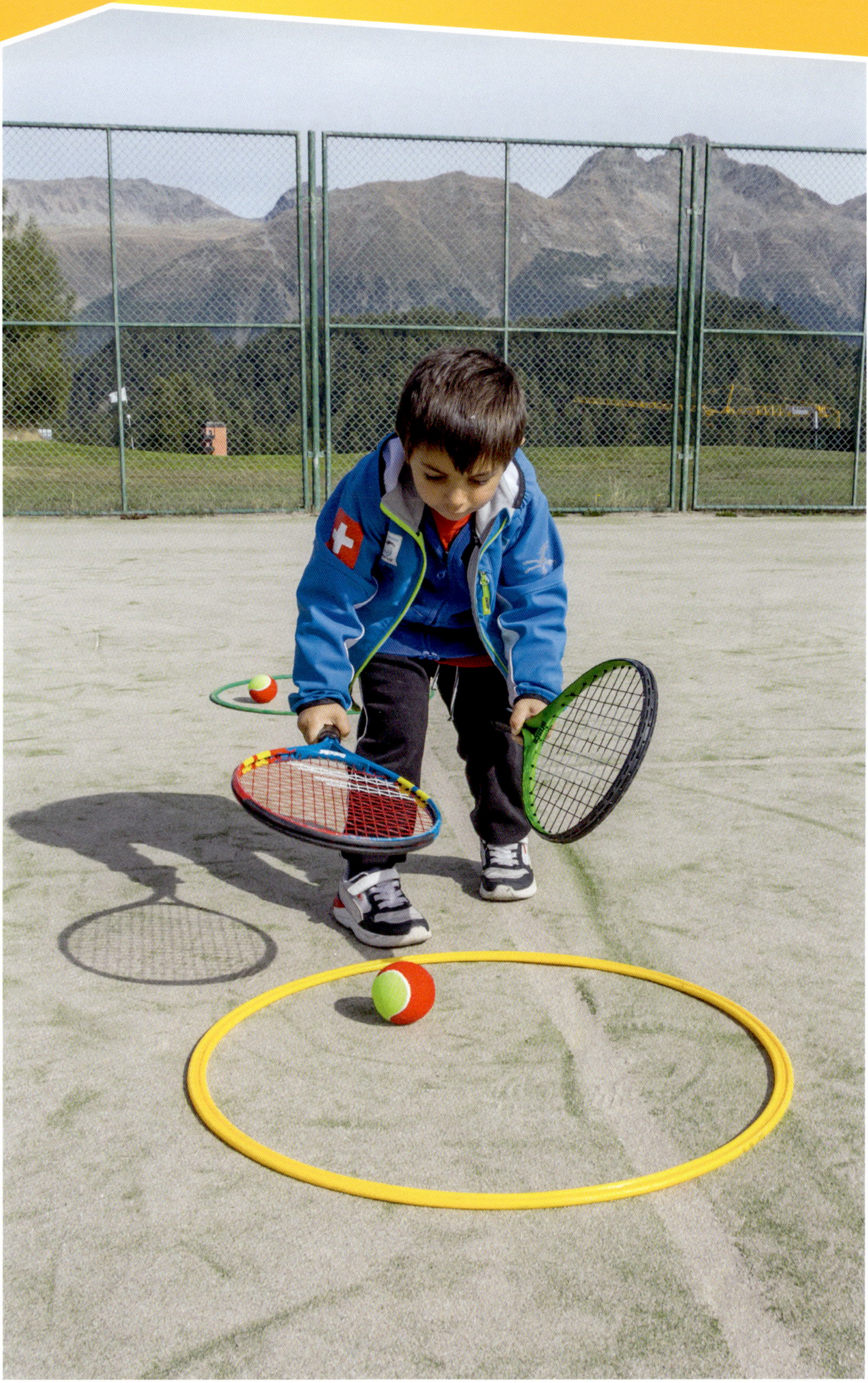

Seehund-Show

Zusätzliches Material:

Bilder mit Seehunden, unterschiedliche Bälle und Schläger, Eimer oder Kartons, Reifen, Stangen

Einstieg

Als Erstes wird das Begrüßungsritual durchgeführt. Danach wird das Thema besprochen und die Bilder zu dem Thema gezeigt. Heute wird gefragt, was die Kinder über Seehunde wissen. Die Seehunde wollen sich heute für eine Show vorbereiten. Sie lieben es, mit Bällen zu spielen, sie können unheimlich gut Bälle fangen und werfen und sie mögen es, diese mit ihren Flossen zu schlagen.

Übung 1: Bälle mit den Flossen hochspielen (G, E)

Als Erstes bekommen die Seehunde viele verschiedene Bälle. Sie können sich frei im Raum bewegen und mit den Bällen experimentieren. Sie sollen versuchen, die Bälle mit verschiedenen Körperteilen, z. B. mit den Händen, Füßen, Knien, Schultern, dem Kopf und Schlägern und anderem Material wie Schläger oder Stangen zu rollen, nach oben zu spielen oder in der Luft zu halten. Der Seehundtrainer kann den Seehunden danach Zusatzaufgaben geben, wie z. B.:

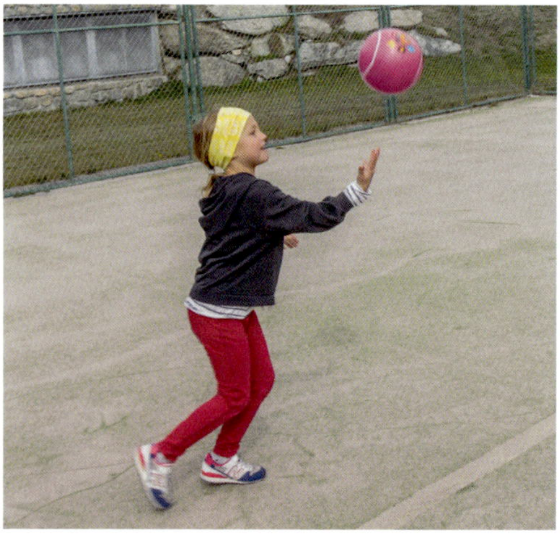

- Die Bälle sollen immer zuerst mit der Hand, dann mit dem Kopf und Knie hochgespielt werden.
- Wer schafft es zuerst, einen Ball zehnmal mit einer Stange hochzuspielen?

Übung 2: Bälle mit den Flossen fangen (G, E)

Die Seehunde sollen damit experimentieren, aus verschiedenen Positionen einen Ball hochzuwerfen und wieder aufzufangen, d. h. im Sitzen, Liegen, Stehen, Knien, Gehen,

Laufen, Hopsen etc. Wenn sie dies schaffen, können sie den Ball im Sitzen hochwerfen, schnell aufstehen und ihn wieder fangen. Der Seehundtrainer kann danach wieder Zusatzaufgaben geben, wie z. B.:

- Die Seehunde sollen den Ball hochwerfen und einmal klatschen oder sich drehen und sich hinsetzen und den Ball wieder fangen.
- Wer schafft es am schnellsten, zehnmal den Ball zu werfen, sich hinzusetzen und den Ball zu fangen, dann wieder hochzuwerfen, aufzustehen und zu fangen?

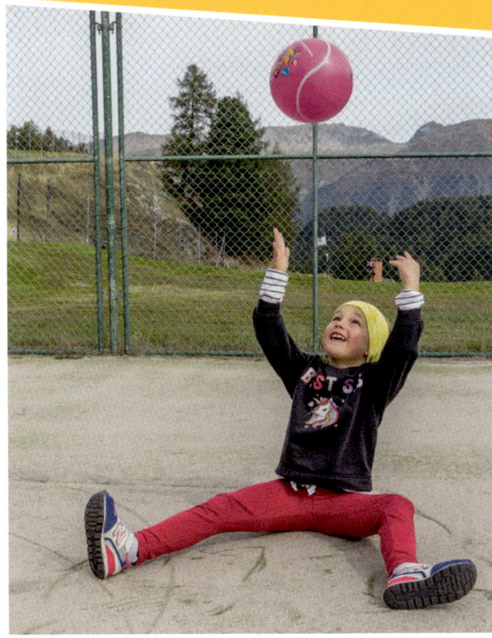

Übung 3: Bälle mit den Flossen prellen (G, E)

Die Seehunde können wieder als Erstes mit den Bällen experimentieren. Sie sollen sie mit ihren Flossen auf verschiedene Arten und mit verschiedenen Körperteilen prellen, mit einer Hand, zwei Händen, mit dem Ellenbogen, mit dem Schläger, auf einem Bein, beim Rennen, Hüpfen, Rückwärtslaufen etc.

Danach kann der Seehundtrainer wieder Zusatzaufgaben geben, wie z. B.:

- Jeder Seehund soll zehnmal mit der rechten Flosse, zehnmal mit der linken und zehnmal rechts und links abwechselnd prellen.
- Wer schafft es am schnellsten, durch das Becken und zurück zu prellen?

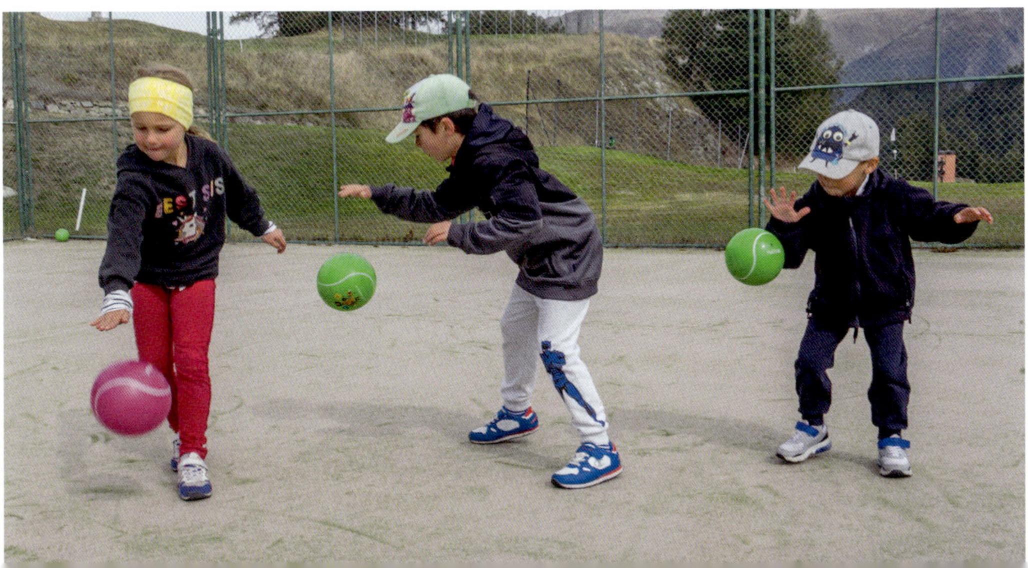

Übung 4: Bälle mit den Flossen hin und her rollen (P, T)

Als Erstes rollen sich zwei Seehunde Bälle auf unterschiedliche Art zu. Sie können mit der Position experimentieren und den Ball im Stehen, Sitzen, Knien, Liegen, auf einem Bein oder in der Seitwärts-Bewegung rollen. Sie können unterschiedliche Distanzen ausprobieren, der Ball kann gestoppt oder direkt wieder zurückgespielt werden.
Danach kann der Seehundtrainer wieder Zusatzaufgaben geben, wie z. B.:

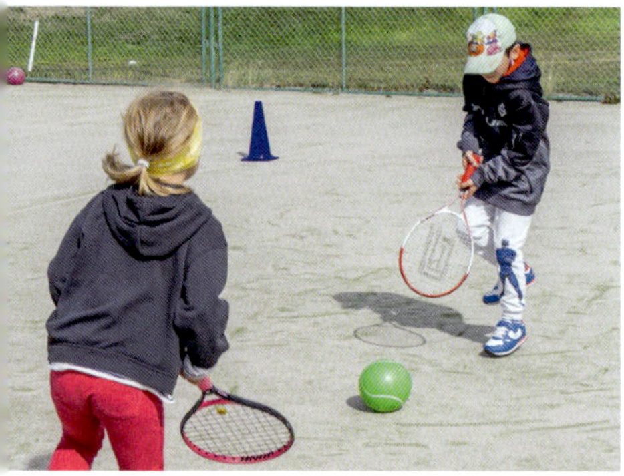

- Die Seehunde sollen den Ball zehnmal einhändig mit rechts und links und zehnmal beidhändig hin und her rollen.
- Wenn der andere Seehund den Ball rollt, soll der Mitspieler einen Sprung in die Luft oder eine Drehung machen.
- Die Seehunde können sich ihre eigenen Kunststücke ausdenken und vorführen.
- Welches Team schafft es, zehn- oder zwanzigmal direkt hin und her zu rollen?

Übung 5: Fische in den Eimer werfen (P, T)

Es sind jeweils ein Seehund und ein Seehundtrainer zusammen im Team. Sie stehen einander gegenüber und werfen sich gegenseitig einen Fisch zu. Der Seehundtrainer hat einen Eimer (Ring) vor sich stehen, der Seehund hat einen Schläger in der Hand. Dieser muss den Fisch mit seinen Flossen fangen (entweder mit den Händen oder zwischen Schläger und Hand) und versuchen, diesen zurück in den Eimer zu werfen. Trifft er den Eimer zehnmal, dann wird gewechselt. Es kann auf verschiedene Arten geworfen werden, mit rechts, links, von oben, unten oder von der Seite. Den Wettkampf gewinnt das Team, bei dem zuerst beide zehnmal den Fisch gefangen und in den Eimer getroffen haben.

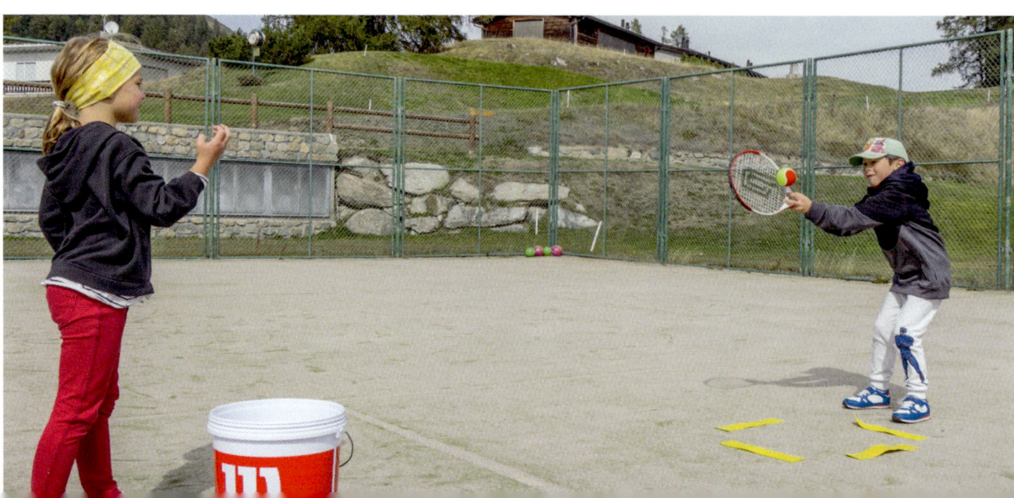

Übung 6: Fische fangen (P, T)

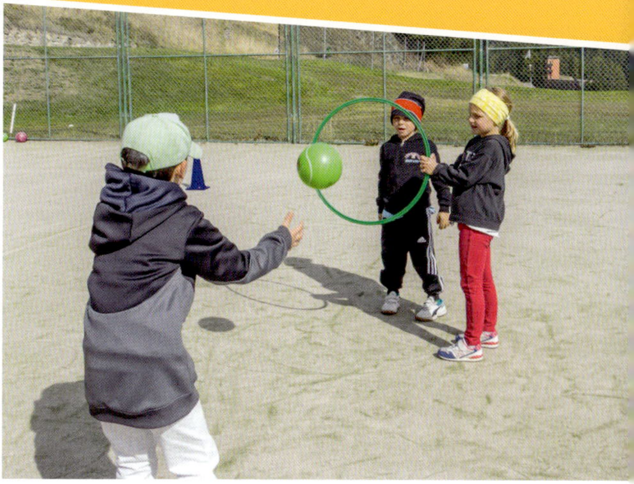

Zwei Seehunde stehen sich gegenüber. In der Mitte steht ein Seehundtrainer, der einen Ring in der Hand hält. Die Seehunde sollen sich nun den Fisch durch den Ring zuwerfen und dann mit den Flossen, dem Hütchen oder zwischen Schläger und Flosse auffangen.

Übung 7: Wer bekommt den dicksten Fisch? (G, T)

Alle Seehunde stehen im Kreis. Ein Seehund ist in der Mitte. Der dicke Fisch (Ball) wird von den äußeren Seehunden hin und her gerollt oder geworfen. Der Seehundtrainer muss festlegen, ob der Ball gestoppt werden darf oder direkt weitergespielt werden muss. Der Seehund in der Mitte soll versuchen, den dicken Fisch zu berühren. Berührt er ihn, kommt der Seehund in die Mitte, der den Fisch vorher gerollt oder geworfen hat. Ist die Gruppe sehr groß, stehen zwei Seehunde in der Mitte oder die Gruppe wird aufgeteilt.

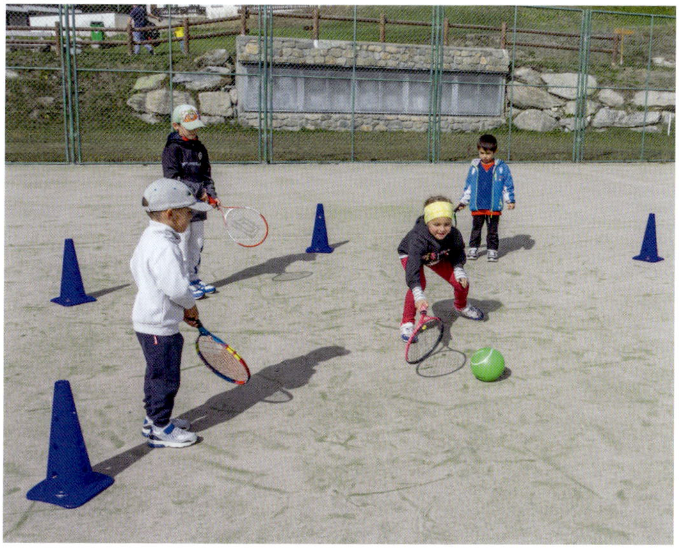

Abschluss

Es wird zusammen aufgeräumt und das Abschlussritual durchgeführt. Jedes Kind darf ein Feedback über die Stunde geben, was es gelernt hat, welches seine Lieblingsübung war und/oder was ihm nicht so gefallen hat.

Katz und Maus

Zusätzliches Material:

Bilder von Katzen und Mäusen, Schnur oder Bänder, Kartons mit Mäuselöchern, Haarreifen mit Mause- und oder Katzenohren

Einstieg

Als Erstes wird das Begrüßungsritual durchgeführt. Danach wird das Thema «Katz und Maus» besprochen und die Bilder zu dem Thema gezeigt. Heute wird gefragt, was die Kinder über Katzen und Mäuse wissen, welche Aufgaben sie haben und warum sie nützlich sind. Es sollten möglichst niedliche Bilder vorgezeigt werden, damit das Thema positiv aufgenommen wird. Für die jüngeren Kinder ist es besser zu sagen, dass die Katzen die Mäuse nur jagen oder mit ihnen Fangen spielen.

Übung 1: Fang die Maus (G)

Es gibt eine Katze und alle anderen Kinder sind Mäuse. Die Mäuse stehen im Kreis und halten sich an der Hand, die Katze ist außerhalb des Kreises. Nun wird festgelegt, welche Maus die Katze fangen muss. Um es für die Kinder einfacher zu machen, bekommt die Maus Mauseohren und die Katze Katzenohren. Die Katze versucht dann, die Maus zu erwischen, und die Mäuse versuchen, die eine Maus zu beschützen, indem sie sich schnell drehen und bewegen. Jedes Kind darf einmal Katze oder Maus oder beides sein.

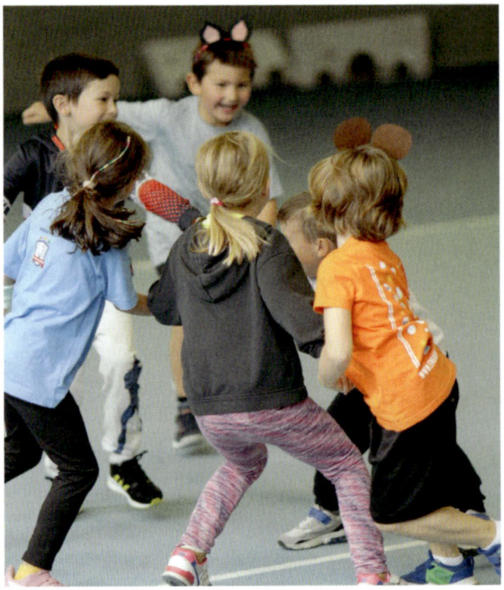

Übung 2: Fang das Wollknäuel (G, T)

Alle Mäuse haben ein Wollknäuel (einen Luftballon) an einer 1–2 Meter langen Schnur am Fuß angebunden. Die Katzen müssen nun versuchen, die Maus zu fangen, indem sie den Ballon mit dem Schläger treffen. Das kann auf Zeit gespielt werden oder es wird gewechselt, wenn das Wollknäuel getroffen wird.

Übung 3: Stopp die Maus (P, G)

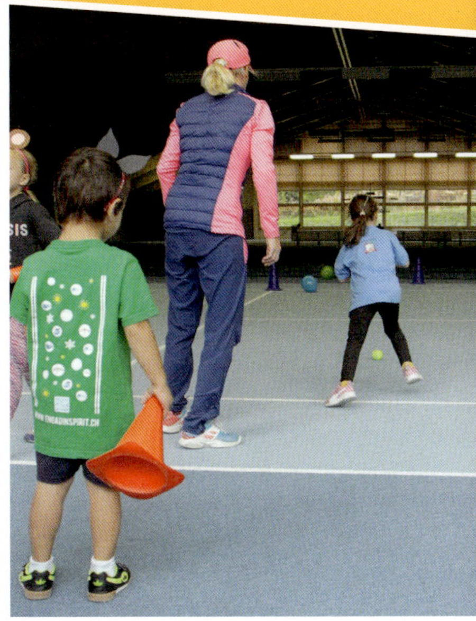

Die Katzen jagen die Mäuse, die ihnen durch die Beine sausen. Es stehen jeweils zwei Katzen hintereinander an einer Linie. Eine Katze rollt nun der anderen von hinten die Maus durch die Beine und diese muss die Maus so schnell wie möglich fangen.
Die Maus kann
a) mit der Hand oder
b) mit einem Hütchen oder
c) mit dem Schläger gefangen werden.
Die Katze nimmt die Maus mit zurück und rollt sie nun der anderen Katze durch die Beine.

Übung 4: Mauseloch (G, T, E, P)

In Kartons werden unterschiedlich große Mauselöcher geschnitten. In einem Ring oder Korb liegen ganz viele verschiedene Käsesorten (unterschiedliche Bälle). Die Mäuse sollen den Käse nun mit dem Schläger durch einen Parcours und dann in die Mauselöcher rollen.

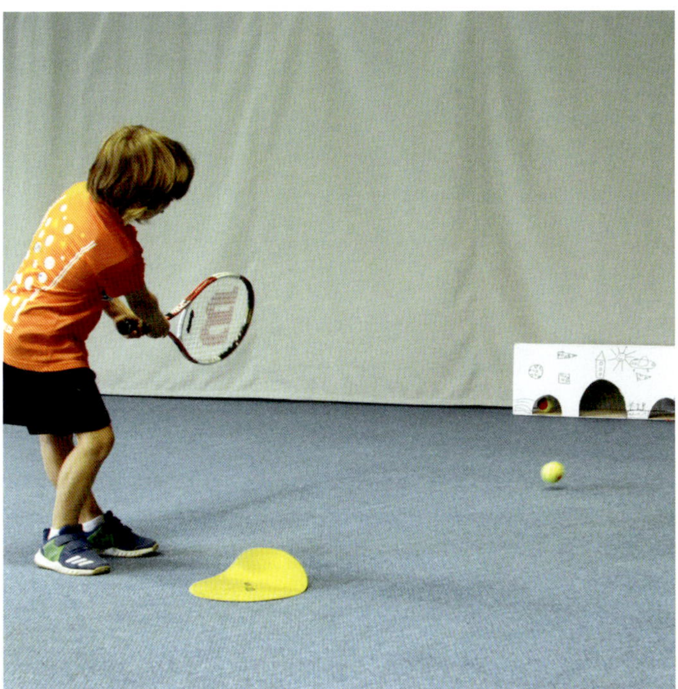

Variante 1: Es gibt eine Stafette mit zwei Teams. Jedes Team hat gleich viel Käse. Welches Team schafft es zuerst, den Käse in ihre Löcher zu rollen?

Variante 2: Jedem Mauseloch können Punkte zugeordnet werden, z. B. ein kleines Loch gibt fünf Punkte, ein mittelgroßes zwei und ein ganz großes einen Punkt. Dann sollen die Mäuse versuchen, eine bestimmte Anzahl von Punkten zu erreichen.

Übung 5: Roll das Wollknäuel (P)

Bei dieser Übung sind alle Katzen. Immer zwei Kinder stehen an einer Station mit Schläger und Ball. Die Katzen rollen ein Wollknäuel bzw. einen Ball immer hin und her.

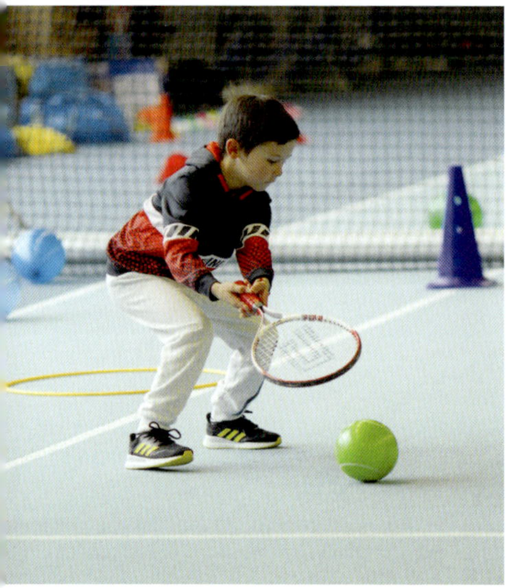

A) Das Wollknäuel wird zuerst mit der Pfote oder einem Hütchen gestoppt und dann weiter gerollt.

B) Die Katzen versuchen, das Wollknäuel möglichst lange rollen zu lassen, ohne dass es stehen bleibt.

C) In der Mitte des Spielfeldes steht ein Stück Käse (gelber Hut) und beide versuchen, dieses umzuschießen.

Variante 1: Die schon geübten Katzen werfen oder spielen sich das Wollknäuel über das Netz zu. Die Katzen können sehr gut springen und das Wollknäuel mit einem Hütchen, den Pfoten oder dem Schläger fangen oder direkt über das Netz spielen.

Variante 2: Die Katzen spielen über das Netz und versuchen, einen Käse zu treffen, der im Spielfeld steht.

Übung 6: Käse abschießen (T, E)

Alle sind jetzt Mäuse und spielen entweder für sich oder in zwei Teams. Die Mäuse sollen die Bälle über dem Kopf über das Netz werfen oder aufschlagen. Auf der anderen Seite stehen viele Käsesorten im Aufschlagfeld. Jedes Mal, wenn sie einen Käse treffen, dürfen sie diesen blitzschnell holen und in ihr Mauseloch bringen. Wer am Schluss am meisten Käse in seinem Mauseloch hat, hat gewonnen.

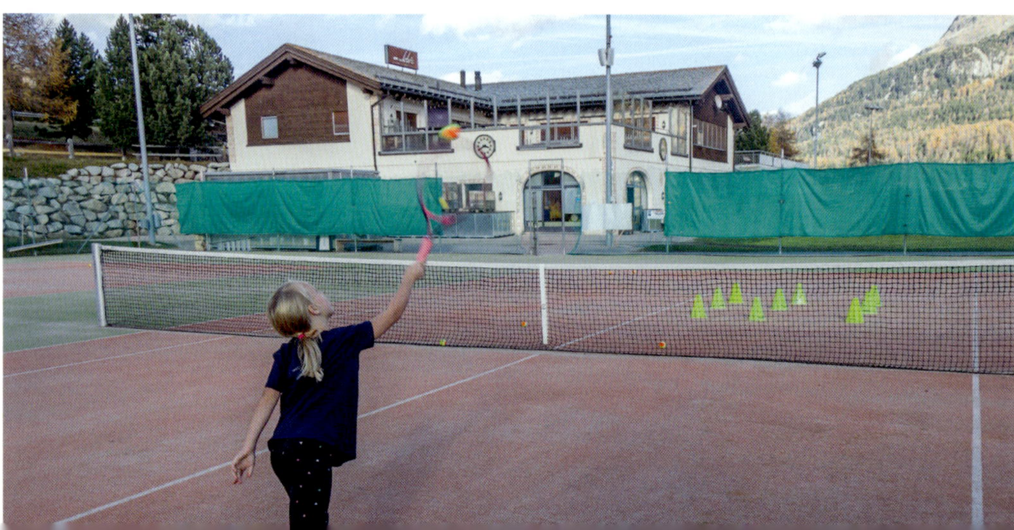

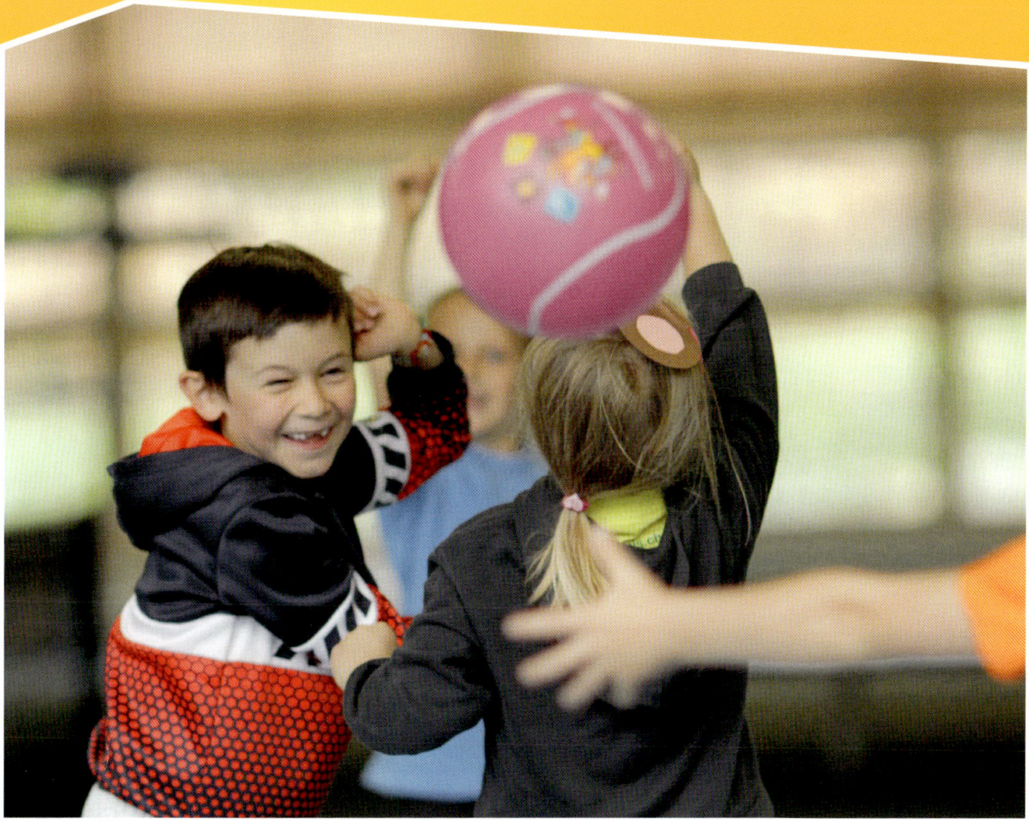

Übung 7: Käse (G, T)

Als Spiel zum Abschluss gibt es viele Katzen, z. B. vier, und eine oder zwei Mäuse, die sich frei in einem markierten Feld bewegen. Die Katzen werfen sich einen Käse (Ball) zu. Wenn die Maus eine Katze berührt, die gerade den Käse in den Händen hat, dann wechseln die beiden ihre Aufgabe. Die Katzen werden auch zu Mäusen, wenn sie den Käse auf den Boden fallen lassen oder die Maus den geworfenen Käse berührt.

Abschluss

Es wird zusammen aufgeräumt und das Abschlussritual durchgeführt. Jedes Kind darf ein Feedback über die Stunde geben, was es gelernt hat, welches seine Lieblingsübung war und/oder was ihm nicht so gefallen hat.

Tiere in Australien

Zusätzliches Material:

Bilder von Tieren in Australien, Reissäckchen, Hacky Sack, Ringe, Seil oder Schnur, durchnummerierte Deckel

Einstieg

Als Erstes wird das Begrüßungsritual durchgeführt. Danach wird das Thema besprochen und es werden Bilder zu dem Thema gezeigt. Heute wird gefragt, was die Kinder über Australien wissen, wo Australien liegt und welche Tiere es dort gibt. Gibt es dort auch ein berühmtes Tennisturnier?

Übung 1: Schlangen (G, T)

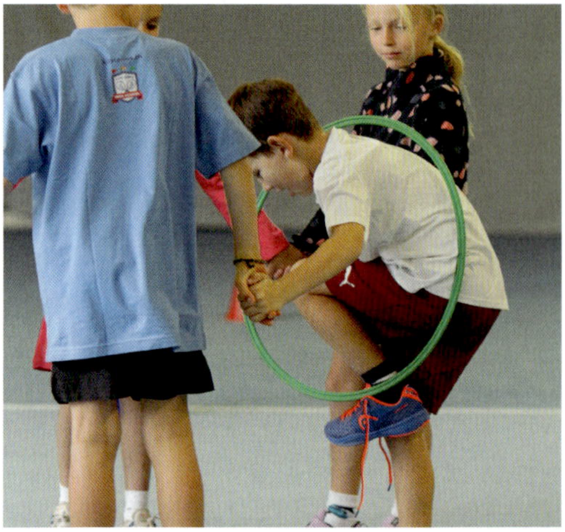

In Australien gibt es viele Schlangen. Alle Teilnehmer bilden eine lange Schlange (oder einen Kreis) und halten sich an der Hand. Nun muss ein Reifen von der einen Seite bis auf die andere Seite transportiert werden, ohne dass die Hände sich loslassen.

Als Wettkampf können auch zwei Teams gebildet werden, die gegeneinander antreten.

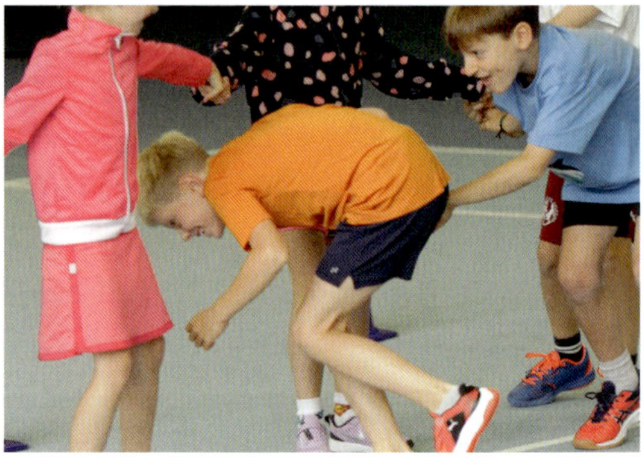

Variante: Alle nehmen sich an der Hand und bilden eine lange Schlange. Nun schlängelt sich der erste Slalom unter den Armen der anderen hindurch. Alle anderen müssen folgen. Schaffen es die Schlangen, sich einmal durchzuschlängeln?

Übung 2: Dornteufel (G, P)

In Australien gibt es Echsen mit vielen großen Stacheln – die Dornteufel. Es wird ein Hindernis oder Kreis aus vielen Hütchen gebaut. Ein Kind ist zuerst der Dornteufel, der versuchen muss, die anderen Kinder zu stechen. Alle Kinder dürfen nur rechts oder links um die Hütchen herumlaufen. Bekommt ein Kind einen Stich mit dem Finger, dann ist es der Dornteufel. Wird die Übung zu zweit durchgeführt, dann reichen drei oder vier Hütchen, die im Dreieck oder Quadrat aufgestellt werden. Nun muss der Dornteufel versuchen, die andere Person zu jagen und zu stechen.

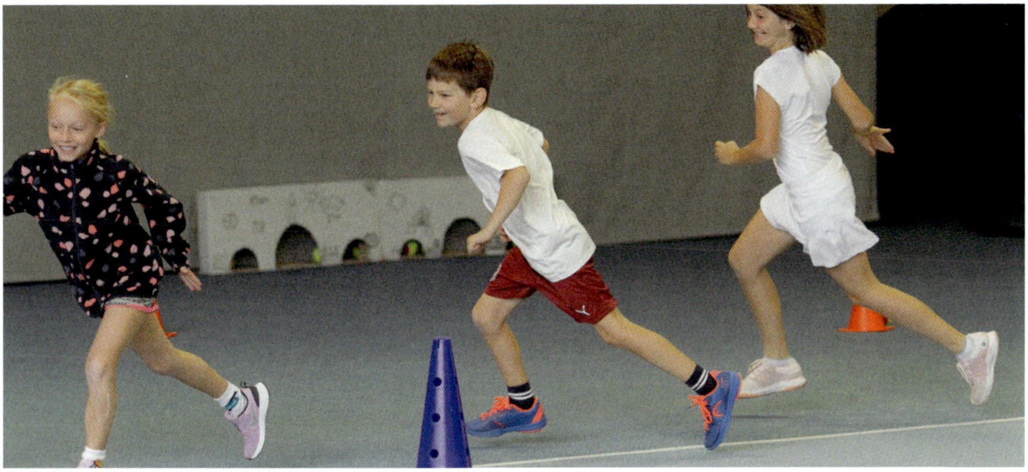

Übung 3: Känguru (G)

Das berühmteste Tier in Australien ist das Känguru. Jedes Kind hat einen Ring und Sandsack. Als Erstes wirft es den Ring und dann den Sandsack in den Ring. Dann soll es hineinspringen, den Ring über den Köper führen und wieder nach vorne werfen. Auf ein Startsignal werfen und springen die Kinder bis zur Ziellinie. Schafft es jemand nicht, bis zu seinem Ring zu springen, oder wirft er mit dem Hacky Sack daneben, dann muss dieser zum Start zurückgehen. Wer zuerst bei der Ziellinie ist, hat gewonnen.

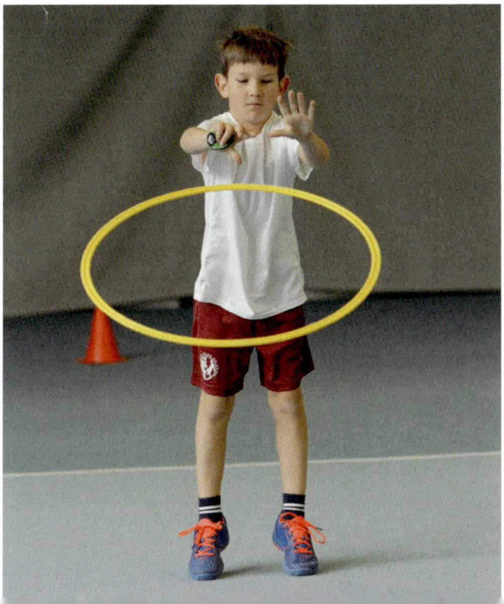

Übung 4: Koala (P)

Ein weiteres sehr bekanntes Tier ist der Koala. Koalas leben auf Eukalyptusbäumen. Jedes Kind ist nun ein Koala und darf seinen Baum (Ring) nicht verlassen. Ihm gegenüber steht ein anderer Baum mit einem Koala.

Die beiden Koalas sollen sich einen Hacky Sack oder Ball hin und her werfen und diesen zehnmal in ihrem Beutel (T-Shirt oder Pulli) mit dem Schläger oder der Hand fangen. Schaffen sie dies, darf einer der beiden Koalas seinen Baum (Ring) einmal umklappen. Je weiter sie auseinanderstehen, umso schwieriger wird das Zuwerfen und Fangen. Welche Koalas schaffen es am weitesten auseinander?

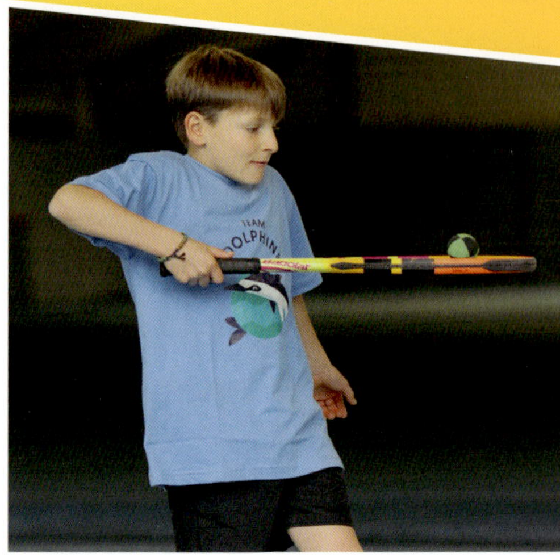

Übung 5: Schnabeltiere (G, T, P, E)

Die Schnabeltiere wohnen im Wasser. Sie spielen gerne mit dem Ball auf eine Insel in der Mitte ihres Sees. Die Insel ist mit Seilen markiert. Die Schnabeltiere spielen den Ball mit der flachen Hand (Pfote) oder ihrem Schnabel (Schläger) nach oben. Der Ball soll einmal auf der Insel aufkommen. Wie oft schaffen es die Schnabeltiere, den Ball im Spiel zu halten?

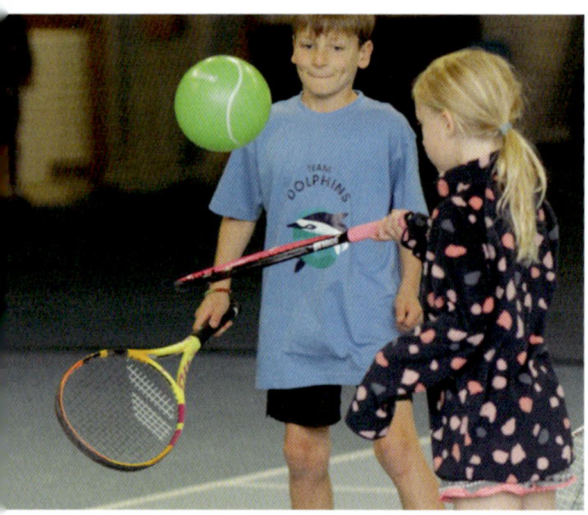

Variante: Zwei Schnabeltiere stehen gegenüber und in der Mitte ist eine Insel aus zwei Springseilen. Nun wird mit einem Tennisball oder einem großen Ball auf diese Insel gespielt. Der Ball wird abwechselnd mit der flachen Hand nach oben geschlagen (später mit dem Schläger) und soll jeweils einmal auf der Insel aufkommen.

Übung 6: Emus

Die Emus ähneln den Straußen und sind sehr schnelle Laufvögel. Alle Emus stehen hinter festgelegten Linien, z. B. den Linien des Einzelfeldes. In dem Einzelfeld sind fünf bis zehn durchnummerierte Grasflecken (Ringe) verteilt. Nun muss jeder Emu für sich mit einem Hacky Sack oder Ball die Grasflecken von eins bis fünf oder eins bis zehn treffen. Er muss nach jedem Wurf seinen Ball so schnell es geht wieder holen und hinter die Linien zurückgehen. Dann kann er mit der zweiten Insel weitermachen. Wer zuerst alle Inseln der Reihe nach getroffen hat, hat gewonnen.

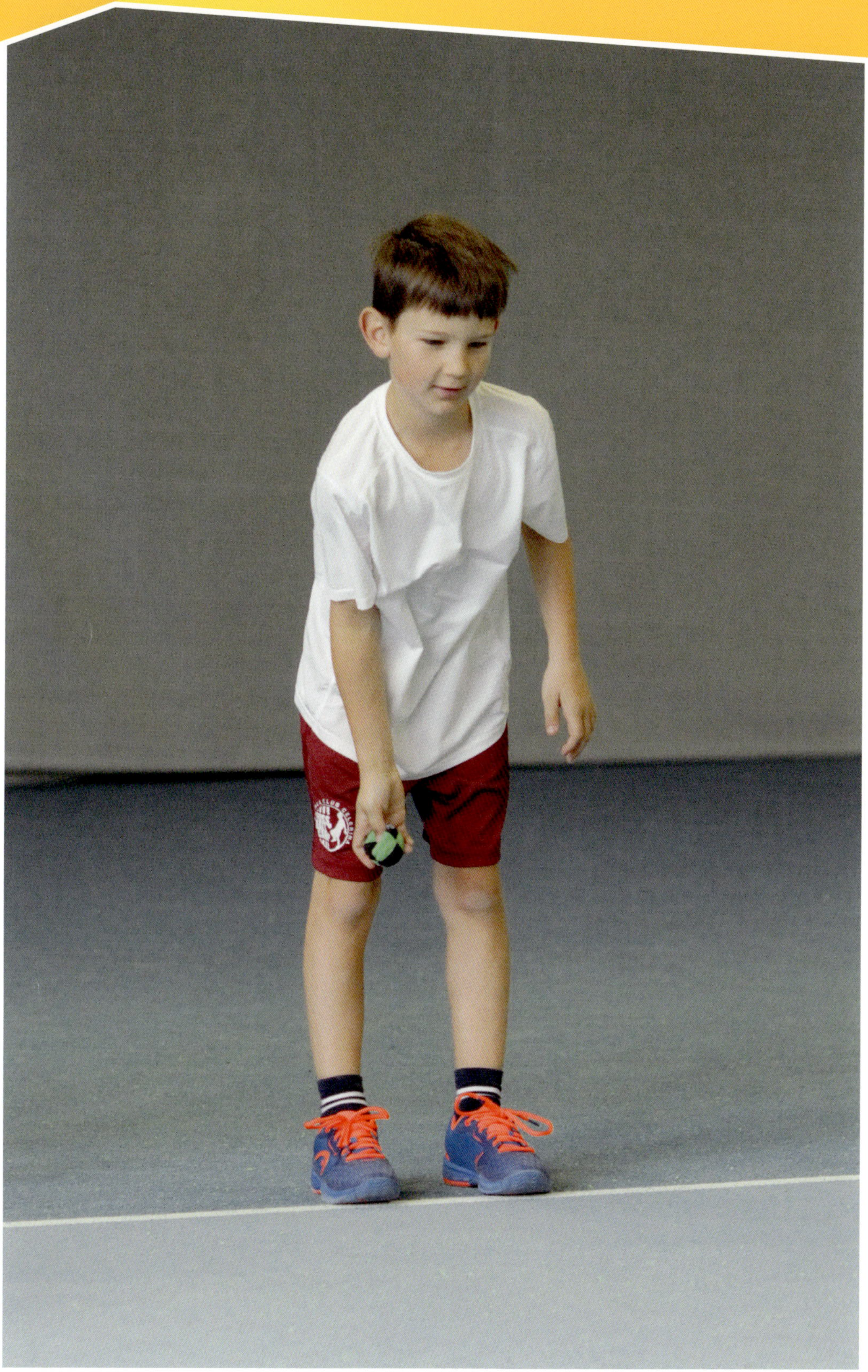

Übung 7: Wombats

Wombats sind niedliche kleine Beuteltiere, die gerne Tunnel bauen. Alle Wombats stehen hinter dem Netz und werfen oder spielen Aufschläge auf die andere Seite. Dort liegen pro Aufschlagfeld fünf durchnummerierte Tunnel (Ringe). Wer Tunnel Nummer eins getroffen hat, darf mit Nummer zwei weitermachen. Wer zuerst alle fünf Tunnel getroffen hat, hat gewonnen. Es können auch zwei Teams gebildet werden und je fünf Ziele in jedem Aufschlagfeld liegen. Welches Team trifft zuerst der Reihe nach die Tunnel eins bis fünf?

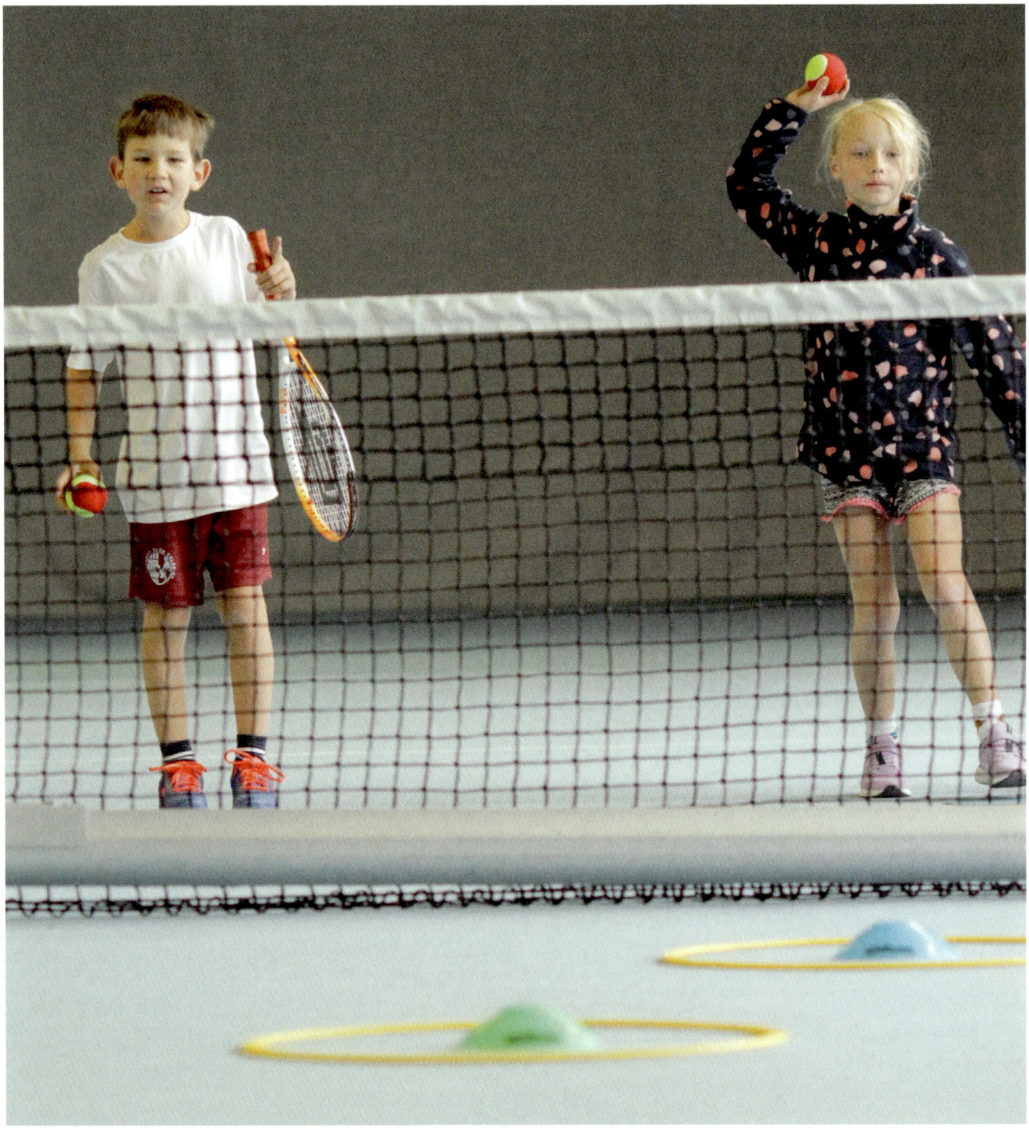

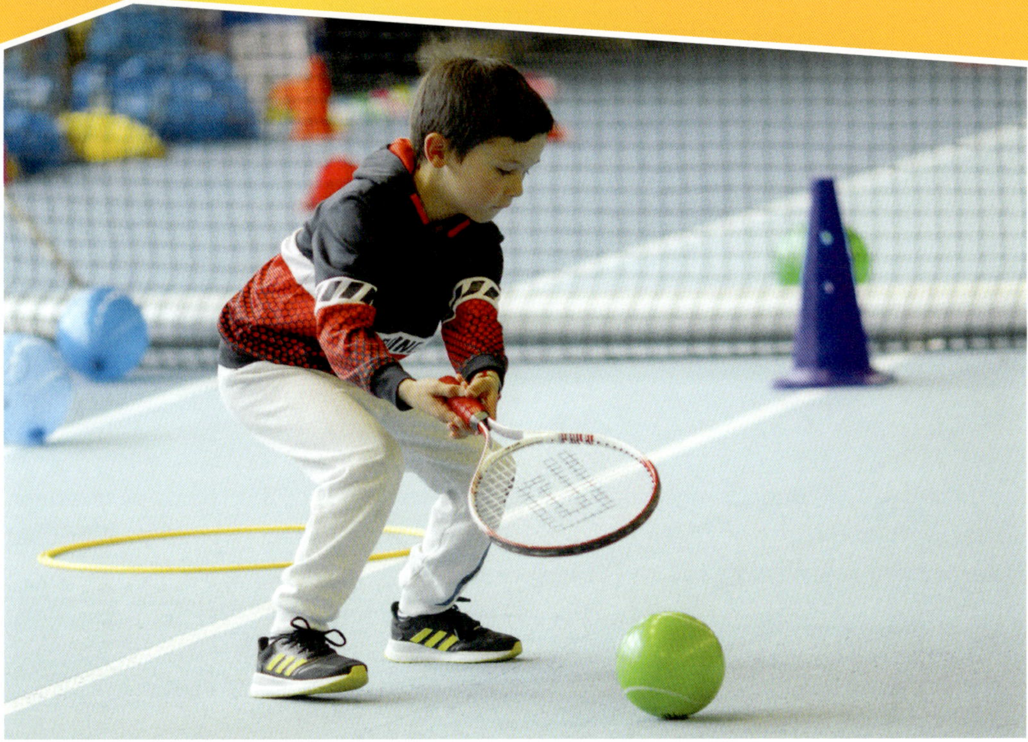

Übung 8: Inselmatch

Immer zwei oder vier Spieler spielen gegeneinander ein Inselmatch. Bei zwei Spielern liegen die zwei Inseln nebeneinander, z. B. die beiden Aufschlagfelder. Bei vier Spielern wird noch das Feld neben den Aufschlagfeldern unterteilt, sodass alle vier Felder, ohne dass ein Netz dazwischen ist, nebeneinander liegen. Nun wird der Ball abwechselnd gerollt, geworfen oder gespielt. Kann der Ball nicht in der eigenen Insel gestoppt oder nach einmaligem Aufspringen gefangen oder zurückgespielt werden, bekommt der Spieler einen Punkt abgezogen. Jeder Spieler spielt startet bei fünf Leben und hat verloren, wenn er bei null ist.

Abschluss

Es wird zusammen aufgeräumt und das Abschlussritual durchgeführt. Jedes Kind darf ein Feedback über die Stunde geben, was es gelernt hat, welches seine Lieblingsübung war und/oder was ihm nicht so gefallen hat.

Eichhörnchen

Zusätzliches Material:
Bilder von Eichhörnchen, Nüsse, Eimer, Igel, Bänke, Balancekreisel, Stangen, Deckel oder Hütchen, Ringe

Einstieg

Als Erstes wird das Begrüßungsritual durchgeführt. Danach wird das Thema besprochen, und es werden Bilder zu dem Thema gezeigt. Heute wird gefragt, was die Kinder über Eichhörnchen wissen, wo sie wohnen, was sie am besten können, was sie fressen etc.

Übung 1: Klau die Nüsse (G)

Alle Eichhörnchen stehen im Kreis und haben ihren Kobel (den Schläger) vor sich. In der Mitte steht eine Schale mit ganz vielen Nüssen (entweder echte Nüsse oder Bälle). Das Ziel der Eichhörnchen ist nun, so schnell wie möglich fünf Nüsse in den eigenen Kobel zu bringen. Die Eichhörnchen dürfen die Nüsse aus der Mitte holen oder von ihren Nachbarn klauen. Wer zuerst fünf Nüsse in seinem Kobel hat, hat gewonnen.

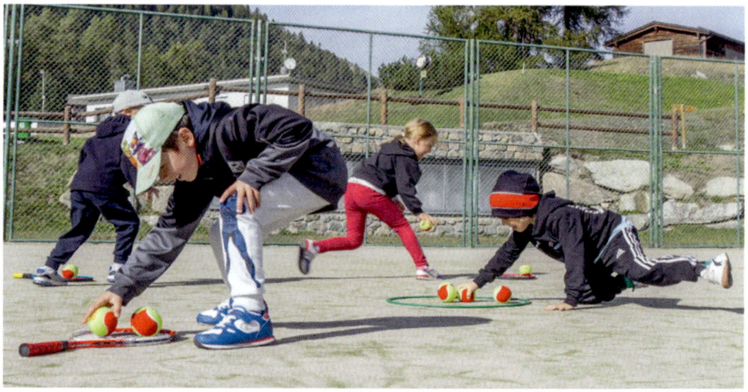

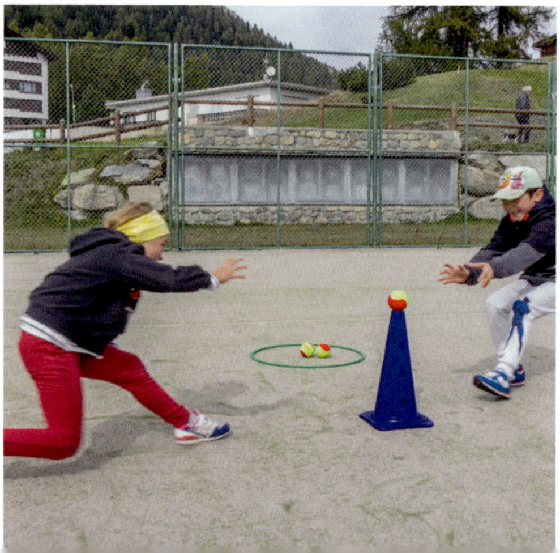

Übung 2: Hol die Nuss (G, P)

Wer ist das schnellste Eichhörnchen? Immer zwei Eichhörnchen stehen einander gegenüber und halten sich an der Pfote. In der Mitte steht ein Kobel (Hütchen) mit einer Nuss drauf, und hinter den Eichhörnchen steht in ca. 5–10 Metern Entfernung ein Baum (Stange). Auf ein Kommando müssen alle Eichhörnchen erst um den Baum rennen und dann versuchen, die Nuss zu ergattern. Die schnelleren Eichhörnchen dürfen diese Nuss in ihren Kobel legen. Die Gewinner gehen einen Kobel weiter nach rechts, die Verlierer nach links. Auf diese Weise haben die Eichhörnchen immer andere Gegner. Dann geht es wieder von vorne los.

Übung 3: Wirf die Nuss (G, T)

An der Wand hängt ein Ziel oder es steht ein Eimer auf dem Boden. Es stehen zwei Teams oder alle hintereinander aufgereiht in ihren Kobeln. Nun gibt das hinterste Eichhörnchen eine große Nuss nach vorne, indem es sie unten durch die Beine steckt. Das letzte Eichhörnchen darf sich umdrehen und soll die Nuss ins Ziel werfen. Trifft es, dann nimmt es sein Nest (den Ring) und stellt sich hinten an. Welches Team schafft die meisten Treffer oder kommt am weitesten nach hinten?

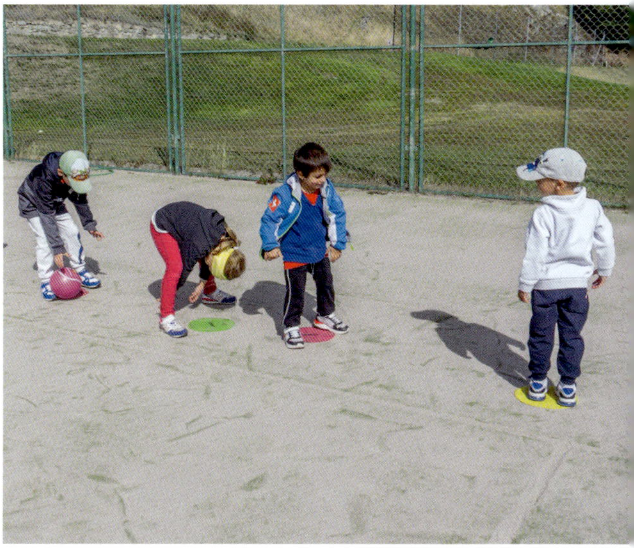

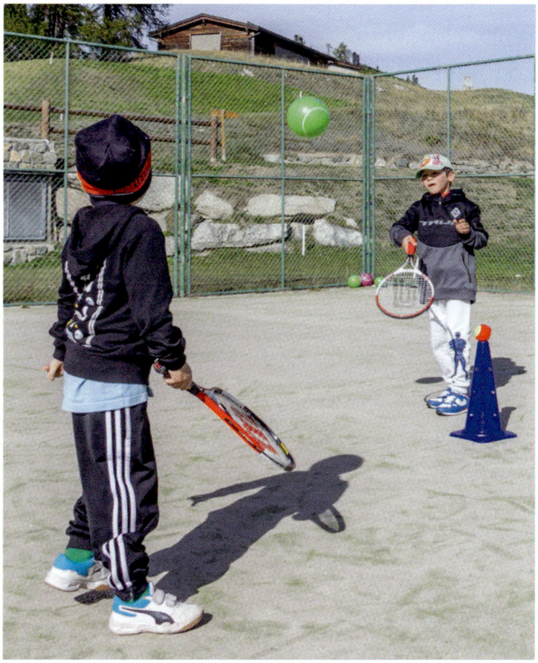

Übung 4: Nüsse verstecken (T, P)

Vor dem Winter sollen die Eichhörnchen noch ihre Nüsse verstecken. Immer zwei Eichhörnchen arbeiten zusammen. Immer ein Eichhörnchen spielt einen Luftballon nach oben und legt anschließend einen Ball, der auf einem Hütchen liegt, unter das Hütchen oder auf ein freies Hütchen. In der Zeit spielt das andere Eichhörnchen den Ballon nach oben. Jedes Eichhörnchen-Team hat sechs bis acht Hütchen.

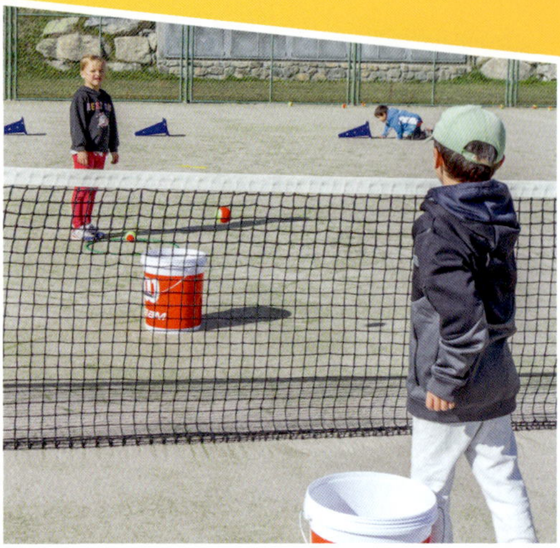

Übung 5: Nüsse sammeln (P, T)

Zwei Eichhörnchen stehen einander gegenüber, in der Mitte ist der Kobel (ein Eimer). Jedes Team hat zehn bis zwanzig Nüsse. Die Eichhörnchen werfen abwechselnd von einer Markierung eine Nuss über dem Kopf auf den Kobel. Wenn sie treffen, bleibt die Nuss im Kobel. Wenn sie nicht treffen, muss das andere Eichhörnchen den Ball holen und wieder von seiner Markierung werfen. Die Nüsse werden so lange geworfen, bis sie im Kobel landen. Welches Team schafft es zuerst, alle Nüsse in den Kobel zu werfen?

Variante: Zwei Teams von Eichhörnchen stehen im Kreis um einen Kobel (Eimer) herum. Jedes Team hat zehn bis zwanzig Bälle. Welches Team schafft es zuerst, alle Bälle in den Kobel zu werfen?

Übung 6: Von Ast zu Ast (P, T)

Die Eichhörnchen stehen einander wieder zu zweit gegenüber. Ein Eichhörnchen balanciert auf einem Ast (Hindernisse wie Bänke, Igel etc.) und darf den Boden nicht berühren. Das andere Eichhörnchen wirft diesem einen Ball zu, den das Eichhörnchen fangen oder mit dem Schläger als Volley zurück zu seinem Partner spielen soll. Schafft dieser es, die Nuss (den Ball) wieder zu fangen, gibt es einen Punkt. Nach fünf bis zehn Punkten wird gewechselt. Schaffen beide Eichhörnchen dies problemlos, können beide auf einem wackeligen Ast stehen.

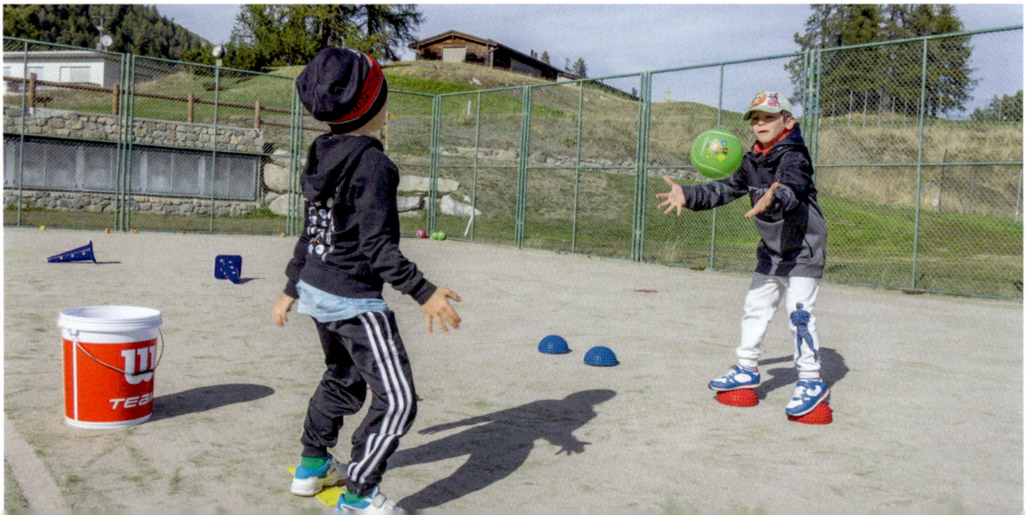

Übung 7: Nüsse stoppen (P, T)

Eichhörnchen sind blitzschnell. Es stehen einander wieder zwei Eichhörnchen gegenüber. Das eine Eichhörnchen startet in seinem Kobel (Ring). Das andere rollt oder wirft einen Ball in die Richtung von zwei möglichen Markierungen. Dieser Ball soll mit der Hand oder mit dem Schläger gestoppt oder gefangen und zurückgerollt/-geworfen werden. Nach jedem Schlag muss das Eichhörnchen schnell zurück in seinen Kobel. Schafft es dies, gibt es einen Punkt. Nach zehn Punkten wird gewechselt.

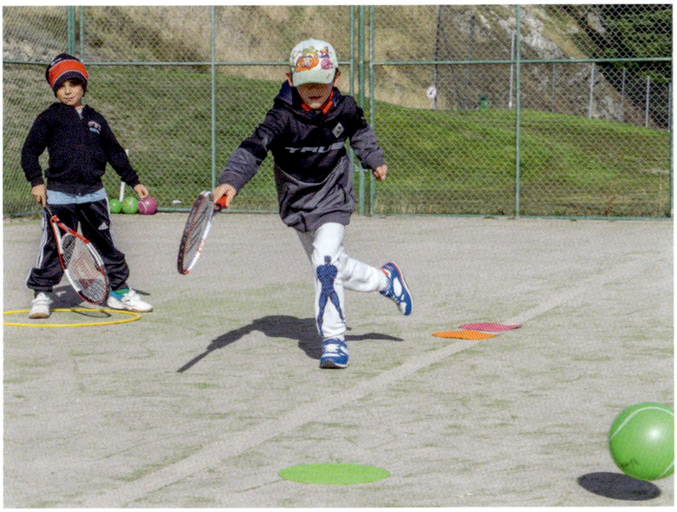

Übung 8: Match (P, T)

Immer zwei Eichhörnchen spielen ein Match gegen zwei andere, indem sie abwechselnd den Ball rollen, werfen oder über das Netz spielen. Nach jedem Schlag sollen sie blitzschnell um einen Baum rennen, der hinter dem Spielfeld steht. Wer einen Punkt gewinnt, bekommt eine Nuss (Ball) und darf diese in seinen Kobel (Ring) legen. Die zwei Eichhörnchen, die zuerst zehn Nüsse in ihrem Kobel haben, haben gewonnen.

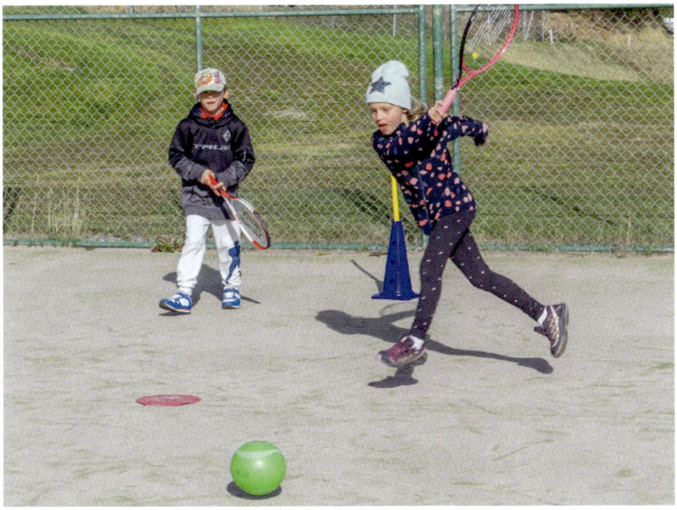

Abschluss

Es wird zusammen aufgeräumt und das Abschlussritual durchgeführt. Jedes Kind darf ein Feedback über die Stunde geben, was es gelernt hat, welches seine Lieblingsübung war und/oder was ihm nicht so gefallen hat.

Themen zu Berufen

FANTASIEVOLLE Tennis-STUNDEN

Themen

Krankenhaus

Astronaut

Feuerwehr

Koch

Banditen und Polizisten

Krankenhaus

Zusätzliches Material:

Bilder von einem Spital, Arzt, Krankenwagen, Verbandsmaterial, Würfel, gebasteltes Stirnband mit rotem Kreuz, Arztkoffer

Einstieg

Als Erstes wird das Begrüßungsritual durchgeführt. Danach wird das Thema besprochen, und es werden Bilder zu dem Thema gezeigt. Heute wird gefragt, was die Kinder über Krankenhäuser wissen, wer schon mal im Krankenhaus war, wer dort arbeitet etc.

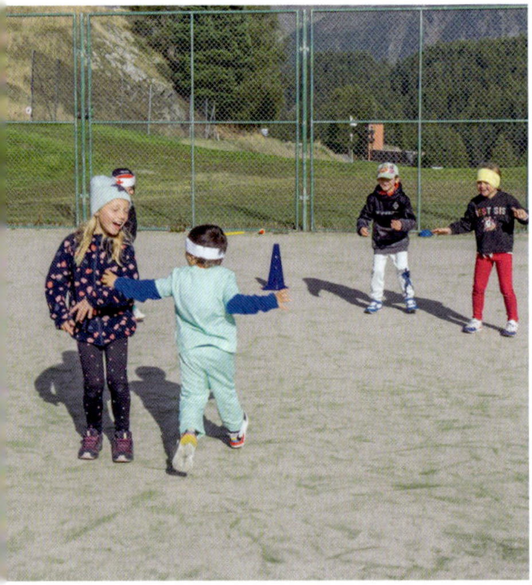

Übung 1: Spitalfangen (G)

Es wird Fangen gespielt. Jeder, der gefangen wird, ist ein verletzter Patient und muss sich die Stelle bis zum Ende des Spieles halten, an der er berührt wurde. Wird ein Spieler mehrmals gefangen, muss er sich alle verletzten Stellen halten. Kann er in dieser Position nicht mehr laufen, muss er sich hinlegen. Gibt es keinen Patienten mehr, ist das Spiel beendet.

Variante 1: Jeder, der gefangen ist, muss sich auf den Boden legen. Die anderen Mitspieler können ihn retten, indem sie ihm eine Spritze aus dem Arztkoffer geben.

Variante 2: Jeder, der gefangen ist, muss sich auf den Boden legen. Die anderen Mitspieler können ihn retten, indem sie ihn zu zweit an den Händen und Füßen kurz hochheben.

Übung 2: Krankentransport (G, T)

Bei dieser Übung sind alle Ärzte. Um für den Krankentransport zu üben, müssen alle Ärzte mit zwei Stangen (die Trage) jeweils einen Patienten (Ball) transportieren. Es werden zwei Gruppen mit je Zweier-Teams gebildet. Das Team, das zuerst alle Patienten sicher ins Ziel gebracht hat, hat gewonnen.

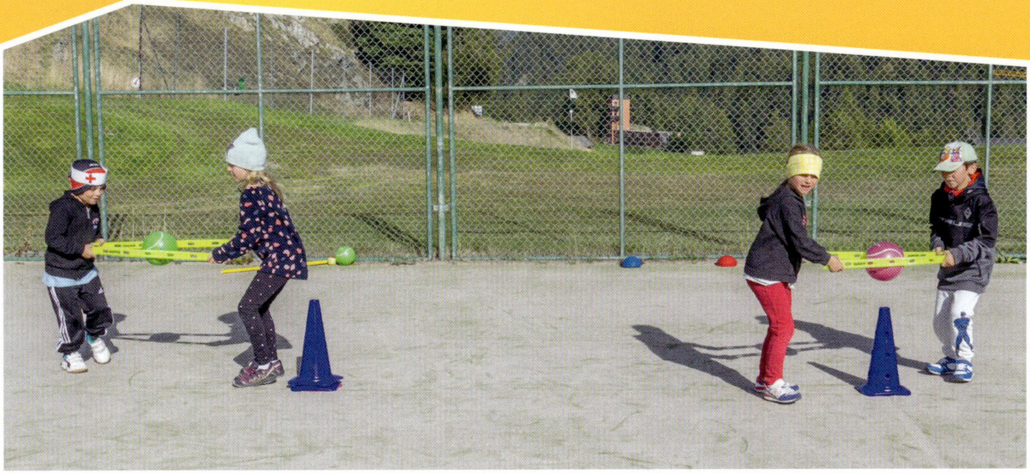

Übung 3: Medizintransport (T, P)

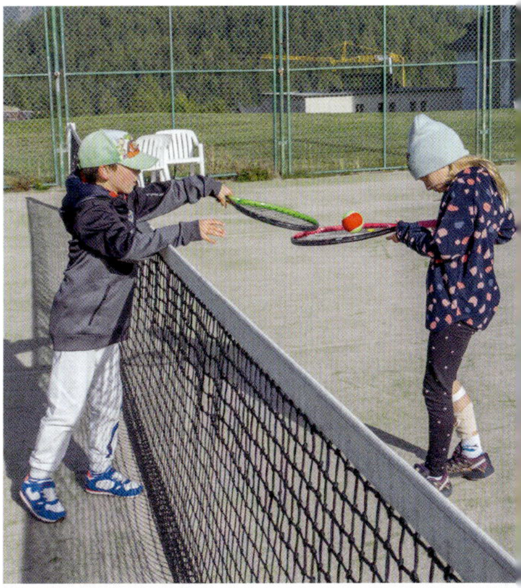

Immer zwei Ärzte stehen einander an den Aufschlaglinien gegenüber. Jeder hat ein Lager für Medikamente. Das Lager von allen Ärzten auf der rechten Seite ist gefüllt mit Medizin, das können fünf bis zehn Bälle sein. Diese müssen nun einzeln mit dem Schläger bis zum Netz transportiert und dem anderen Arzt übergeben werden, damit er sie in sein leeres Lager auf der anderen Seite transportieren kann. Die Ärzte, die zuerst ihr leeres Lager aufgefüllt haben, haben gewonnen.

Übung 4: Gipsbein (G, T, E)

Alle sind jetzt Patienten und haben ein Gipsbein. Die Patienten müssen auf einem Bein durch eine Leiter hüpfen und am Ende ebenfalls auf einem Bein einen zugerollten oder geworfenen Ball spielen. Es gibt zwei Leitern oder Linien am Boden mit maximal vier bis sechs Sprüngen und pro Leiter einen Zuspieler. Auf der einen Seite wird mit dem linken Fuß gehüpft und eine Vorhand gespielt, dann wechselt der Patient die Seite und hüpft mit dem rechten Bein und spielt eine Rückhand. Der Zuspieler stoppt den ankommenden Ball und geht als Nächster an die Leiter. Der Spieler wird zum Zuspieler.

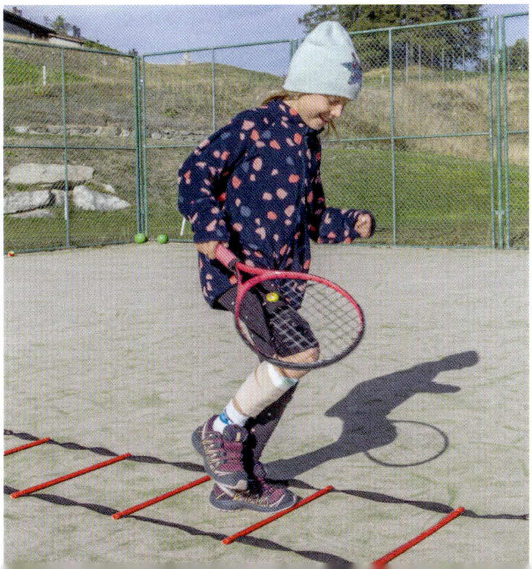

Übung 5: Krankenstation (G, E, P)

Alle Patienten können sich einen neuen Namen (Mr. Smith) oder eine Zahl (Patient 3) aussuchen, und sie sitzen oder liegen in ihrem Krankenbett. Sie können im Schneidersitz, auf dem Bauch oder Rücken mit Augen offen/geschlossen sitzen oder liegen. Wenn der Oberarzt den Namen ruft, müssen sie schnell aufstehen und ihre Medizin (Ball) fangen oder mit dem Schläger über das Netz spielen. Als Partnerübung liegt ein Patient in seinem Bett, er soll z. B. nur auf gerade oder ungerade Zahlen reagieren, aufstehen und dann den Ball fangen oder spielen. Nach fünf gespielten Bällen ist Wechsel.

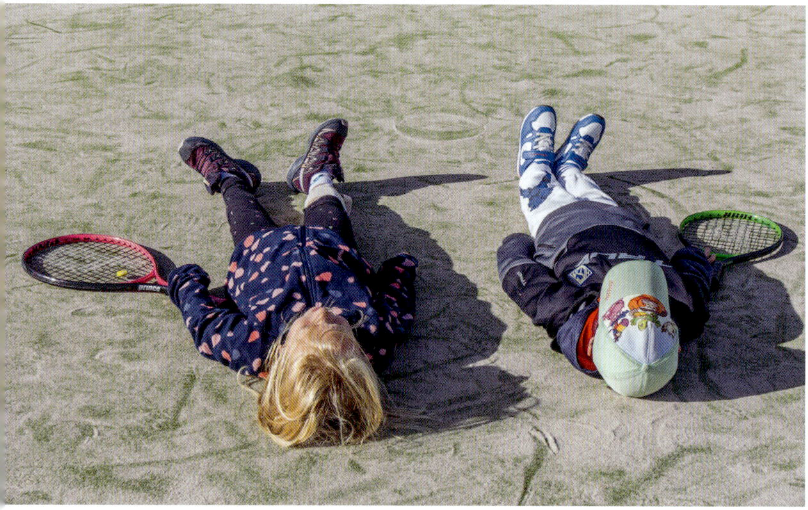

Übung 6: Verbundene Hände (G, P)

Alle Patienten haben sich die Hände verbrannt und können keinen Tennisschläger mehr festhalten. Aus diesem Grund nimmt jeder in beide Hände ein kleines Hütchen und steckt zwei Finger durch das Loch, damit sie sie besser halten können. Nun spielen immer zwei Verletzte gegeneinander in einem Feld um Punkte. Der Ball darf nur mit beiden Hütchen von rechts und links geworfen und mit beiden Hütchen gefangen werden. Die Angabe wird abwechselnd mit einer Hand von oben geworfen, indem der Ball auf das Hütchen gelegt wird. Nach dem Fangen darf jeder nur noch einen Schritt machen. Immer wenn ein Verletzter einen Punkt gewonnen hat, bekommt er zur Belohnung eine Schmerztablette (Ball) in einen Ring gelegt. Wer zuerst zehn Tabletten hat, hat gewonnen. Dann werden die Gegner gewechselt.

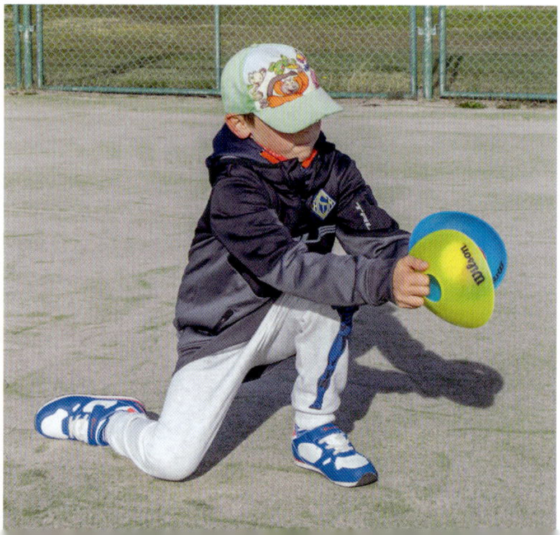

Übung 7: Match mit Verletzung (P,T)

Immer zwei (oder vier) Patienten spielen gegeneinander ein Match, indem sie den Ball rollen oder über das Netz spielen. Dabei gibt es vor jedem Punkt eine Verletzung, die sie ziehen bzw. würfeln. Ist diese Verletzung ein Gipsbein rechts, müssen sie beispielsweise den gesamten Punkt auf dem linken Fuß hüpfen. Haben sie einen gebrochenen Arm rechts, dürfen sie nur mit der linken Hand spielen. Die folgenden Beispiele können beliebig abgeändert werden:

Zettel/Würfel 1: Gipsarm rechts
Zettel/Würfel 2: Gipsarm links
Zettel/Würfel 3: Auge rechts (zuhalten)
Zettel/Würfel 4: Auge links (zuhalten)
Zettel/Würfel 5: Gipsbein rechts
Zettel/Würfel 6: Gipsbein links

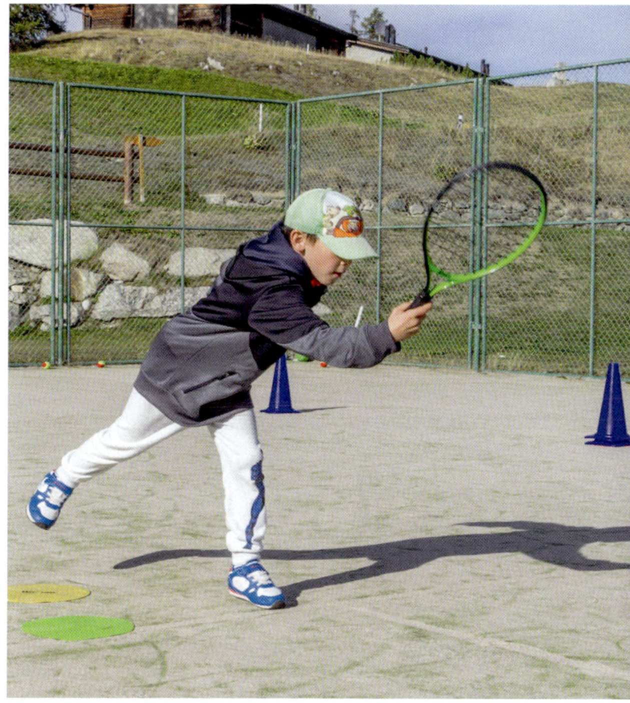

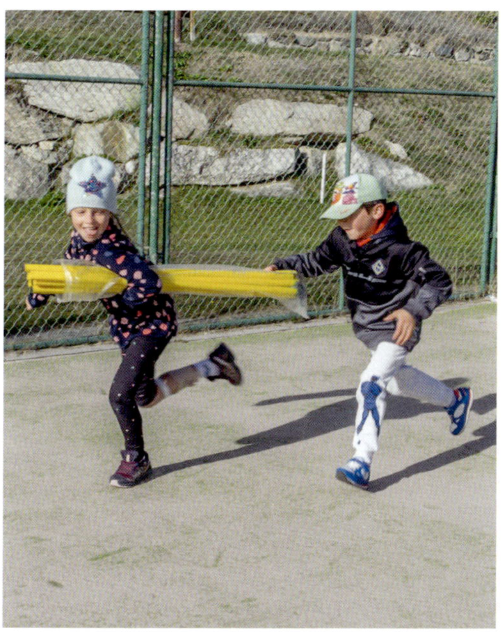

Übung 8: Krankenwagen

Die Zeit drängt. Alle müssen so schnell wie möglich bzw. in einer Minute die Medizin (Bälle und Material) zurück ins Krankenhaus bringen.

Abschluss

Es wird zusammen aufgeräumt und das Abschlussritual durchgeführt. Jedes Kind darf ein Feedback über die Stunde geben, was es gelernt hat, welches seine Lieblingsübung war und/oder was ihm nicht so gefallen hat.

Astronaut

Zusätzliches Material:

Bilder zu Astronauten, Weltall oder Planeten, Hacky Sacks oder Reisbälle, Ballons mit aufgemaltem Krater, Softbälle

Einstieg

Als Erstes wird das Begrüßungsritual durchgeführt. Danach wird das Thema besprochen, und es werden Bilder zu dem Thema gezeigt. Heute wird gefragt, was die Kinder über das Weltall, Planeten und Astronauten wissen. Dazu gehört auch, dass die Astronauten im Weltall schwerelos sind. Der Leiter zeigt Bilder zu diesem Thema, und dann verwandeln sich alle Teilnehmer in Astronauten.

Übung 1: Im Weltall fliegen (G, E, P)

Jeder Astronaut wohnt auf einem Planeten (Ring). Jetzt kann der Leiter Musik abspielen oder einfach das Kommando für den «Abflug» geben und die Astronauten müssen durch den Weltraum fliegen. Sie sollen mit der Hand oder dem Schläger einen Ballon in der Luft halten. Dieser darf nicht den Boden berühren. Sobald der Leiter die Musik stoppt oder «Alarm» ruft, müssen die Teilnehmer den Ballon mit den Händen oder zwischen Hand und Schläger fangen und zurück zu ihrem Planeten fliegen. Bei jeder Runde gibt es eine andere Aufgabe, wie der Ballon in der Luft gehalten werden sollte.

Variante 1: Es können auch zwei Astronauten auf einem Planeten wohnen und den Ballon abwechselnd in der Luft halten. Bei Stopp müssen sie diesen zu zweit z. B. mit dem Bauch oder zwischen den Schlägern eingeklemmt nach Hause transportieren.

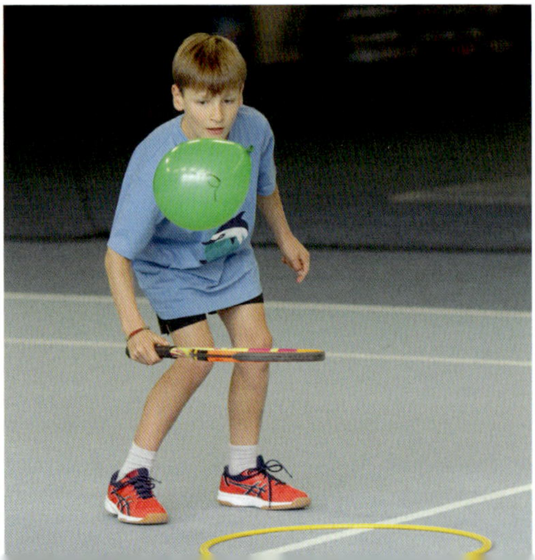

Variante 2: Es kann ein Wettbewerb daraus gemacht werden, indem immer ein Planet entfernt wird. Die Astronauten, die nach dem Alarm keinen Planeten finden, scheiden aus. Sie müssen so lange im All (außerhalb des Spielfelds) herumfliegen und ihren Ballon in der Luft halten, bis das Spiel beendet ist.

Übung 2: Planet mit Schweif (P)

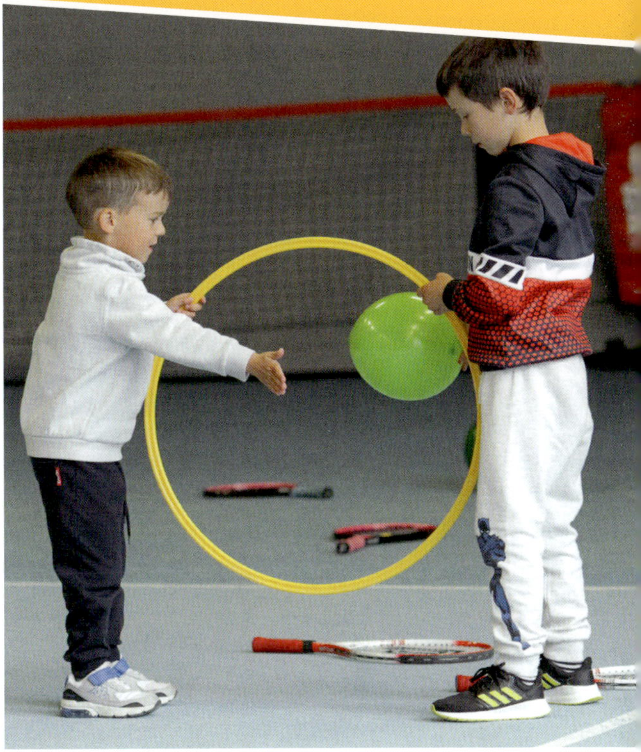

Immer zwei Astronauten halten gemeinsam einen Ring, den Schweif, in der linken/rechten Hand. Mit der anderen Hand sollen sie den Planeten durch den Schweif schweben lassen. Sie müssen sich nun so bewegen und den Reif so halten, dass der Ballon immer durch den Reif fliegen kann.

Variante: Ein Astronaut hält den Reifen und der andere Astronaut spielt den Ballon in die Luft. Der Astronaut mit dem Schweif muss sich so bewegen, dass der Ballon hindurchfliegen kann. Danach kann der andere Astronaut den Ballon wieder hochspielen.

Übung 3: Meteoriten fangen (G, P, T)

Beide Astronauten stehen einander gegenüber auf einem Planeten (Ring), und jeder hat einen Schläger in der Hand. Jedes Zweier-Team hat einen Meteoriten (Hacky Sack oder Reisball) oder einen anderen Ball. Nun wirft der eine den Meteoriten langsam zu dem anderen Astronauten. Dieser muss ihn mit dem Schläger oder der Hand fangen und mit der Hand zurückwerfen. Schaffen die beiden es, insgesamt zehnmal den Meteoriten zu fangen, ohne dass er auf den Boden fällt, dann darf einer der beiden seinen Planeten (Ring) umklappen. Je besser die Astronauten werfen und fangen können, umso weiter sind sie voneinander entfernt. Es kann auch ein Wettbewerb daraus gemacht werden, welches Team die weiteste Entfernung voneinander schafft oder wer zuerst bei einer bestimmten Linie ankommt.

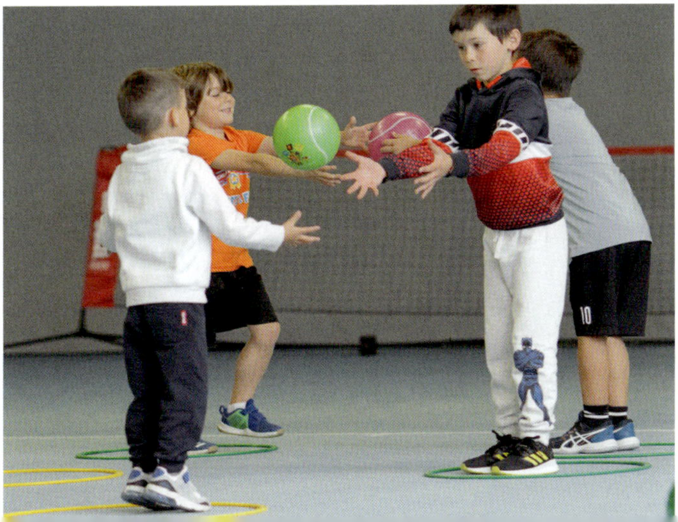

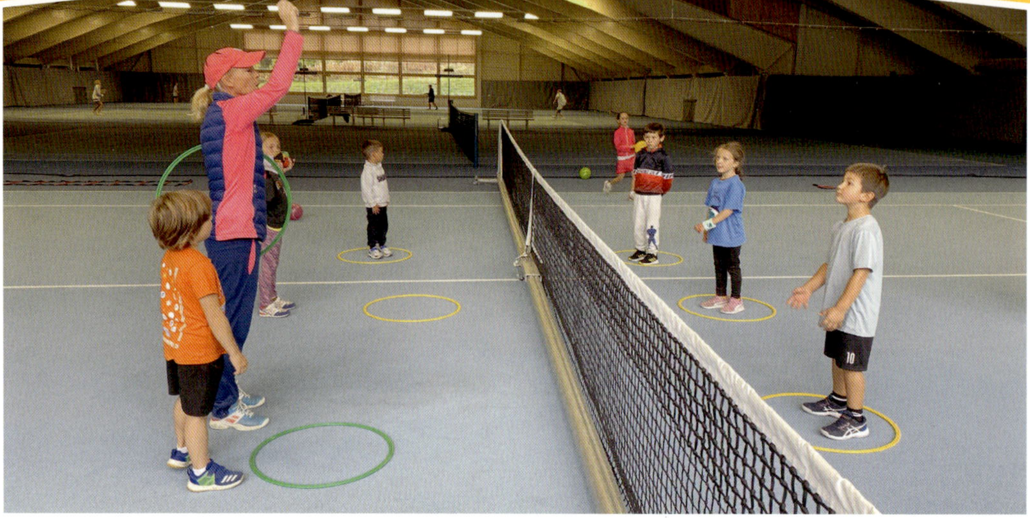

Übung 4: Planeten treffen (G, P, T)

Zwei Astronauten stehen einander wieder gegenüber, aber dieses Mal ist das Netz oder ein anderes Hindernis zwischen ihnen. Beide Astronauten starten mit einem Ring am Netz, ihre Position ist hinter dem Ring (Planeten). Ihr Ziel ist es nun, den Hacky Sack über dem Kopf zu werfen und in den Ring zu treffen. Bei einem Treffer dürfen beide den Ring einmal umklappen. Es geht darum, mit dem Planeten möglichst weit zurück oder bis zu einer Ziellinie zu kommen. Es kann auch ein Tennisball über dem Kopf oder ein großer Ball seitlich vom Körper auf den Ring geworfen und gefangen werden.

Übung 5: Meteoriten abwehren (T, P)

Ein Astronaut steht auf seinem Planeten in der Mitte des Weltalls (in der Mitte des Spielfelds), der andere gegenüber am Netz ebenfalls auf seinem Planeten. Er hat ca. sechs bis zehn Meteoriten (Softbälle) in seinem Ring liegen. Nun soll er diese einzeln von unten oder oben auf den anderen Astronauten werfen. Dieser muss den Meteoriten entweder ausweichen oder sie mit der Hand oder dem Schläger abwehren. Die Astronauten bewerfen einander immer abwechselnd mit den Meteoriten. Die Meteoriten können auch vom Leiter angespielt werden, sodass jeder Astronaut sechs bis acht Volleys schnell hintereinander spielen kann.

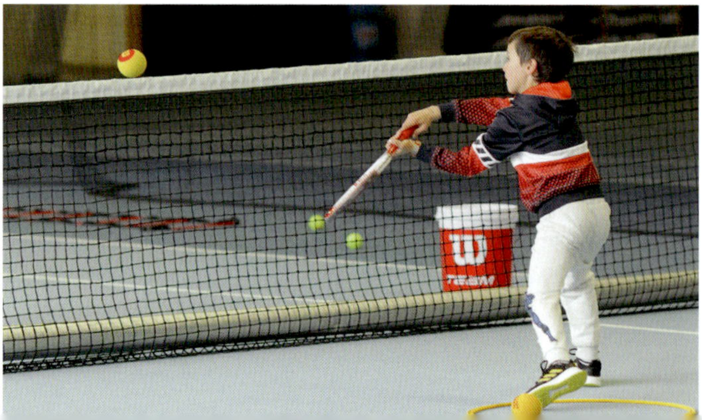

Übung 6: Planeten abschießen (G, T)

Als Abschlussspiel gibt es zwei Teams. In beiden Aufschlagfeldern liegen gleich viele Planeten (Ringe). Jedes Team hat gleich viele Bälle, oder beide nehmen Bälle aus einem Korb so schnell sie können. Sie stehen nebeneinander, jeder Astronaut hat seine Abschussstation, damit sie sich nicht gegenseitig mit dem Schläger treffen. Nun müssen die Astronauten immer je einen Ball über Kopf werfen oder mit dem Schläger aufschlagen. Wenn ein Planet getroffen ist, wird er aus dem Feld genommen und über eine Rakete (Hütchen) gelegt. Das Team, das zuerst alle Planeten getroffen oder in einer bestimmten Zeit mehr getroffen hat, hat gewonnen.

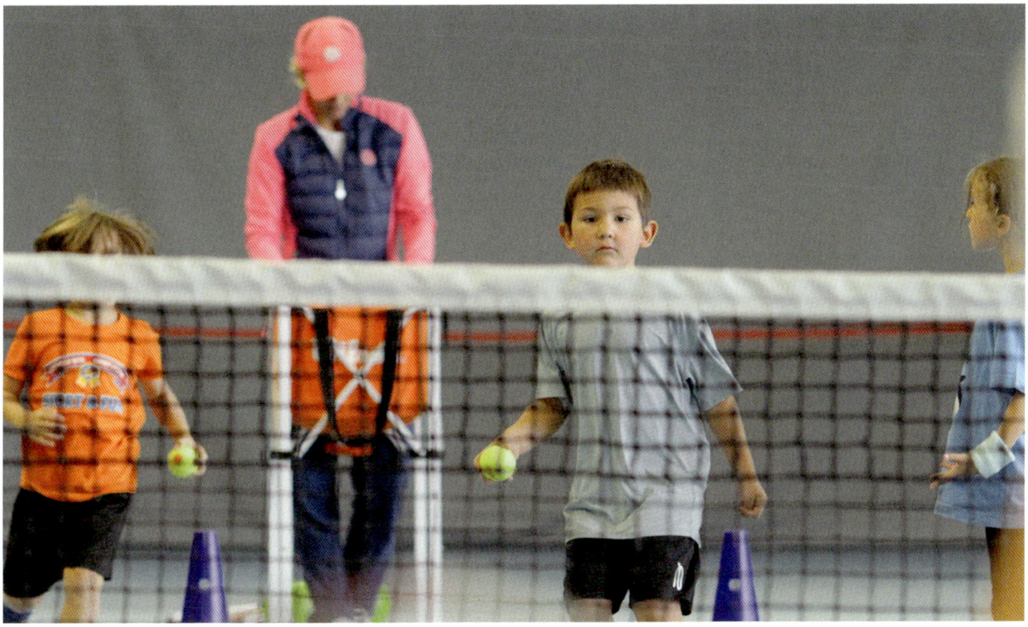

Abschluss

Es wird zusammen aufgeräumt und das Abschlussritual durchgeführt. Jedes Kind darf ein Feedback über die Stunde geben, was es gelernt hat, welches seine Lieblingsübung war und/oder was ihm nicht so gefallen hat.

Feuerwehr

Zusätzliches Material:

Bilder zum Thema Feuerwehr, Leiter, Luftballons, verschiedene Bälle, Springseil, Seil oder lange Schnur, zwei Eimer

Einstieg

Als Erstes wird das Begrüßungsritual durchgeführt. Danach wird das Thema besprochen, und es werden Bilder zu dem Thema gezeigt. Heute wird gefragt, was die Kinder über die Feuerwehr wissen. Welche Aufgaben hat die Feuerwehr? Feuer löschen, Tiere retten, Überschwemmungen beheben, bei Unfällen Menschen retten etc.

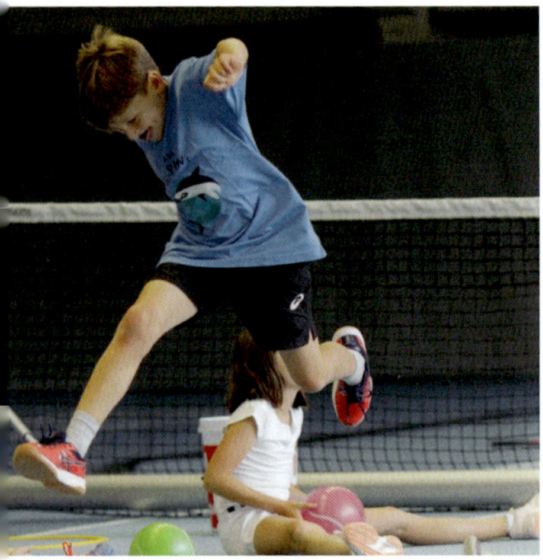

Übung 1: Feuertunnel (G)

Alle Teilnehmer sitzen oder stehen einander in ca. 2 Meter Abstand gegenüber und bilden einen Tunnel in der Mitte. Die zwei, die einander gegenübersitzen oder -stehen, rollen sich jeweils mit den Händen einen Feuerball hin und her. Das erste Team in der Reihe nimmt den eigenen Ball in die Hände und muss den Tunnel mit den Feuerbällen durchqueren, ohne Feuer zu fangen bzw. die Bälle zu berühren. Nach erfolgreicher Durchquerung müssen sie sich am Ende wieder hinsetzen und mit ihrem Ball hin und her rollen. Dann kommt das nächste Pärchen.

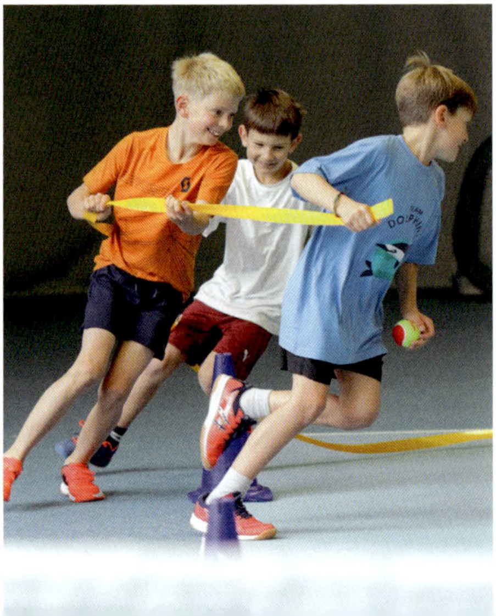

Übung 2: Feuerwehrschlauch (G, T)

Es gibt zwei Teams. Jedes Team soll den Feuerwehrschlauch durch den Parcours tragen. Der Parcours besteht aus vielen Hindernissen wie Feuer, Balken von Häusern etc. In der Mitte des Parcours liegen Schaumkanonen (Bälle) und am Ende stehen acht bis zehn Hütchen oder ein Turm aus Hütchen (das große Feuer). Der erste Feuerwehrmann darf eine Schaumkanone nehmen und sie am Ende auf das Feuer werfen. Dann läuft das Team zurück zum Start und der nächste Feuerwehrmann darf nach vorne. Das Team, das zuerst das ganze Feuer gelöscht hat (alle Hütchen sind umgekippt), hat gewonnen.

Variante 1: Es laufen nicht alle am Feuerwehrschlauch, sondern immer nur zwei Feuerwehrmänner. Ist ein Zweier-Team fertig mit dem Parcours, muss es den Feuerwehrschlauch übergeben. Das Team, das zuerst das Feuer gelöscht hat, hat gewonnen.

Variante 2: Ein Feuerwehrmann führt die anderen an dem Feuerwehrschlauch durch den dichten Rauch. Die hinteren Personen haben die Augen geschlossen und lassen sich durch den Parcours führen. Das Ziel ist es, so wenige Hindernisse wie möglich zu berühren.

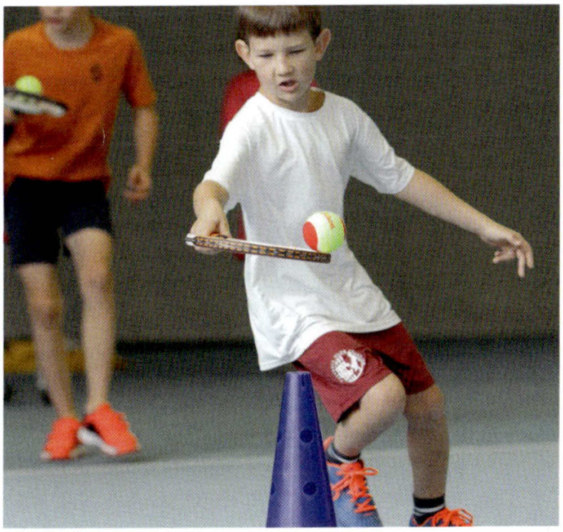

Übung 3: Feuer löschen

Das große Feuer ist wieder ausgebrochen. Doch leider ist der Feuerwehrschlauch kaputt. Nun sollen die Feuerwehrmänner das Feuer mit Wasserbällen löschen, die sie mit dem Schläger durch den Parcours rollen. Am Ende des Parcours wird der Ball auf das Feuer (die Hütchen) gerollt oder über das Netz geschossen, um das Feuer zu löschen.

Übung 4: Gluttransport

Nach dem großen Feuer liegt noch viel Glut (Bälle) herum, die eingesammelt werden muss. Diese soll von den Feuerwehrmännern mit den feuerfesten Schlägern zum Wassereimer transportiert werden. Die Glut ist so heiß, dass man sie nicht anfassen darf. Für den Transport wird die Glut zwischen den Schlägern eingeklemmt und dann in den Wassereimer befördert. Welches Zweier-Team schafft es, am meisten Glut zu einzusammeln?

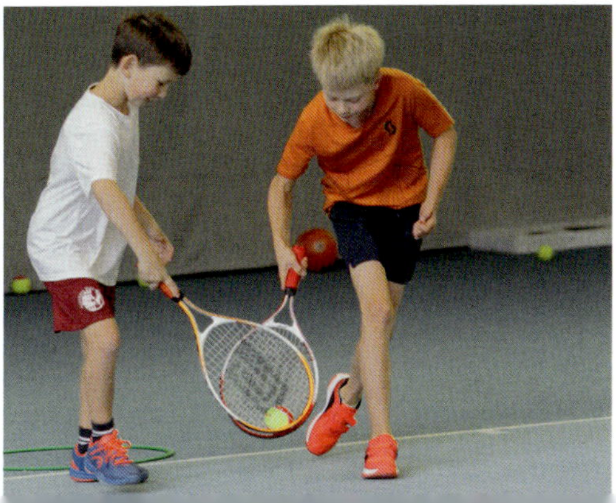

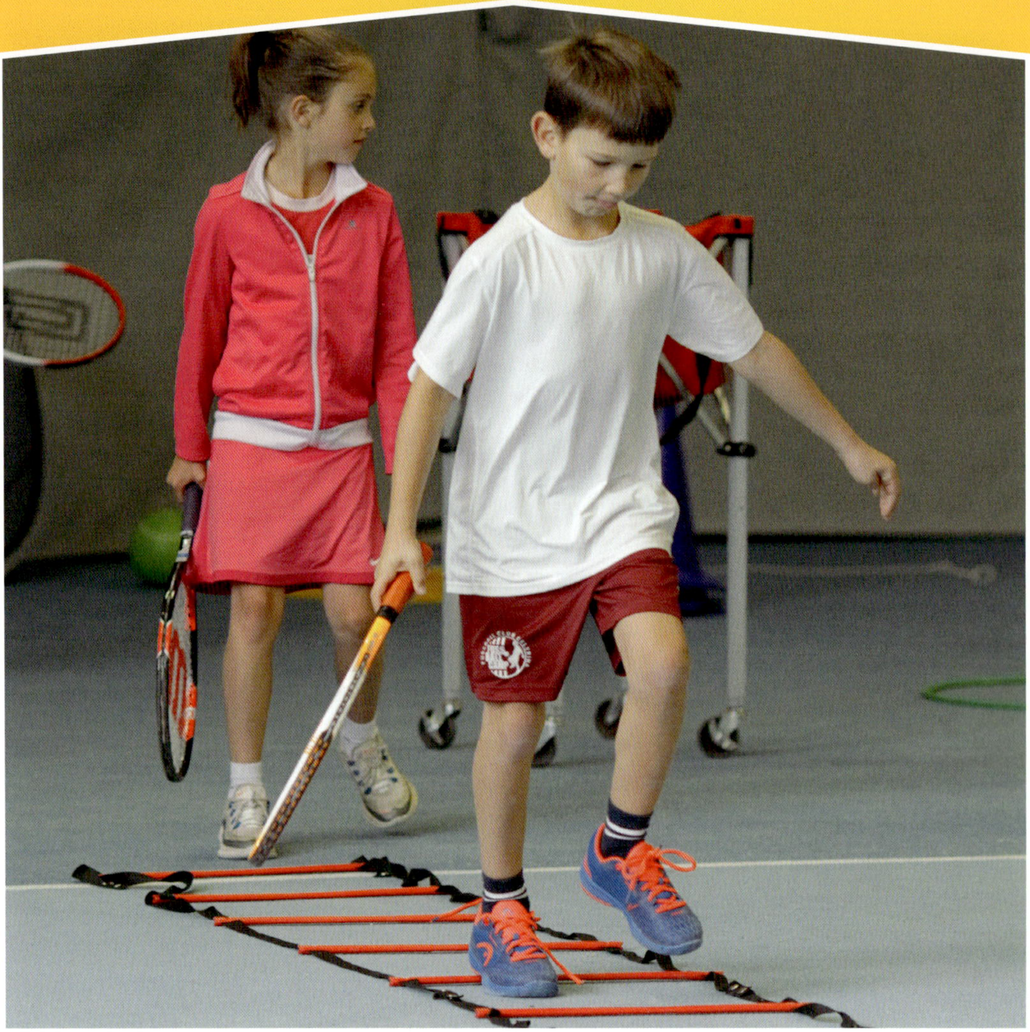

Übung 5: Feuerwehrleiter (G, T)

Die Feuerwehrmänner sollen Wasser (einen Tennisball) holen, dann so schnell sie können durch die Feuerwehrleiter rennen und vom Ende der Leiter den Ball über dem Kopf auf das Feuer werfen oder mit einem Aufschlag spielen. Das Feuer besteht aus gelben, orangen und roten Luftballons, die in verschiedenen Stellen/Höhen an der Wand hängen.
Das Ziel ist es:

- ... die Ballons zu treffen. Es können unterschiedliche Punkte für Treffer verteilt werden.
- ... das Feuer mit den Schlägern auszuschlagen. Jeder darf nach der Leiter einmal mit dem Schläger gegen die Ballons schlagen.
- Der Leiter wirft einen Ball zu und die Feuerwehrmänner sollen diesen aus der Luft schlagen.

Übung 6: Glühende Kohle

Zwei Feuerwehrmänner stehen in einem Haus, das so breit ist wie das Spielfeld. Sie sollen die glühende Kohle hin und her rollen, werfen und fangen mit zwei Hütchen oder mit dem Schläger über das Netz spielen. Sie darf nicht in das Haus gelangen, da es sonst abbrennt. Und sie darf auch nicht zu lange auf der Stelle liegen, da sonst alles verglüht. Auch die Füße dürfen nicht so lange auf dem heißen Boden stehen, da sie sonst verbrennen. Das heißt, die Feuerwehrmänner müssen sich gut bewegen und die Kohle direkt hin und her rollen.

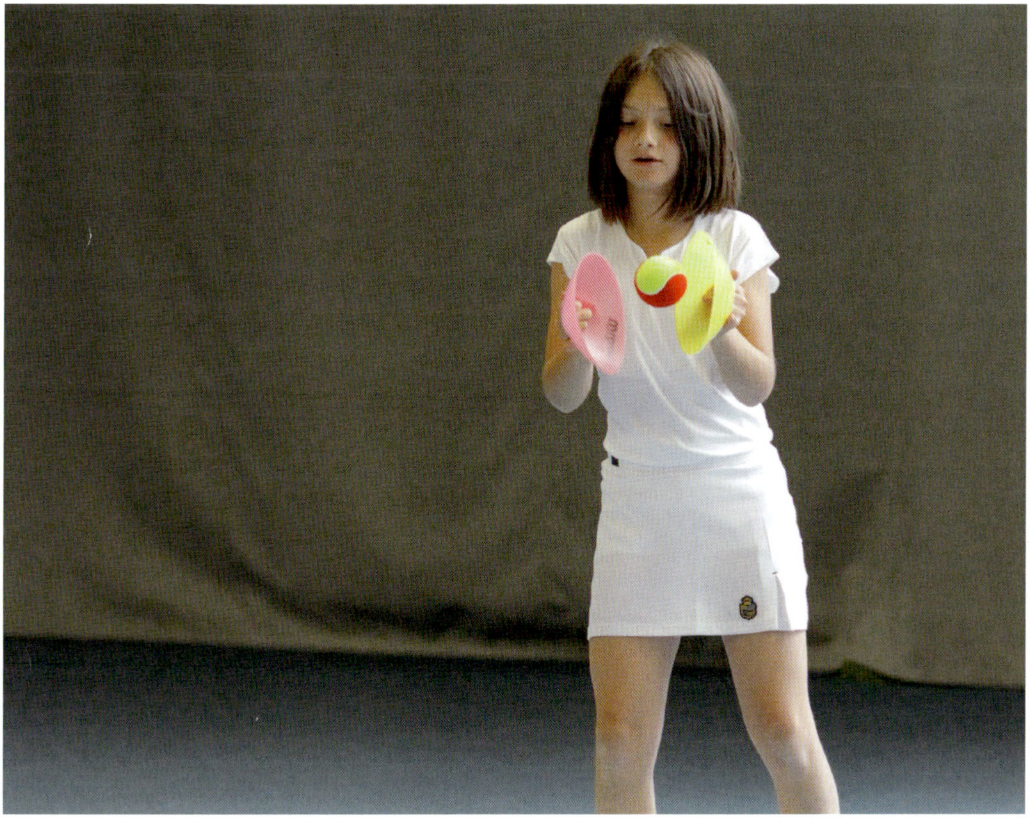

Abschluss

Es wird zusammen aufgeräumt und das Abschlussritual durchgeführt. Jedes Kind darf ein Feedback über die Stunde geben, was es gelernt hat, welches seine Lieblingsübung war und/oder was ihm nicht so gefallen hat.

Koch

Zusätzliches Material:

Bilder von Köchen, Hacky Sack oder Reissäckchen, eventuell alte Pfannen oder Töpfe, Löffel, Topflappen oder Kochhandschuh, runde Markierungen als Pfannkuchen

Einstieg

Als Erstes wird das Begrüßungsritual durchgeführt. Danach wird das Thema besprochen, und es werden Bilder zu dem Thema gezeigt. Heute wird gefragt, was die Kinder über Köche wissen. Damit alle kochen lernen, wird heute ein Kochkurs gemacht.

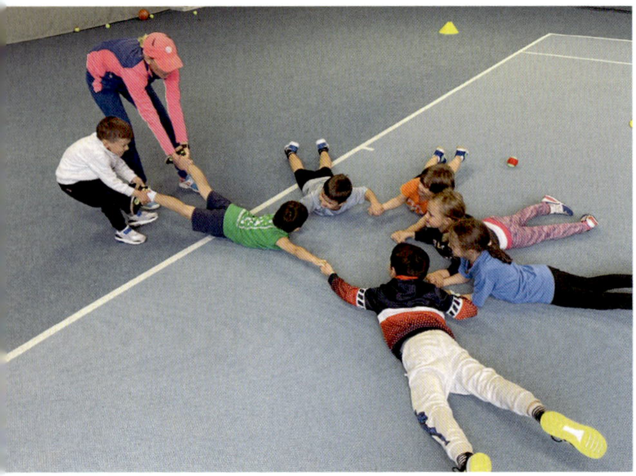

Übung 1: Karotten ziehen (G)

Ein Kind ist der Koch und die anderen Kinder sind Karotten. Der Koch braucht für seinen Salat noch eine Karotte. Die Kinder liegen im Kreis und halten sich ganz fest an den Händen. Der Koch will nun eine Karotte aus dem Boden ziehen und muss versuchen, ein Kind an den Füßen aus dem Kreis zu ziehen. Wird eine Karotte geerntet, wird der Platz getauscht.

Übung 2: Bratpfanne (G)

Um sich auf das Braten vorzubereiten, müssen alle Köche den Umgang mit den Bratpfannen üben. Alle stehen im Kreis und jeder hat einen Schläger. Der wird vor dem Körper aufgestellt, mit dem Griff nach oben, und die Hand liegt oben auf dem Schläger, damit er nicht umkippt. Auf ein Kommando (z. B. «Köche, los!») gehen alle eine Position nach rechts und müssen die Pfanne vom Nachbarn auffangen, bevor sie auf den Boden fällt. Wer keine Pfanne fängt, scheidet aus.

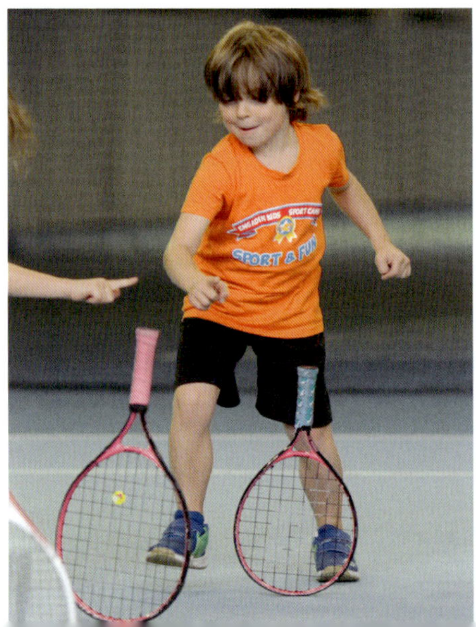

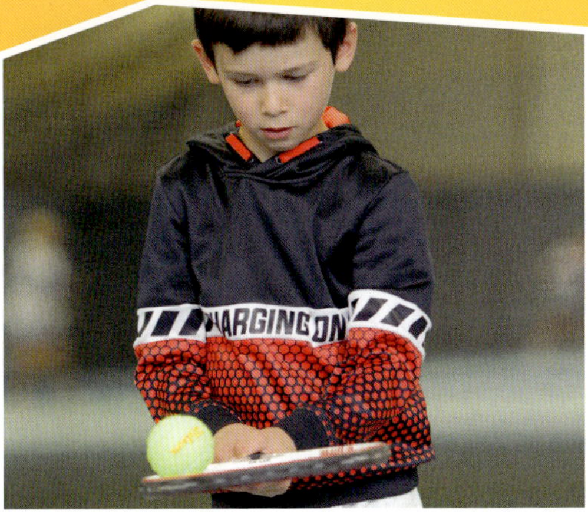

Variante: Die Köche braten nun Knödel in ihren Pfannen, und diese dürfen nicht auf den Boden fallen. Sie lassen die Knödel (Bälle) auf ihrem Schläger kreisen oder geben sie im Kreis herum weiter.

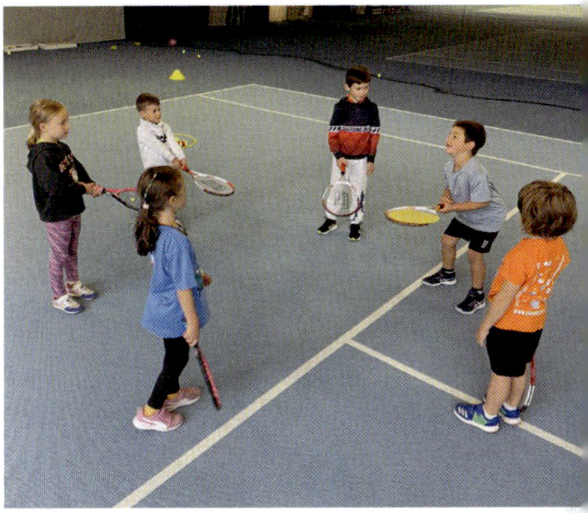

Übung 3: Pfannkuchen (G, T)

Zuerst experimentieren die Köche mit ihren Pfannkuchen, indem sie sie hochwerfen und wieder auffangen. Dann sollen sie versuchen, sie zu wenden und wieder aufzufangen. Danach gibt es Zweier-Teams, einer ist Chefkoch und der andere Hilfskoch. Sie sollen nun einen Pfannkuchen mit der Pfanne werfen und auffangen.

Übung 4: Tomaten-, Mais- und Gurkensalatsalat (G, T)

Der Tomaten-, Gurken- und Maissalat war gerade fertig, aber irgendjemand hat die große Schale aus Versehen umgeschüttet. Auf dem Platz gibt es ein riesiges Durcheinander von Tomaten (rote Bälle), Gurken (grüne Bälle) und Mais (gelbe Bälle). Die Bälle werden auf dem Platz verteilt und es gibt Ringe in der Farbe der verschiedenen Bälle. Auf ein Kommando müssen nun die Bälle mit einem Gegenstand wie einem Stab, dem Schläger oder einem Löffel sortiert und in den zugehörigen Ring gerollt oder getragen werden.

Variante 1: Es gibt zwei Teams und jedes Team hat drei Ringe (gelb, rot und grün). Nun soll jedes Team so viele Zutaten wie möglich in die eigenen Ringe bringen. Am Ende werden die Zutaten gezählt und geschaut, wessen Salat größer ist.

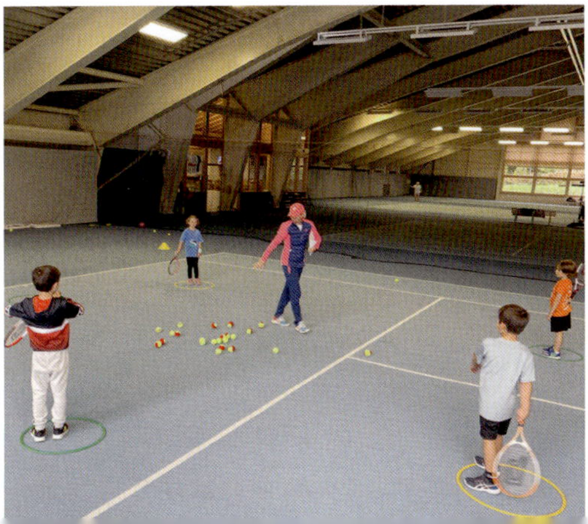

Variante 2: Jeder hat einen eigenen Ring und auf ein Kommando, beispielsweise «Fünf Tomaten!» muss jeder versuchen, so schnell wie möglich fünf Tomaten in seinen Ring zu bringen. Jeder Koch darf auch die Tomaten aus dem Topf der anderen klauen.

Übung 5: Kochhandschuhe (G, T, P)

Jeder hat einen Kochhandschuh in der einen und den Schläger in der anderen Hand. Nun soll ein Partner oder der Trainer heiße Brötchen zuwerfen, und das Kind soll diese zwischen dem Schläger und der anderen Hand mit dem Kochhandschuh fangen. Falls keine Kochhandschuhe zur Verfügung stehen, können die Kinder auch einen Topflappen, einen richtigen Handschuh, einen Waschlappen, ein Tuch oder nur die Hand nehmen.

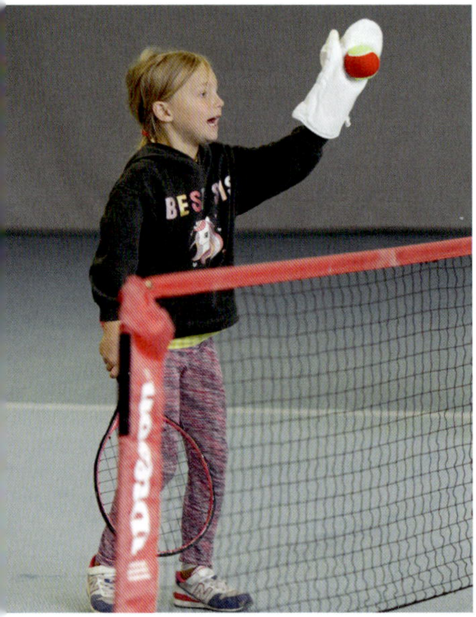

Variante 1: Zwei Kinder stehen einander gegenüber. Eines hat zwei Kochhandschuhe, das andere wirft das heiße Brötchen langsam zu. Das heiße Brötchen soll nach einmaligem Aufspringen oder aus der Luft zwischen den zwei Kochhandschuhen aufgefangen werden.

Variante 2: Das Kind kann den Ball zwischen dem Schläger und dem Kochhandschuh oder der Hand auffangen, fallen lassen und dann mit dem Schläger über das Netz spielen.

Variante 3: Das Kind soll den ankommenden Ball mit dem Kochhandschuh stoppen und dann mit dem Schläger über das Netz spielen.

Übung 6: Pfannentennis (P, T)

Die Köche spielen oder rollen sich nun zu viert mit den Pfannen heiße Kartoffeln über oder unter dem Tresen in der Küche zu. Dabei haben sie pro Team nur eine Pfanne, das bedeutet, dass sie sich nach jedem Schlag abwechseln müssen. Es werden Hütchen aufgestellt, die markieren, wo die Köche hindurchrollen müssen. Die geübten Köche können die Tomaten über den Herd spielen und sie entweder im Sandwich fangen, stoppen oder direkt zurückspielen. Dann spielen die Köche gegeneinander um Punkte. Jedes Team hat einen Topf. Wer einen Punkt gewinnt, bekommt eine Kartoffel in den Topf.

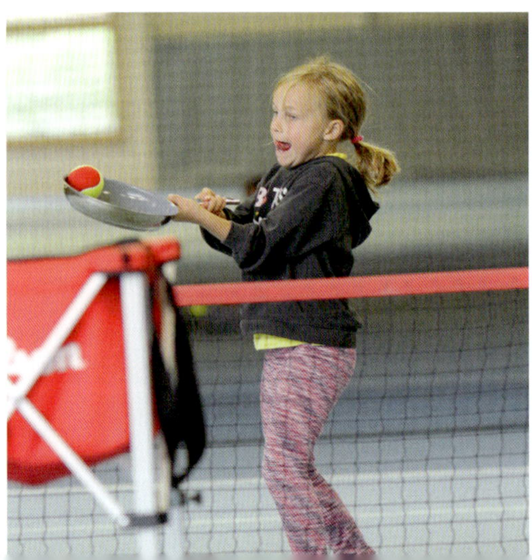

Übung 7: Salat-Wettlauf (T)

Zum Abschluss werden noch einmal zwei große Teams gebildet. Jede Gruppe wird von dem Leiter mit einer Schnur ganz eng zusammengebunden. Die zwei Gruppen sind nun

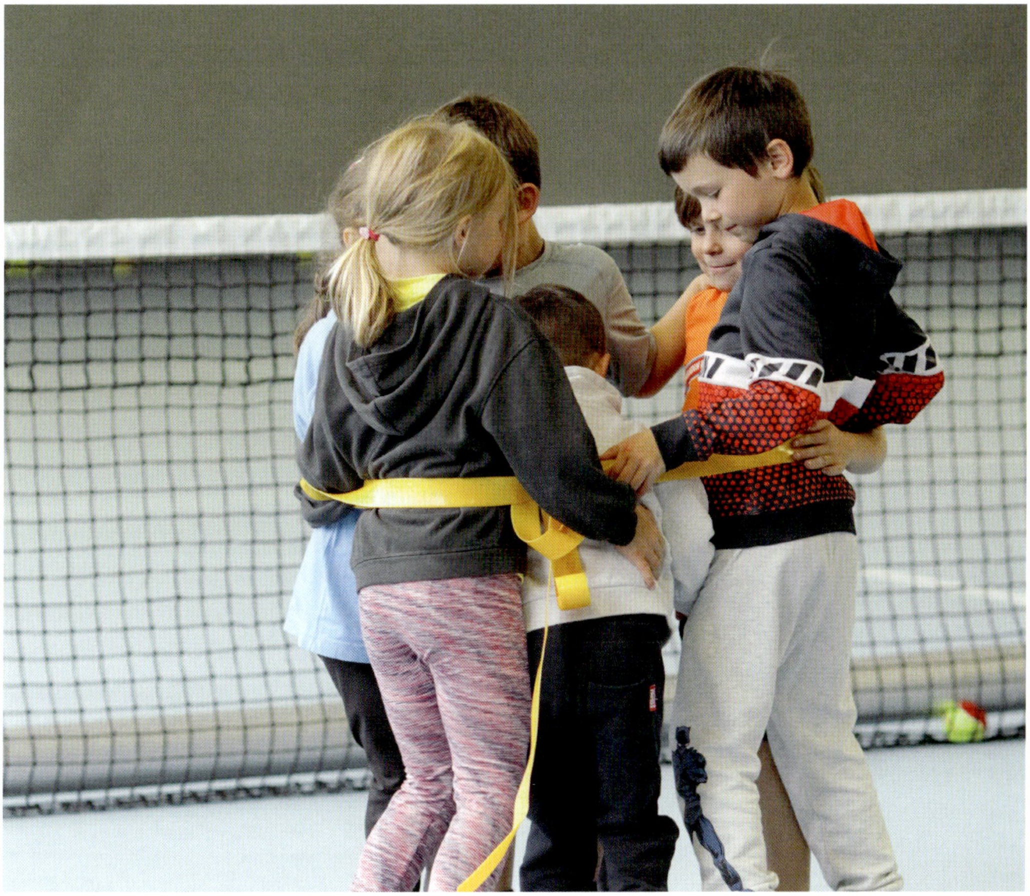

beide ein großer gemischter Salat und müssen gegeneinander Wettlauf machen. Falls keine lange Schnur vorhanden ist, können sich alle Teammitglieder an den Händen nehmen und so einen Wettlauf gegen das andere Team machen.

Abschluss

Es wird zusammen aufgeräumt und das Abschlussritual durchgeführt. Jedes Kind darf ein Feedback über die Stunde geben, was es gelernt hat, welches seine Lieblingsübung war und/oder was ihm nicht so gefallen hat.

Banditen und Polizisten

Zusätzliches Material:

Bilder von Polizisten und Banditen, Reissäckchen, Trillerpfeifen (Anwendung nur, wenn es niemanden stört), Sturmhauben oder Tücher, selbstgebastelte Polizeikelle mit einer roten und einer grünen Seite, gebastelte Zielscheibe

Einstieg

Als Erstes wird das Begrüßungsritual durchgeführt. Danach wird das Thema besprochen und die Bilder gezeigt. Heute wird gefragt, was die Kinder über Banditen und Polizisten wissen. Was sind ihre Aufgaben? Wer würde gern ein Polizist oder ein Bandit sein?

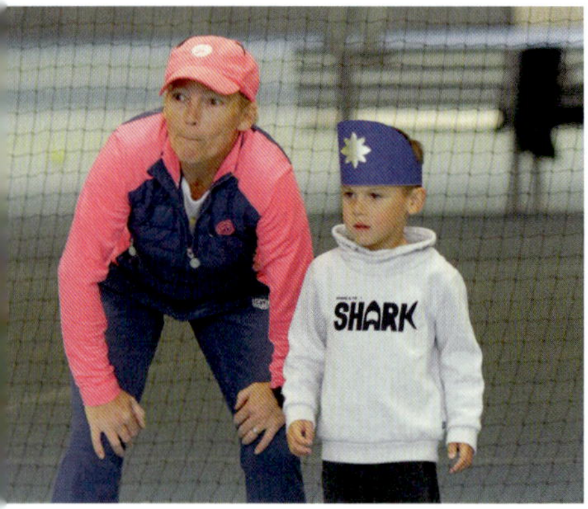

Übung 1: Welcher Bandit hat Angst vorm Polizisten (G)

Es wird eine Person als Polizist bestimmt. Der Polizist steht auf der einen Seite des Platzes, die Banditen auf der anderen. Dann ruft der Polizist: «Welcher Bandit hat Angst vor dem Polizisten?» Die anderen rufen: «Keiner!» Nun muss der Polizist die Banditen fangen. Die gefangenen Banditen bekommen alle «Handschellen» an und müssen sich an den Händen halten und eine Kette bilden. Das Spiel geht so lange, bis alle gefangen sind.

Übung 2: Verkehrspolizist (G)

Ein Kind ist Polizist und gibt das Kommando «Stopp!» und «Los!» und zeigt dabei die Kelle mit der roten oder grünen Seite. Bei Grün steht der Polizist mit dem Rücken zu den anderen Kindern und ruft «Los!», dann muss er zunächst das Kommando «Stopp!» geben und sich dann schnell umdrehen. Die Banditen müssen bei dem Kommando sofort stehen bleiben und dürfen sich nicht bewegen. Sieht der Polizist, dass sich ein Bandit bewegt, muss dieser zurück an den Start. Schafft ein Bandit es, den Polizisten zu berühren, wird die Rolle getauscht.

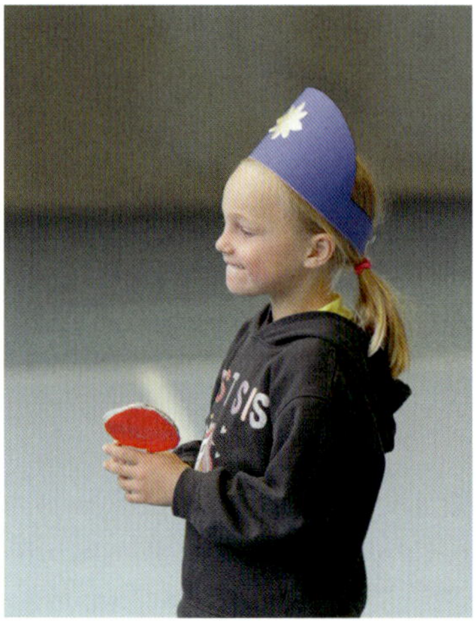

Übung 3: Goldraub (T, P)

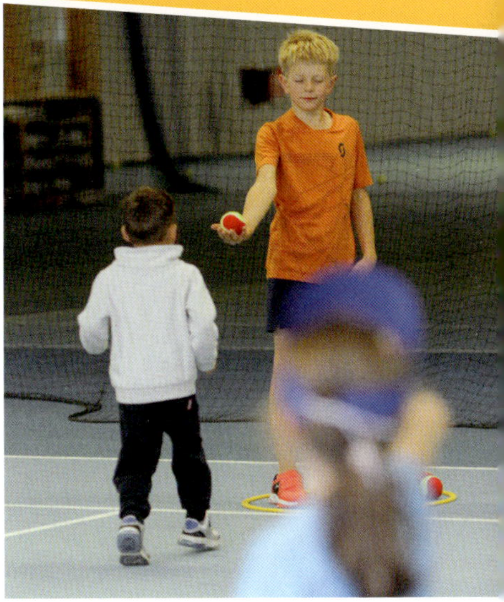

Die Kinder stellen sich jeweils zu zweit gegenüber auf. Auf der einen Seite sind die Banditen, auf der anderen die Polizisten. Die Banditen haben bereits gestohlenes Diebesgut bei sich im Tresor, z. B. fünf Smaragde (rote Bälle). Die Polizisten haben je fünf Goldstücke (gelbe Bälle). Jeder versucht nun, dem anderen sein Diebesgut oder Schatz zu klauen und seinen eigenen Schatz zu beschützen. Die Polizisten starten und legen sich ihr Goldstück auf die Hand des ausgestreckten Armes und halten die Augen geschlossen. Die Banditen müssen sich anschleichen und versuchen, dem Polizisten das Goldstück von der Hand zu nehmen und in ihr Versteck zu bringen. Sobald der Polizist spürt, dass der Bandit das Gold aus der Hand nimmt, muss er versuchen, den Banditen zu fangen. Schafft er es nicht, den Banditen zu fangen, darf sich dieser das Diebesgut in seinen Tresor zu legen und er ist noch einmal dran. Ist ein Bandit gefangen, wechselt die Aufgabe und der Bandit muss einen Smaragd auf die Hand legen, den der Polizist zurückholen muss. Schafft es der Bandit, alles vom Polizisten zu klauen, oder kann der Polizist das ganze Diebesgut sicherstellen?

Übung 4: Goldtransport (T, P)

Immer zwei Teilnehmer sind Banditen und sollen ihr Gold zusammen zu ihrem Versteck transportieren. Sie haben beide einen Schläger in der Hand, mit denen sie das Gold transportieren.

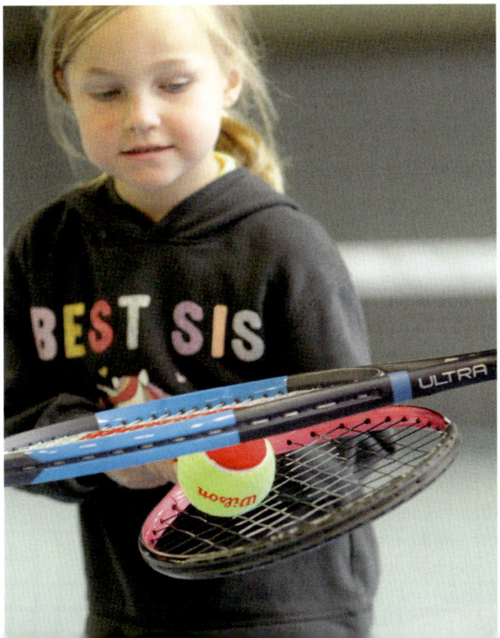

Auf diese Weise und müssen sie einen Ball oder ein mit Gold (Reis) gefülltes Säckchen durch den Parcours über, unter und um Hindernisse herum bis in den Tresor bringen.

Variante: Die Banditen werden in zwei gleich große Teams aufgeteilt. Sie müssen jeweils auf dem Schläger ihr Gold zu ihrem Versteck transportieren. Fällt das Gold hinunter, ist es verloren und der Bandit muss zurück zum Anfang und den Schläger übergeben. Welches Team hat zuerst am meisten Goldstücke im Versteck?

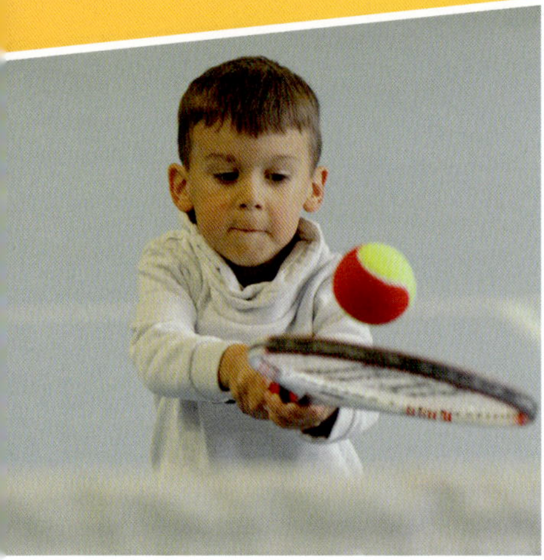

Übung 5: Rote Ampel, grüne Ampel (T, P)

Wie bei der Ampel bedeutet Rot stehen und Grün gehen bzw. spielen. Es stehen immer zwei Personen gegenüber, ein Polizist und ein Kind. Das Kind hat einen Schläger in der Hand und dreht dem Polizisten den Rücken zu. Bei dem Zuruf «Grün» darf es sich umdrehen und soll versuchen, einen zugeworfenen oder zugerollten Ball zu fangen oder zurückschlagen. Bei dem Zuruf «Rot» muss es stehen bleiben. Nach zehn Bällen wird die Rolle gewechselt.

Übung 6: Zielschießen Polizisten (G, T, E)

Die Polizisten müssen üben, auf Ziele zu schießen. Es werden Ringe als Zielscheiben oder gebastelte Zielscheiben aus Pappe am Zaun oder an der Wand aufgehängt. Die Ziele können auch im Aufschlagfeld ausgelegt werden. Nun müssen die Polizisten aus unterschiedlichen Distanzen den Ball über dem Kopf in das Ziel werfen oder mit dem Schläger schießen. Je nach Distanz oder Treffer im Ziel werden Punkte verteilt. Welcher Polizist ist am treffsichersten? Wer schafft wie viele Punkte?

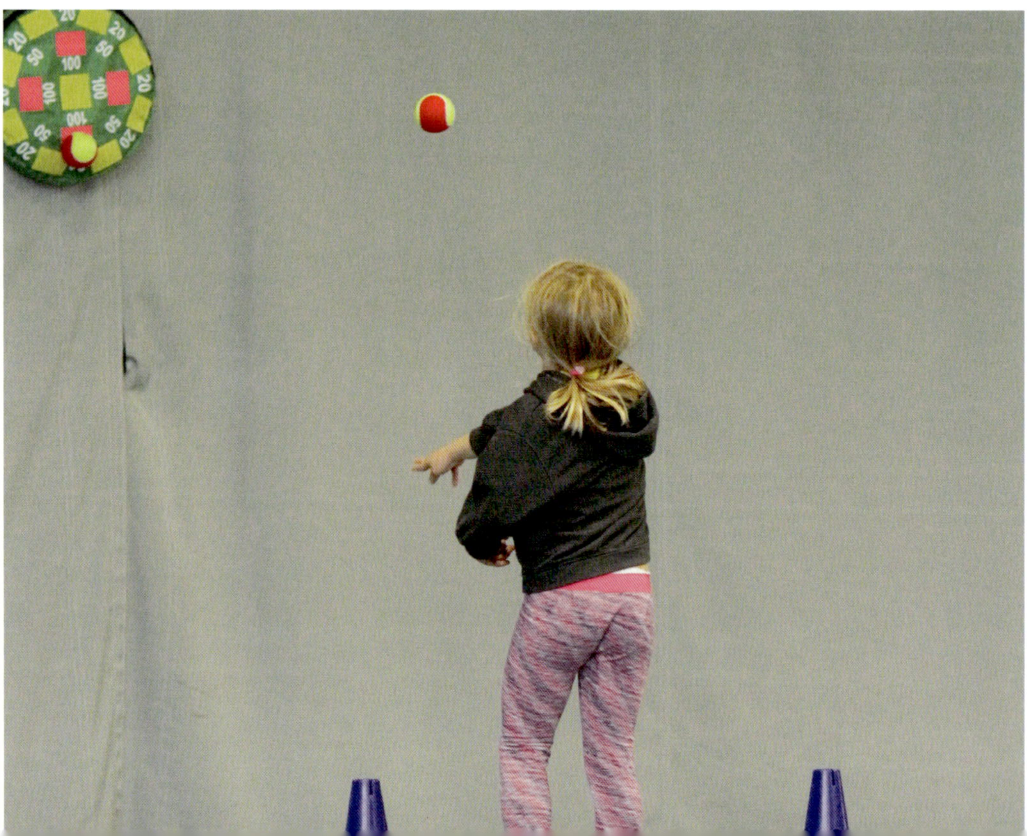

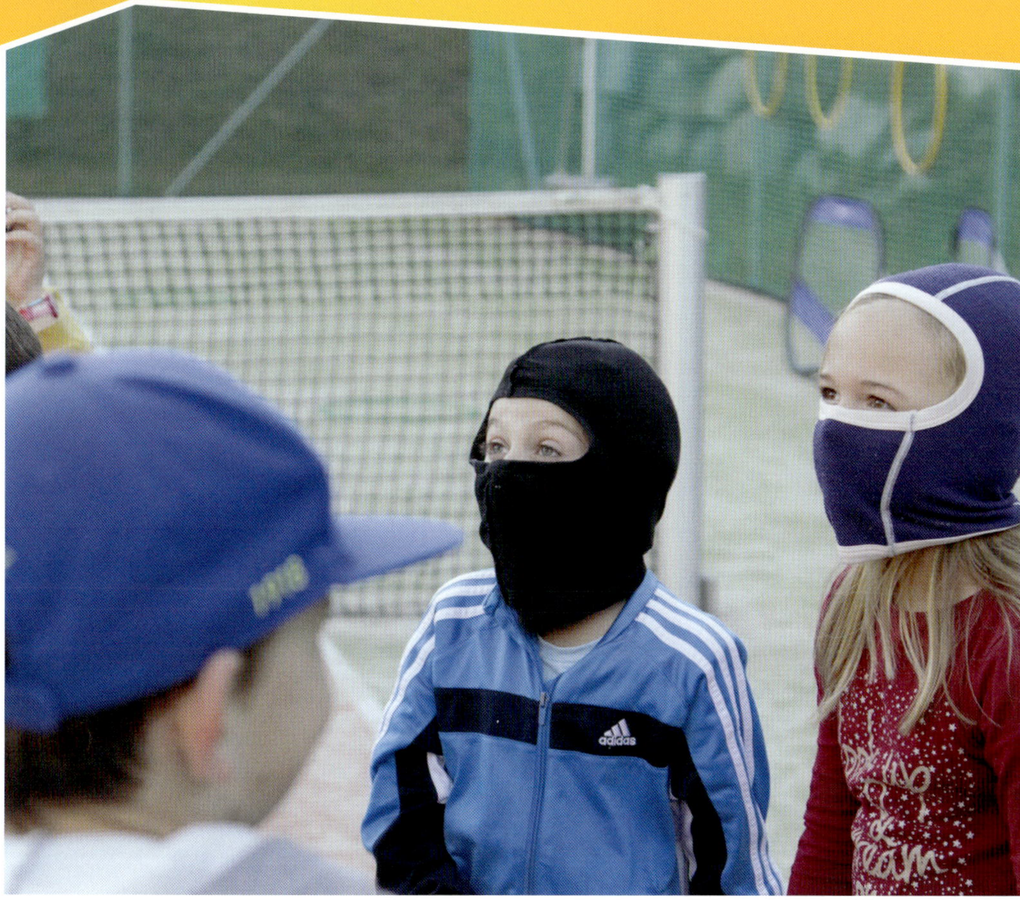

Übung 7: Polizisten gegen Banditen (G, T)

Bei dem Abschlussspiel spielen zwei Teams gegeneinander, die Banditen und die Polizisten. Es werden zwei Spielfeder festgelegt, hier können zum Beispiel die beiden Aufschlagfelder genommen werden. Sobald der Ball im Spiel ist, müssen die Teams versuchen, sich gegenseitig abzuwerfen. Ist beispielsweise ein Bandit getroffen, muss er ins Gefängnis zwischen die Doppellinien auf der Seite der Polizisten. Ist ein Polizist getroffen, muss er in die Höhle der Banditen, die ebenfalls zwischen den Doppellinien hinter dem Feld der Banditen ist. Abwerfen dürfen nur die Spieler im Spielfeld. Die Polizisten und Banditen am Rand dürfen aber den Ball aufheben oder fangen und ihrem Team zuwerfen. Das Team, das zuerst alle anderen aus dem Spielfeld getroffen hat, hat gewonnen.

Abschluss

Es wird zusammen aufgeräumt und das Abschlussritual durchgeführt. Jedes Kind darf ein Feedback über die Stunde geben, was es gelernt hat, welches seine Lieblingsübung war und/oder was ihm nicht so gefallen hat.

Themen zu besonderen Ereignissen

Fantasievolle Tennis-Stunden

Themen

Geburtstag

Halloween

Weihnachten

Osterhasenschule

Zirkus

Geburtstag

Zusätzliches Material:

Bilder zum Thema Geburtstag, Schokolade (eingepackt in Geschenkpapier), Würfel, Skibrille, Kappe, Handschuhe, Messer und Gabel, Stange, Kartons oder Schachteln (in Geschenkpapier eingepackt), zwei Säcke oder stabile Einkaufstüten, Klopapierrollen

Einstieg

Als Erstes wird das Begrüßungsritual durchgeführt. Danach wird das Thema Geburtstag besprochen. Wissen alle Kinder, wann sie Geburtstag haben? Optimalerweise wird das Thema durchgeführt, wenn eines der Kinder Geburtstag hat. Das Kind darf erzählen, was es zum Geburtstag bekommen hat und wie es am liebsten Geburtstag feiert.

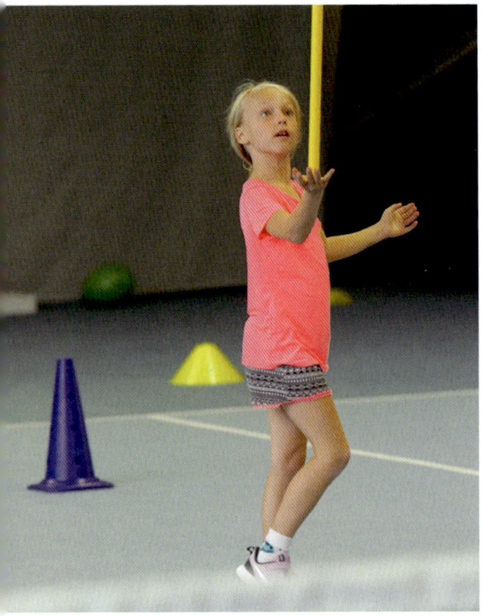

Übung 1: Geburtstagskerze (G, T)

Es gibt eine Stafette, bei der die Teams durch einen Parcours laufen und eine Kerze (Stange, Stab oder Klopapierrolle mit Ball) auf der Hand balancieren müssen. Kippt die Stange um oder fällt der Ball herunter, müssen sie stehen bleiben, bis die Stange wieder steht oder der Ball liegt. Das Alter des Kindes bestimmt, wie viele Kerzen transportiert werden müssen.

Übung 2: Sackhüpfen und Kerzen auspusten (G, T)

Die Kinder sollen eine festgelegte Strecke Sackhüpfen und dann einen Ball über dem Kopf auf die Kerzen (Hütchen) werfen oder mit dem Schläger einen angespielten Ball zurückspielen und die Kerze auspusten (das Hütchen soll umkippen). Danach können sie den Sack nehmen und dem Nächsten übergeben.

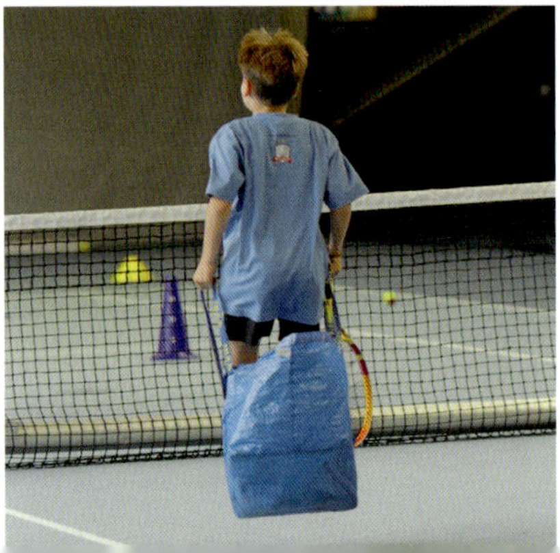

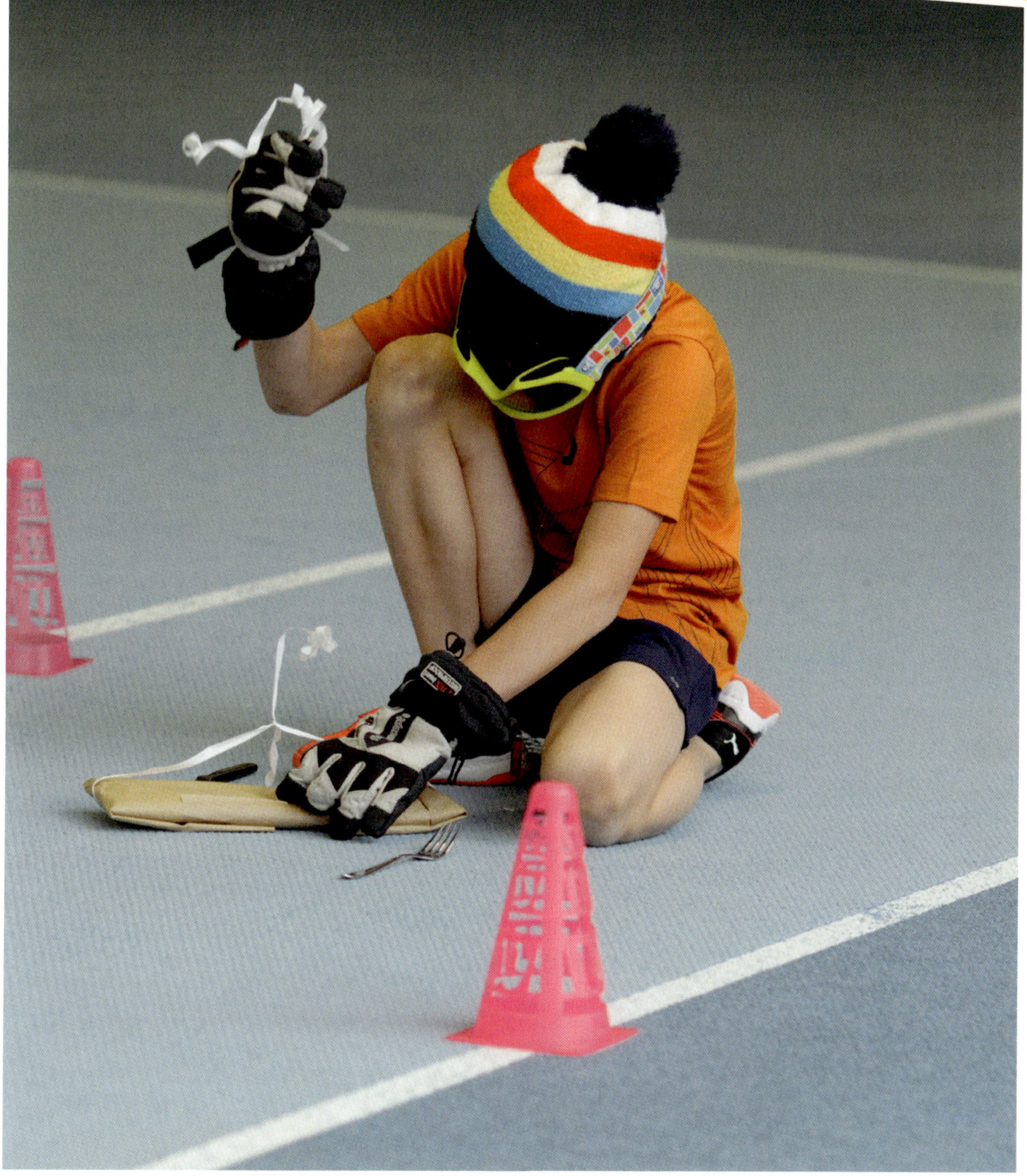

Übung 3: Würfeln (G)

Das Hauptspiel bei diesem Geburtstagsfest ist das Würfeln um Schokolade. Immer das Kind, das dran ist, muss würfeln. Die Anzahl der Augen bestimmt, wie viele Bälle dem Kind zugespielt werden. Nur wer eine 6 würfelt, darf sofort zu der Station mit der Schokolade. Dort muss er sich eine Kappe, Skibrille und Handschuhe anziehen und kann dann mit Messer und Gabel anfangen, die Schokolade auszupacken. Sobald ein anderer Spieler eine 6 gewürfelt hat, muss er sich wieder ausziehen und es wird gewechselt. Damit es schnellere Wechsel gibt, können auch zwei Zahlen ausgewählt werden, z. B. 5 und 6.

Übung 4: Geschenke (T, P)

Es spielen immer zwei Kinder gegeneinander, indem sie einen Ball rollen oder über das Netz spielen. Auf beiden Seiten des Spielfeldes liegen rechts und links gleich viele Geschenke verteilt (das können z. B. kleine Kartons oder Schachteln sein). Gerollt oder gespielt wird immer von der Mitte aus. Über das Netz gibt es normale Ballwechsel und die Pakete können auch in der Mitte des Feldes stehen. Wenn ein Spieler ein Geschenk getroffen hat und dieses umkippt, darf er es holen und auf seinen Geburtstagstisch legen. Der Spieler, der zuerst alle oder in einer bestimmten Zeit die meisten Geschenke getroffen hat, hat gewonnen.

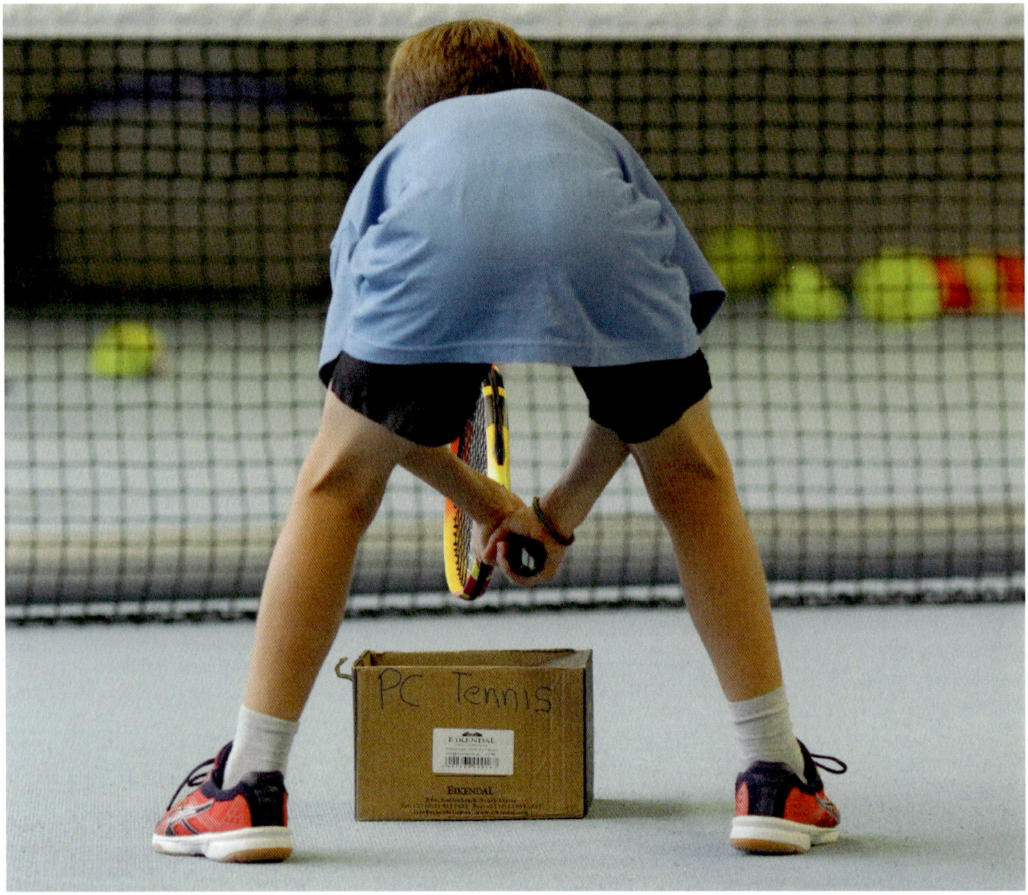

Übung 5: Wunschprogramm (G)

Das Geburtstagskind darf sich seine Lieblingsübung aussuchen.

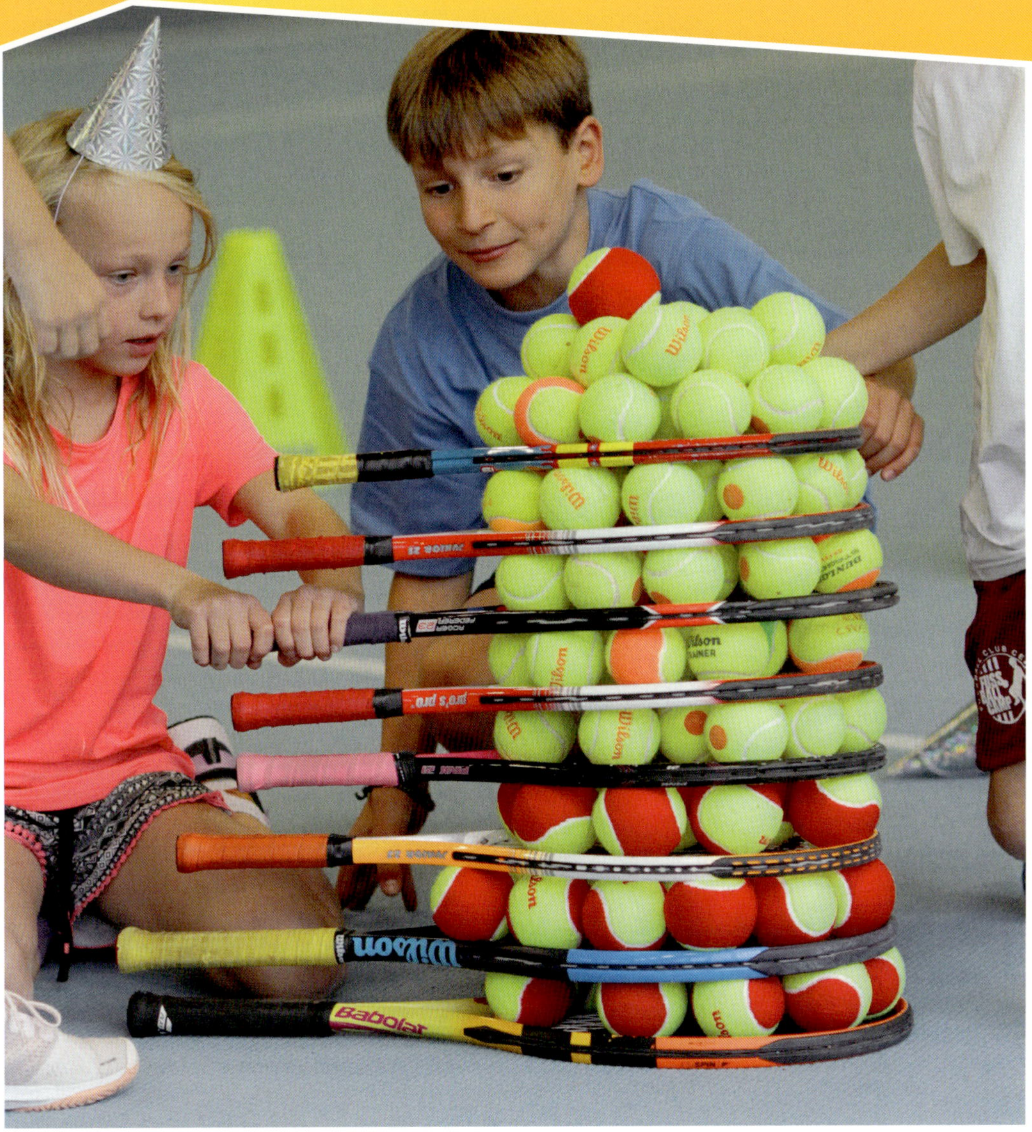

Übung 6: Balltorte (G)

Zum Abschluss werden alle Bälle eingesammelt und mit den Schlägern wird eine riesige Balltorte gemacht und «Happy Birthday» gesungen.

Abschluss

Es wird zusammen aufgeräumt und das Abschlussritual durchgeführt. Jedes Kind darf ein Feedback über die Stunde geben, was es gelernt hat, welches seine Lieblingsübung war und/oder was ihm nicht so gefallen hat.

Halloween

Zusätzliches Material:

Bilder zu Halloween, Zauberhut, Zauberstab, Umhang, Bälle in alten Strümpfen, Luftballons mit aufgemalten Spinnen, Schnur

Einstieg

Als Erstes wird das Begrüßungsritual durchgeführt. Danach wird das Thema Halloween besprochen, und es werden Bilder gezeigt. Heute wird gefragt, was die Kinder über Halloween wissen, ob sie schon mal Halloween gefeiert haben, wer welches Kostüm anhatte und welche gruseligen Figuren es noch gibt. Die Kinder können auch verkleidet zum Training kommen.

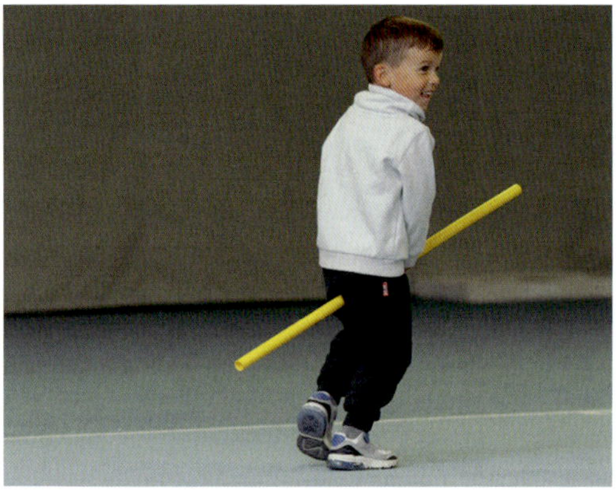

Übung 1: Hexen-Fangen (G, P)

Es wird Hexen-und-Zauberer-Fangen gespielt. Alle Hexen und Zauberer reiten auf einem Besen und einer ist der Fänger. Wer gefangen ist, muss durch einen Zauberspruch erlöst werden oder das Kind wird der nächste Fänger.

Übung 2: Schwebende Geister (G, P, T)

Es stehen sich immer zwei Kinder gegenüber und werfen sich die Geister (Bälle in einem Strumpf) zu. Schaffen sie es, den Geist fünf- oder zehnmal hintereinander fliegen zu lassen und zu fangen, ohne dass er auf den Boden fällt, dann sind sie erlöst. Fällt der Geist auf den Boden, müssen sie von vorne anfangen zu zählen. Zu Beginn können die Kinder werfen, wie sie möchten. Später sollen sie über dem Kopf werfen.

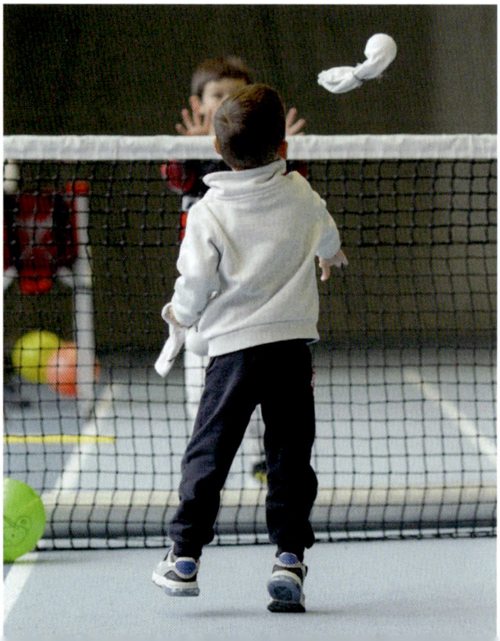

Übung 3: Geisterflug (G, E)

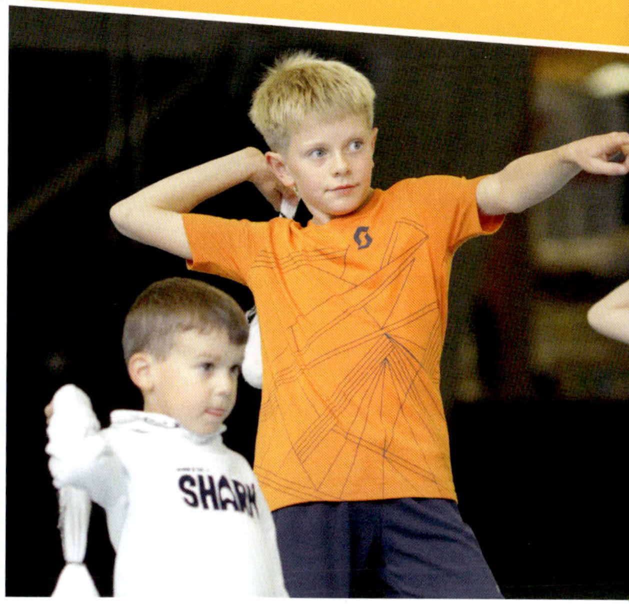

Alle Kinder stehen am Netz und jedes darf die Geister drei- bis fünfmal so weit wie möglich über dem Kopf über das Netz werfen. Dort wo der Geist zum ersten Mal aufspringt, wird ein Hütchen hingelegt. Am Schluss kann man schauen, welcher Geist am weitesten fliegen konnte.

Übung 4: Die Geister ziehen um (T, P)

Die Geister möchten gerne in einen neuen Burgturm ziehen und brauchen dafür Hilfe. Es werden zwei Teams gebildet; die Hälfte eines Teams steht auf einer Seite des Netzes und die andere Hälfte steht auf der anderen Seite. In jedem Burgturm befinden sich sechs bis acht Geister (Bälle in Socken) auf einer Seite im Burgturm. Auf ein Kommando müssen nun die Teammitglieder von der einen Seite die Geister mit dem Schläger zum Netz transportieren, über das Netz an ein anderes Teammitglied übergeben und dieser muss den Ball in den leeren Burgturm transportieren. Dies geht so lange, bis alle Geister aus einem Burgturm in dem auf der anderen Seite sind.

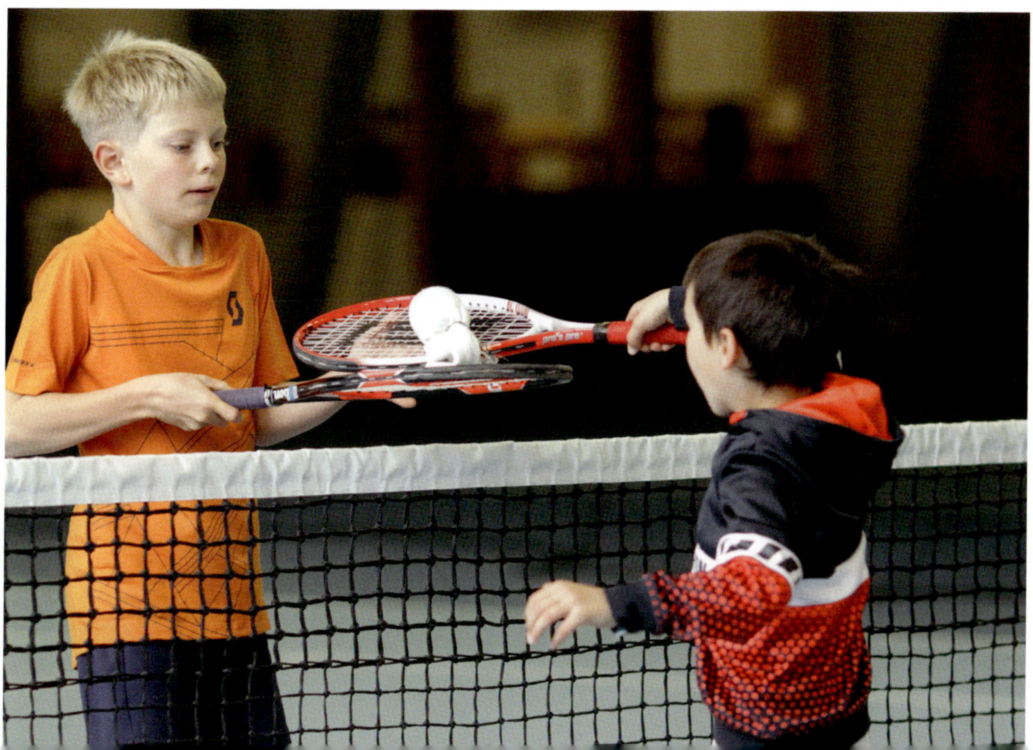

Übung 5: Süßes oder Saures (T, P)

Es gibt wieder zwei Teams, dieses Mal starten sie nebeneinander in ihrem Burgturm. Der Betreuer wirft immer entweder Süßes für den linken Burgturm oder Saures für den rechten Burgturm über das Netz. Immer das Kind, das dran ist, muss über die Falltreppe laufen und das Süße oder Saure mit der Hand/im Sandwich/mit einem Kegel auffangen und zurück in den Ring bringen. Welches Team hat am Schluss am meisten Süßes oder Saures?

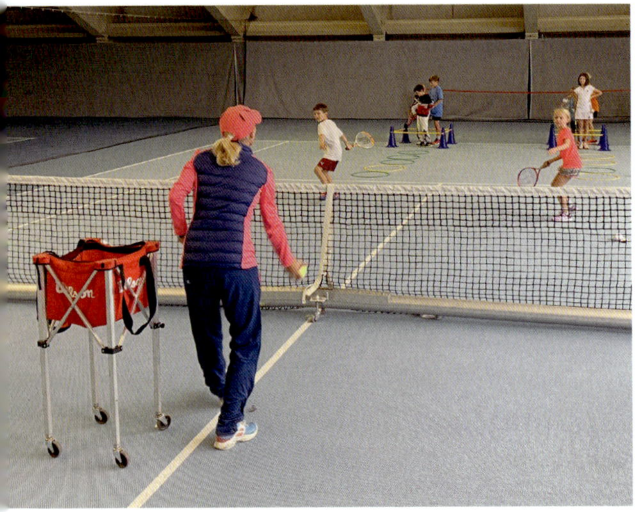

Variante 1: Der Trainer ruft «Süßes oder Saures» und zwei Kinder starten gleichzeitig. Die Kinder sollen den Ball bei der Ansage «Süß» fangen und bei der Ansage «Sauer» über das Netz spielen.

Variante 2: Als Partnerübung wirft eine Person etwas Süßes, z. B. einen Ball über das Netz und die andere muss diesen fangen und zurück in den eigenen Ring bringen. Wer zuerst zehn süße oder saure Sachen in seinem Ring hat, hat gewonnen. Dann wird gewechselt.

Übung 6: Spinnen (G, E)

Überall auf dem Platz hängen Spinnen (Luftballons an der Schnur) in verschiedenen Höhen und Farben. Die Kinder sollen durch die Halle laufen und je nach Höhe und Farbe eine Vorhand, Rückhand oder Aufschlagbewegung machen und den Ballon schlagen. Das Ziel ist, dass jeder jede Spinne fünfmal schlägt. Danach werden vor jeden Ballon eine Markierung und mehrere Bälle gelegt. Die Kinder sollen der Reihe nach von jeder Markierung aus einen Ball auf den Ballon schießen und dann zum nächsten gehen. Wer die Spinne trifft, bekommt einen Punkt. Am Schluss soll jedes Kind sagen, wie viele Spinnen es getroffen hat.

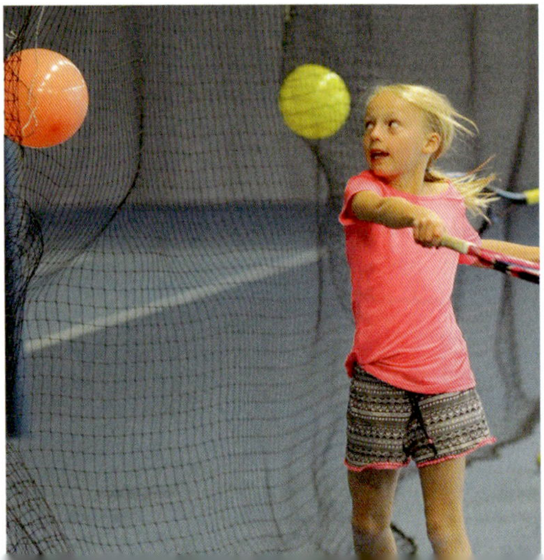

Übung 7: Monster (P, T)

Zum Abschluss liefern sich jeweils zwei Monster gegeneinander eine Kürbisschlacht. Sie müssen die Kürbisse durch einen Tunnel und zwischen zwei Türmen rollen. Wer den Kürbis nicht stoppen kann, verliert einen Punkt. Zwischen den Schlägen müssen sie zurück in ihre Monsterhöhle. Spielen die Monster über das Netz, müssen sie ebenfalls nach jedem Schlag zurück in ihre Monsterhöhle.

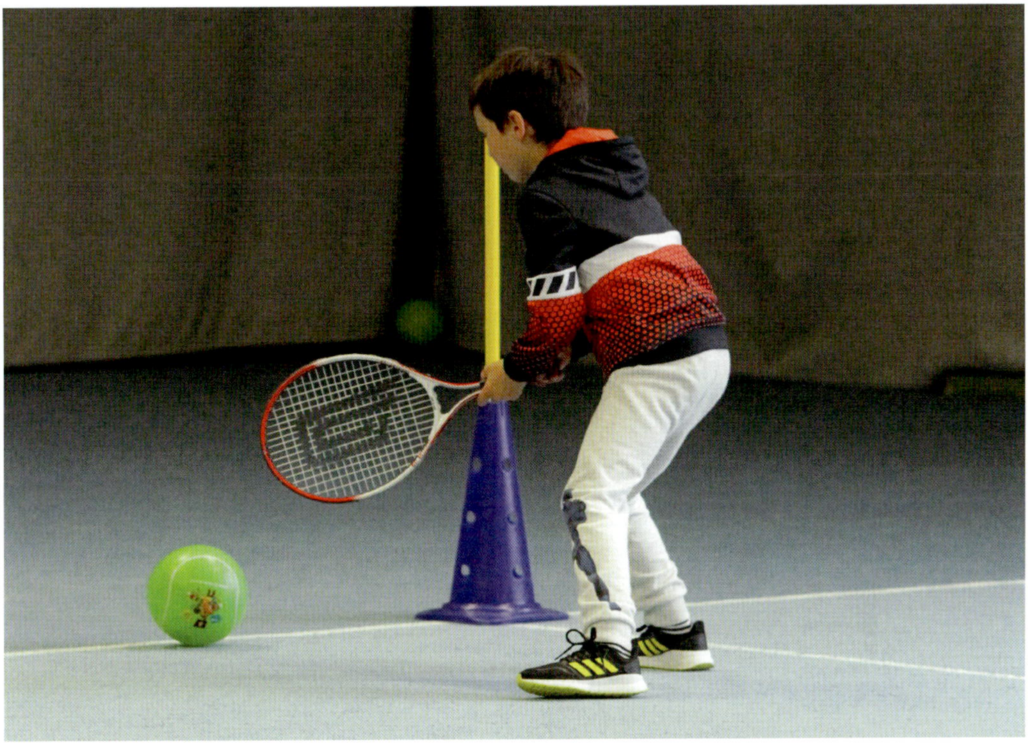

Abschluss

Es wird zusammen aufgeräumt und das Abschlussritual durchgeführt. Jedes Kind darf ein Feedback über die Stunde geben, was es gelernt hat, welches seine Lieblingsübung war und/oder was ihm nicht so gefallen hat.

Weihnachten

Zusätzliches Material:

Bilder von Weihnachten, Linien, Stangen, Sack, Klappleiter, (eingepackte) Kartons oder Schachteln, Wäscheklammern

Einstieg

Als Erstes wird das Begrüßungsritual durchgeführt. Danach wird das Thema Weihnachten besprochen, und es werden Bilder gezeigt. Was wissen die Kinder über Weihnachten, den Weihnachtsmann, das Christkind etc.? Haben sie schon einen Wunschzettel geschrieben?

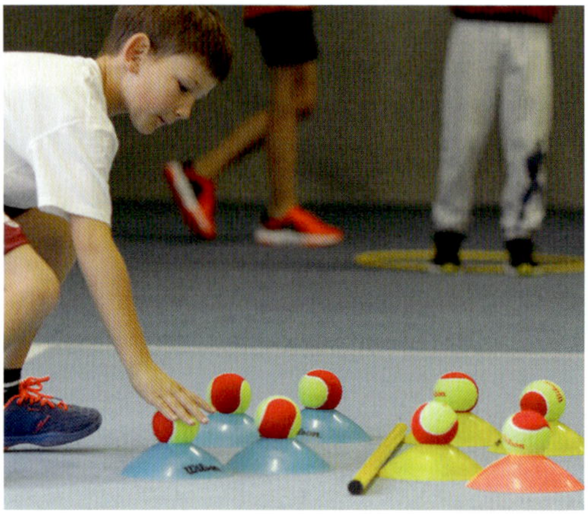

Übung 1: Baum schmücken (T, G)

Es werden zwei Weihnachtsbäume aus Stangen oder Linien ausgelegt, auf den Zweigen liegen kleine Hütchen. Zwei Teams treten gegeneinander an und sollen nun den Baum schmücken, indem sie Kugeln auf die Hütchen legen. Das Team, das zuerst alle Kugeln auf den Baum gelegt hat, ist Sieger.

Übung 2: Kugeln treffen (G, T, P, E)

Als Nächstes stellen sich die zwei Teams im Kreis um ihren Weihnachtsbaum mit den Kugeln auf. Sie sollen einen Ball mit dem Schläger einmal aufkommen lassen und dann hochspielen oder werfen, aufkommen lassen und fangen. Welches Teams schafft es zuerst, alle Kugeln oder in einer bestimmten Zeit die meisten zu treffen?

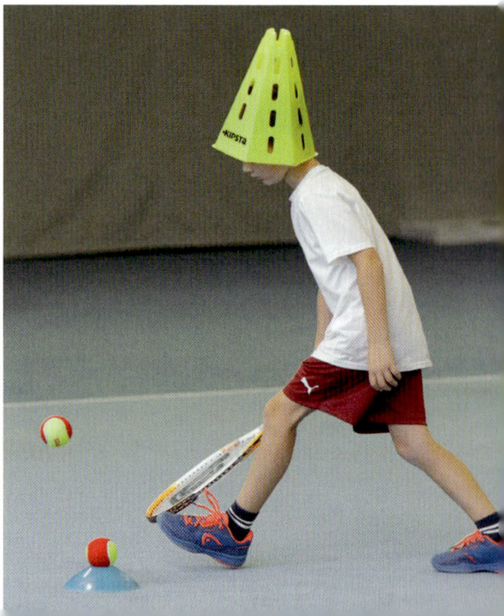

Variante 1: Es wird zu zweit hin und her gespielt oder geworfen, sodass der Ball in der Mitte aufkommt. In der Mitte liegen drei bis fünf Hütchen mit Kugeln darauf. Welches Zweier-Team trifft zuerst alle oder die meisten Kugeln?

Variante 2: Jeder hat eine Station mit mehreren Kugeln und spielt für sich alleine den Ball hoch, lässt ihn einmal aufkommen und spielt ihn dann wieder hoch. Wer schafft es zuerst, alle Kugeln zu treffen?

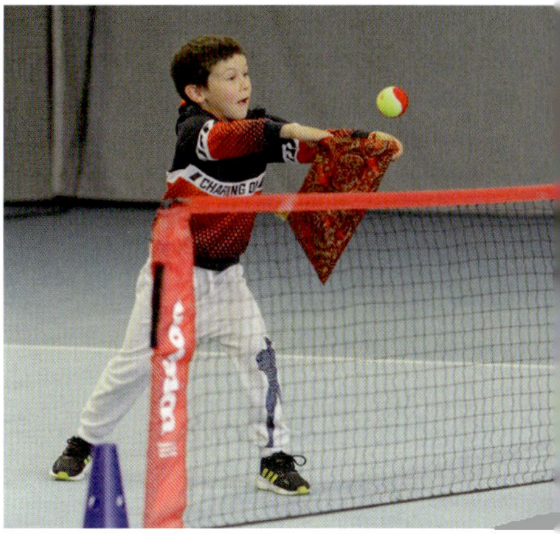

Übung 3: Wichtel und Weihnachtsmann (G, T, P)

Die Kinder stehen einander zu zweit gegenüber, einer von beiden ist der Wichtel und der andere der Weihnachtsmann. Der Wichtel wirft ein Geschenk (einen Ball) über das Netz, und der Weihnachtsmann soll mit dem Sack das Geschenk (den Ball) auffangen. Das Ziel ist, dass der Weihnachtsmann zehn Geschenke auffängt, dann wird gewechselt.

Übung 4: Kerzen ausschießen (G, T)

Falls es eine Klappleiter gibt, kann diese als Weihnachtsbaum benutzt werden. Auf jede Stufe werden so viele Kerzen (Hütchen) wie möglich gestellt. Dann können die Kinder die Kerzen mit Bällen abschießen oder sie abwerfen. Ist keine Leiter vorhanden, können die Hütchen auf eine Bank in einer Reihe oder auf dem Boden in Tannenbaumform aufgestellt werden.

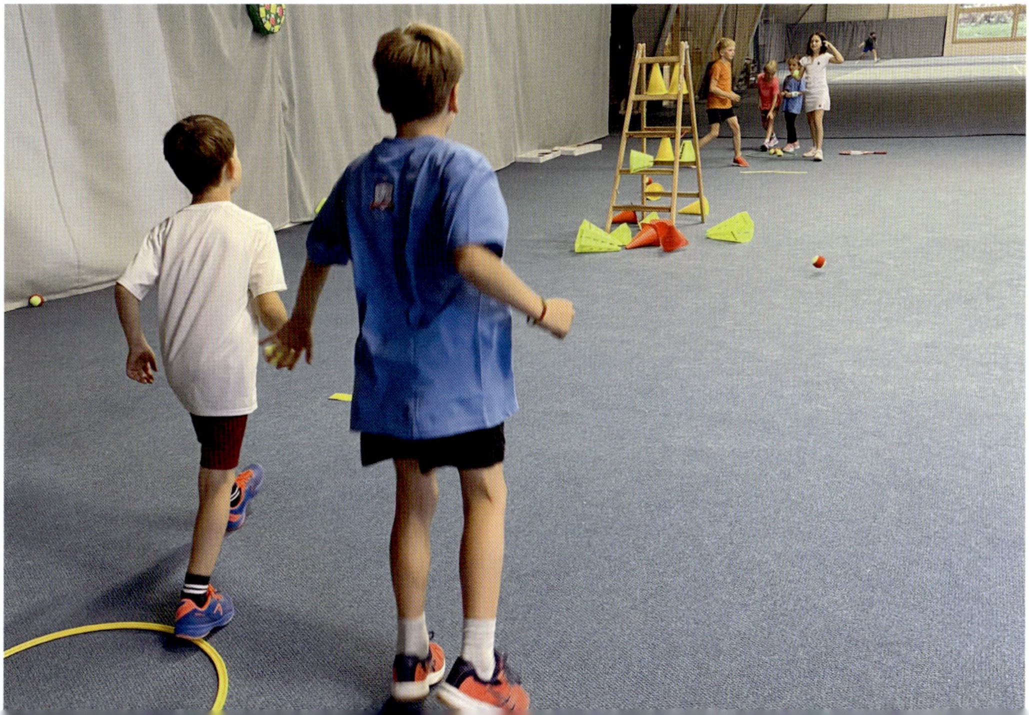

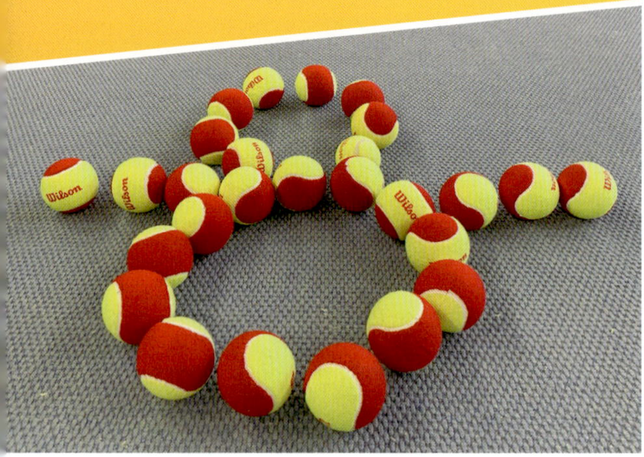

Übung 5: Schneemann bauen (G, T)

Zwei Teams treten gegeneinander an. Jedes Team hat 10–15 Schneebälle (Tennisbälle). Jedes Team soll diese Schneebälle einzeln durch den Wald (Parcours) rollen und damit einen Schneemann bauen. Welches Team schafft es zuerst, den Schneemann zu bauen?

Übung 6: Geschenke abschießen/abwerfen (G, T, E)

Auf dem Platz oder in dem Aufschlagfeld werden Geschenke (Kartons, Schachteln) verteilt. Die Kinder sollen die Geschenke treffen, indem sie sie abwerfen oder mit dem Aufschlag (Vorhand/Rückhand) auf sie zielen. Dafür können sie die Bälle von ihrem Schneemann nehmen. Es kann einen Wettbewerb zwischen zwei Teams geben, wer zuerst alle Geschenke getroffen hat, dabei wird jedes getroffene Geschenk aus dem Feld genommen.

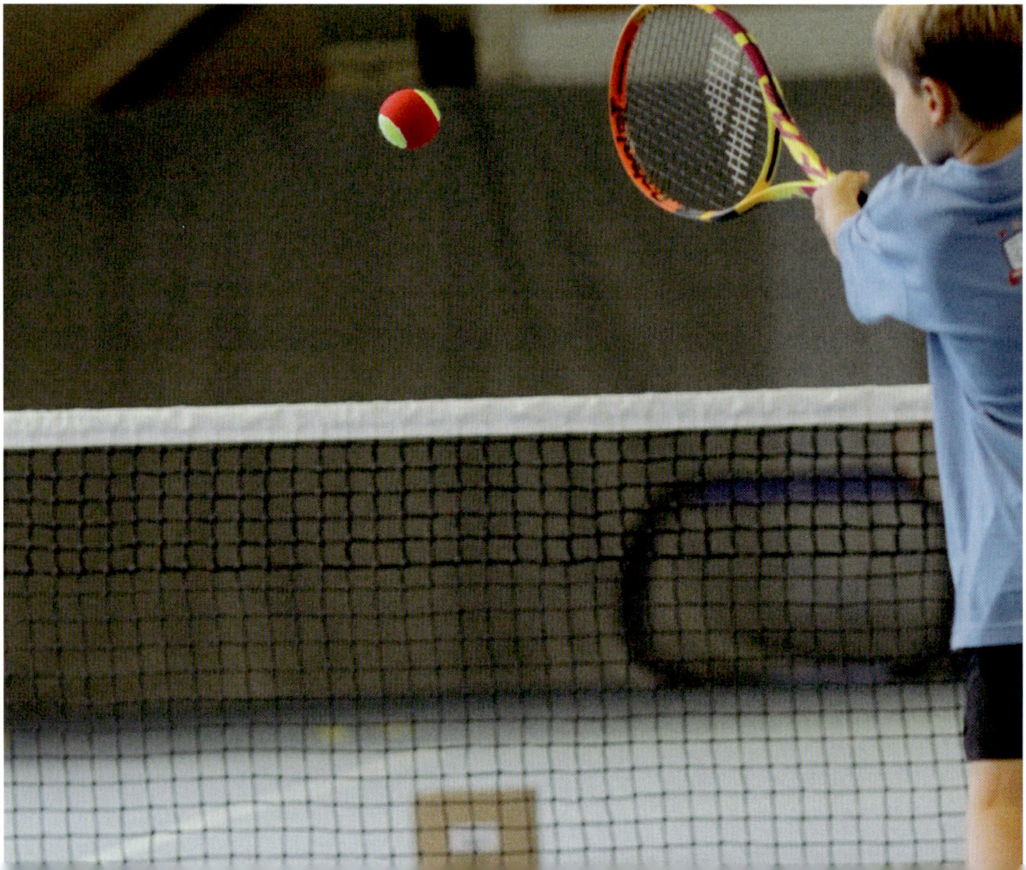

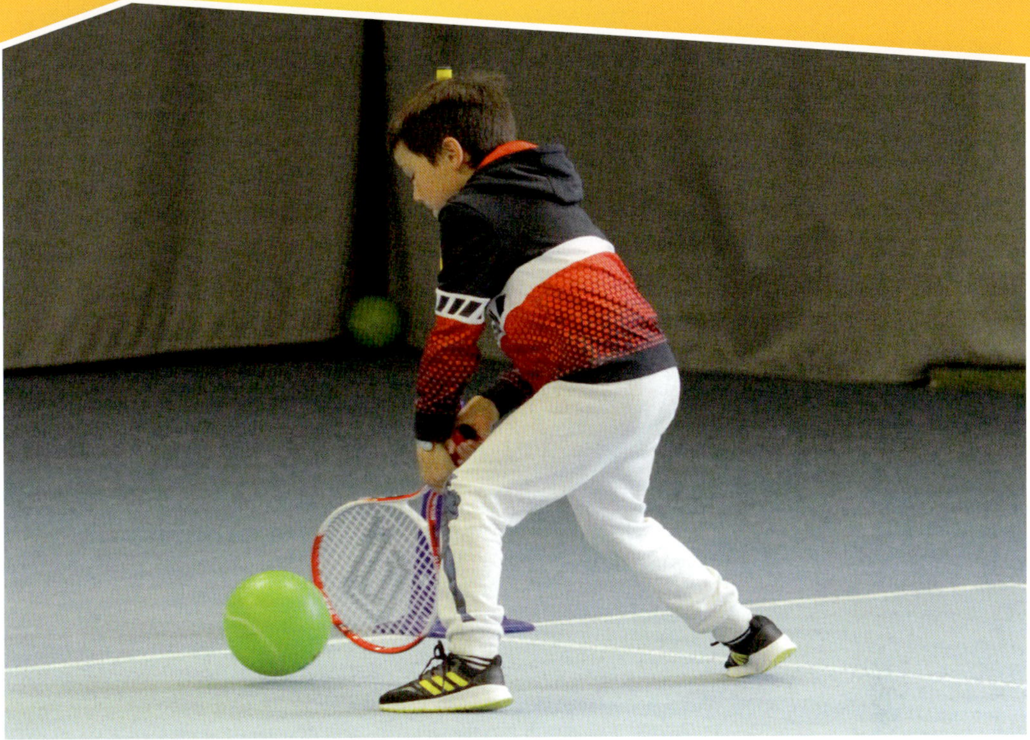

Übung 7: Weihnachtsmatch (G, T)

Zwei Zweier-Teams spielen gegeneinander um Punkte, aber sie müssen immer abwechselnd den Ball rollen oder über das Netz spielen. Derjenige, der geschlagen hat, muss um einen von den beiden Tannenbäumen herumlaufen, die rechts und links vom Spielfeld oder in der Mitte hinter dem Feld stehen. In der Mitte des Spielfeldes liegt auf jeder Seite ein Geschenk. Es werden normale Punkte verteilt, aber trifft ein Team das Geschenk auf der gegnerischen Seite bekommt es zwei Extra-Punkte. Können die Kinder noch nicht zählen, können für die Punkte Kerzen (Wäscheklammern) an die Tannenbäume oder den Zaun gehängt werden.

Variante: Zwei Kinder spielen gegeneinander und rollen den Ball hin und her oder spielen über das Netz. In der Mitte des Feldes wird ein kleines Geschenk platziert. Die Kinder spielen normal um Punkte, aber ein Treffer des Geschenks zählt doppelt.

Abschluss

Es wird zusammen aufgeräumt und das Abschlussritual durchgeführt. Jedes Kind darf ein Feedback über die Stunde geben, was es gelernt hat, welches seine Lieblingsübung war und/oder was ihm nicht so gefallen hat.

Osterhasenschule

Zusätzliches Material:

Bilder zu Ostern, zwei Rucksäcke, zwei Osterhasenohren, Löffel

Einstieg

Als Erstes wird das Begrüßungsritual durchgeführt. Danach wird das Thema Ostern besprochen, und es werden Bilder gezeigt. Heute wird gefragt, was die Kinder über Ostern und den Osterhasen wissen, welche Aufgaben er hat und was er in der Osterhasenschule lernt.

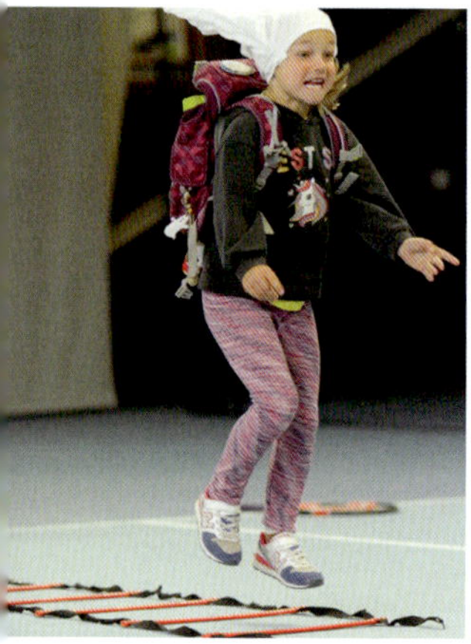

Übung 1: Hüpfen (G, T)

Die Osterhasen sollen in zwei Teams durch einen Parcours hüpfen. Immer der Osterhase, der dran ist, setzt sich einen Rucksack und die Osterhasenohren auf. Am Ende des Parcours liegen die Eier. Jeder Hase soll ein Ei aufsammeln, es in seinen Rucksack stecken und zum nächsten Hasen zurückhüpfen. Dieser muss dann den Rucksack aufsetzen und das nächste Ei holen. Welches Team schafft es am schnellsten, seinen Rucksack zu füllen?

Übung 2: Eier verstecken (G, T)

Die Eier, die sich nun im Rucksack befinden, müssen auf der anderen Seite des Feldes versteckt werden. Dort stehen auf dem Platz (oder in den Aufschlagfeldern) viele Hütchen verteilt. Auf beiden Platzhälften sollten gleich viele Hütchen stehen. Die Hasen müssen in einer Stafette jedes Ei mit dem Löffel transportieren, unter einem Hütchen der gegnerischen Hälfte verstecken und dann den Löffel an den nächsten Hasen übergeben.

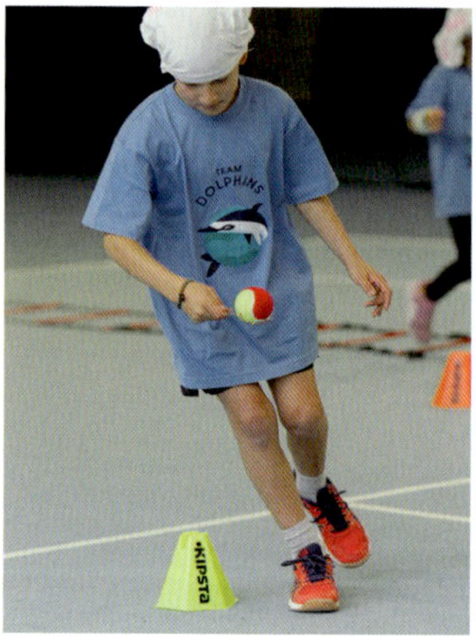

Übung 3: Eier sammeln (G, T)

Die Hasen haben in der Übung vorher alle Eier unter Hütchen auf der Seite des anderen Teams versteckt. Nun müssen sie im Zickzack einen Parcours durchlaufen oder hüpfen und bekommen am Ende jeweils mehrere Bälle zugeworfen/zugespielt. Diese Bälle werden gefangen und geworfen oder direkt zurückgespielt (oder mit dem Aufschlag über das Netz gespielt). Treffen sie ein Hütchen und kippt dieses um, können sie das Ei in ihr Nest bringen. Wer zuerst fünf Eier im Nest oder wer am Ende mehr Eier hat, hat gewonnen.

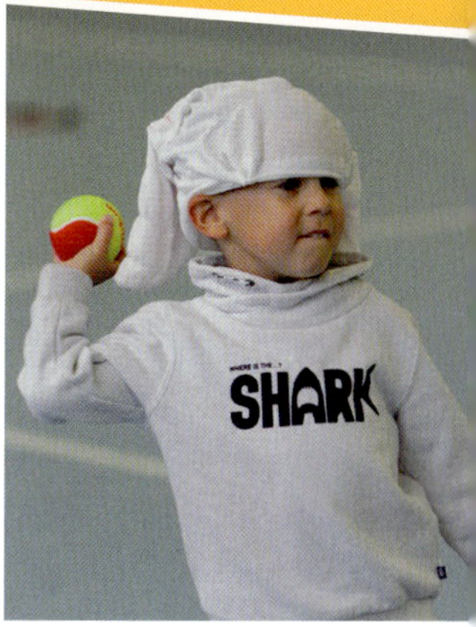

Übung 4: Gefährlicher Eiertransport (G, T, P)

Alle Hasen stehen einander in Zweier-Teams gegenüber und rollen einen Ball mit dem Schläger hin und her. Ein Hase (oder zwei) muss durch die rollenden Bälle laufen und ein Ei auf dem Schläger oder Löffel balancieren, ohne dieses zu verlieren und ohne von den rollenden Bällen getroffen zu werden. Verliert er das Ei, muss er von vorne anfangen. Schafft er es, ist der Nächste dran.

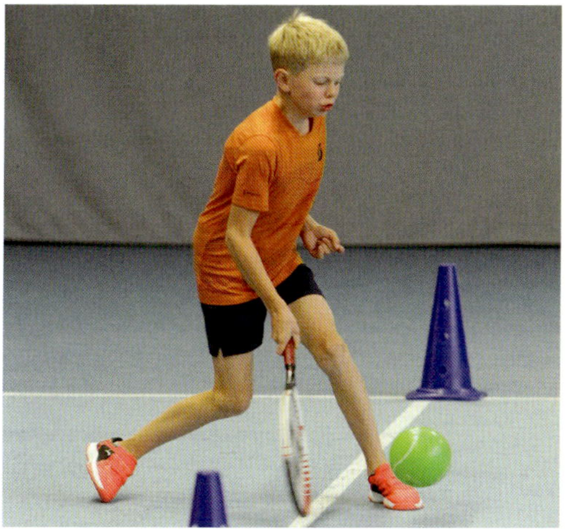

Übung 5: Osterhasenrundlauf (G, T)

Die Osterhasen spielen Rundlauf, indem sie den Ball in einem vorgegebenen Feld rollen und dann auf die andere Seite laufen. Jeder hat drei Eier (Leben). Wer einen Fehler macht, verliert ein Ei. Wer zuerst kein Ei mehr übrig hat, scheidet aus.

Übung 6: Eiersuche (G)

Zum Abschluss gibt es eine Eiersuche. Jeder kleine Hase hat ein Nest. Auf dem ganzen Platz sind Eier versteckt. Wer ein Ei gefunden hat, muss zuerst zu seinem Nest zurück und es dort ablegen, bevor er weitersuchen kann. Wer eine bestimmte Anzahl von Eiern im Nest hat, ist fertig und lässt die anderen suchen.

Abschluss

Es wird zusammen aufgeräumt und das Abschlussritual durchgeführt. Jedes Kind darf ein Feedback über die Stunde geben, was es gelernt hat, welches seine Lieblingsübung war und/oder was ihm nicht so gefallen hat.

Zirkus

Zusätzliches Material:

Bilder vom Zirkus, Ballons, Hürden, Ringe, eine lange Schnur oder Linie

Einstieg

Als Erstes wird das Begrüßungsritual durchgeführt. Danach wird das Thema Zirkus besprochen, und es werden Bilder gezeigt. Wer war schon einmal in einem Zirkus? Welche Tiere und Attraktionen gibt es dort? Wem gefällt was am besten? Heute üben alle für eine Zirkusvorstellung.

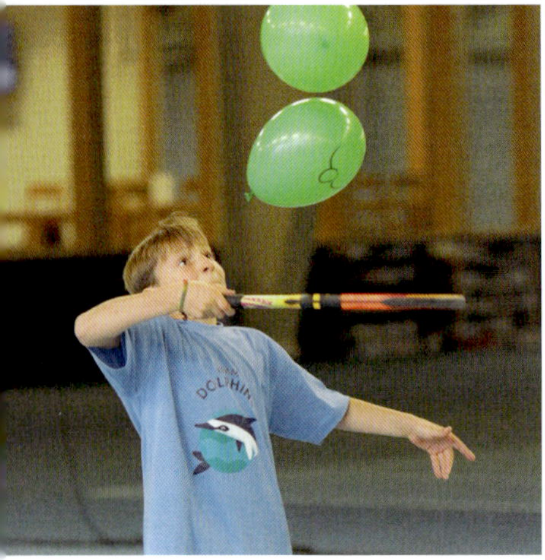

Übung 1: Artisten (G, E)

Zunächst können die Artisten mit zwei bis drei Ballons experimentieren und alle Körperteile benutzen. Dann sollen sie versuchen, möglichst lange mit den Händen zwei oder drei Luftballons gleichzeitig in der Luft halten. Dabei können die Kontakte gezählt werden oder die Zeit wird gestoppt. Welcher Artist schafft es am längsten?

Übung 2: Artisten (G, E)

Als Nächstes sollen die Artisten zeigen, wie geschickt sie mit den Ballons und Bällen umgehen können. Jeder hat einen Ballon und ein Hütchen mit einem Ball darauf vor sich stehen. Sie sollen den Luftballon fest hochspielen und dann den Tennisball, der auf dem Hut liegt, unter dem Hut verstecken. Dann wird wieder der Luftballon gespielt und der Ball wird wieder auf den Hut gelegt. Es können auch zwei Hütchen nebeneinander stehen, und der Ball wird von dem einen auf das andere Hütchen gelegt.

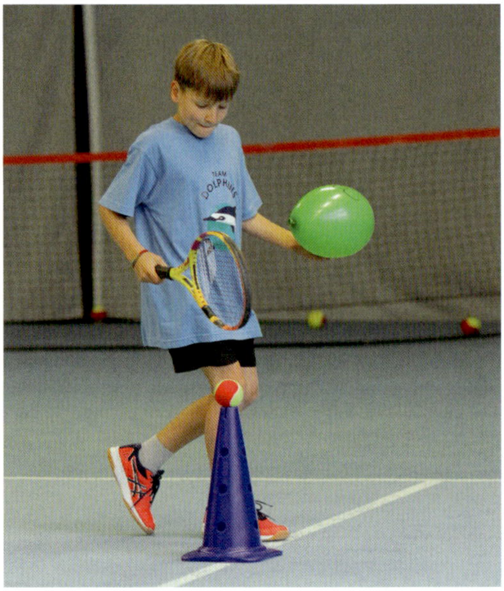

Übung 3: Clowns (G, E)

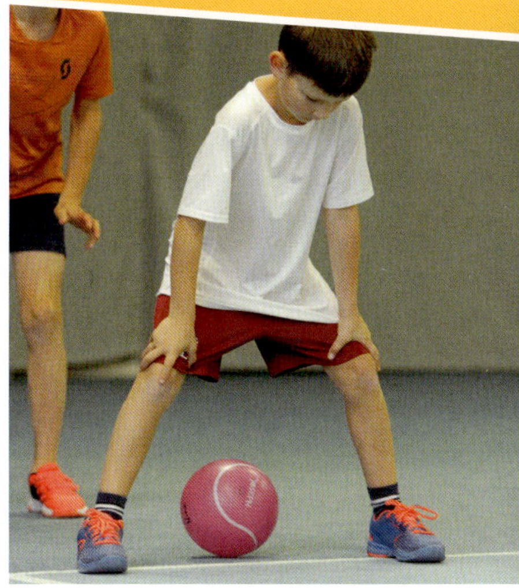

Alle trainieren für die Vorstellung der Clowns. Jeder Clown bekommt einen Ball von hinten durch die Beine gerollt und muss diesen mit dem Po, Knie, Ellenbogen oder der Stirn stoppen. Es können auch jeweils zwei Clowns sich immer abwechselnd die Bälle durch die Beine rollen. Es wird vorher festgelegt, wie der Ball gestoppt werden soll, oder es gibt einen Zuruf beim Rollen, auf den die Clowns reagieren müssen.

Übung 4: Seiltänzer (G, E)

Die Seiltänzer müssen auf einer Schnur oder Linie balancieren und dabei einen Ball auf dem Schläger tragen. Erreichen sie das Ende der Schnur, spielen sie diesen Ball über das Netz.

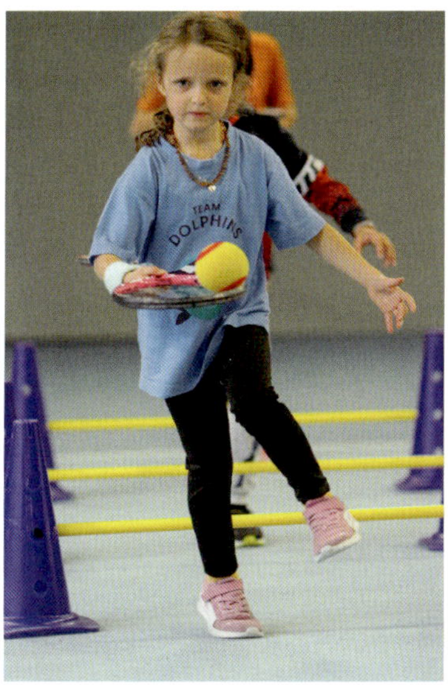

Übung 5: Pferdeshow

Nun wird für die Pferdeshow trainiert. Alle Kinder sollen wie Pferde über Hindernisse galoppieren. Es werden sechs bis acht Hürden aufgebaut, über diese soll das Pferd springen, ohne sie zu berühren. Wer kann mit einem Ball auf dem Schläger galoppieren und diesen am Ende über das Netz spielen?

Übung 6: Brennender Ring (T, P)

Zwei Artisten stehen einander gegenüber. In der Mitte steht ein Ring, der zwischen zwei Stangen oder an zwei Hütchen befestigt ist. Sie sollen nun so oft wie möglich einen Ball durch den brennenden Ring hin und her werfen oder spielen.

Variante: Der brennende Reifen wird gerollt, und die beiden Artisten werfen und fangen den Ball durch den rollenden Ring oder spielen ihn hin und her. Wie oft schaffen sie das, bevor der Ring umfällt?

Übung 7: Messerwerfer (G, T)

Der Messerwerfer versucht, bei einem anderen Kind die Hütchen auf dem Kopf und den Händen mit Softbällen herunterzuwerfen, ohne das Kind zu treffen.

Variante 1: Die Messerwerfer stehen hinter dem Netz und sollen mit den Messern in ein Ziel treffen, z. B. einen Ring, der an der Wand hängt, Ziele abwerfen oder abschießen. Es können auch zwei Teams gebildet werden. Welches Team kann seine Messer besser werfen?

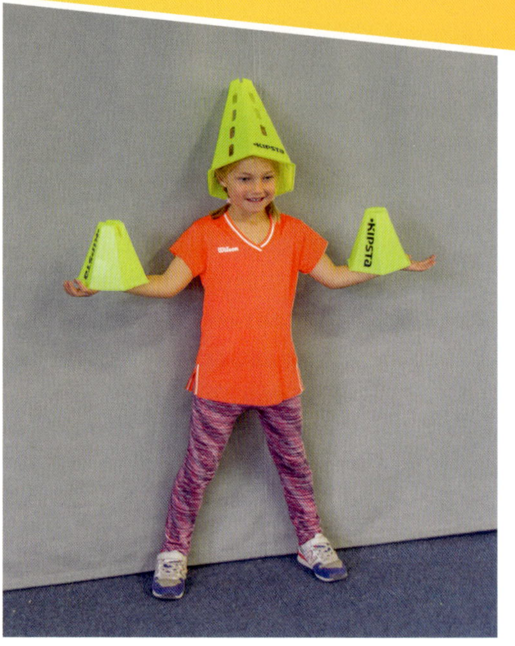

Übung 8: Küken in den Hut zaubern

Zwei Zauberer stehen einander gegenüber und rollen/spielen sich mit dem Zauberstab (Schläger) Bälle zu. In der anderen Hand haben sie ihren Zauberhut. Die Zauberer sollen die gerollten Küken mit dem Hut stoppen oder die gespielten mit dem Hut auffangen und weiterspielen.

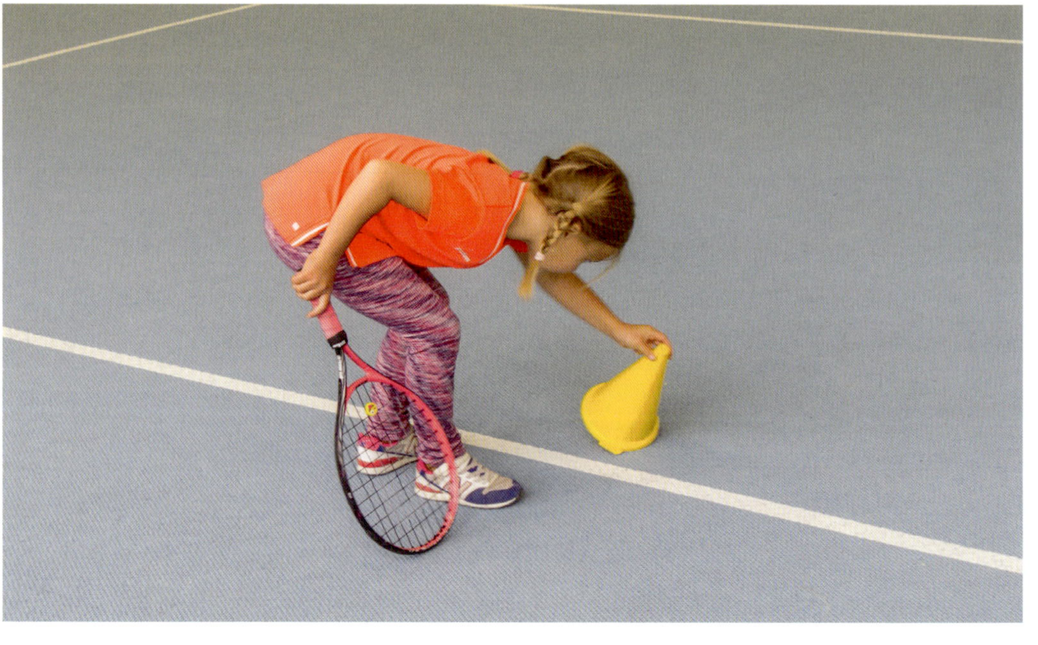

Übung 9: Bälle und Material wegzaubern

Zum Abschluss drehen alle Zauberer eine Ehrenrunde durch die Manege, winken und tanzen und zaubern dabei die Bälle und das Material weg.

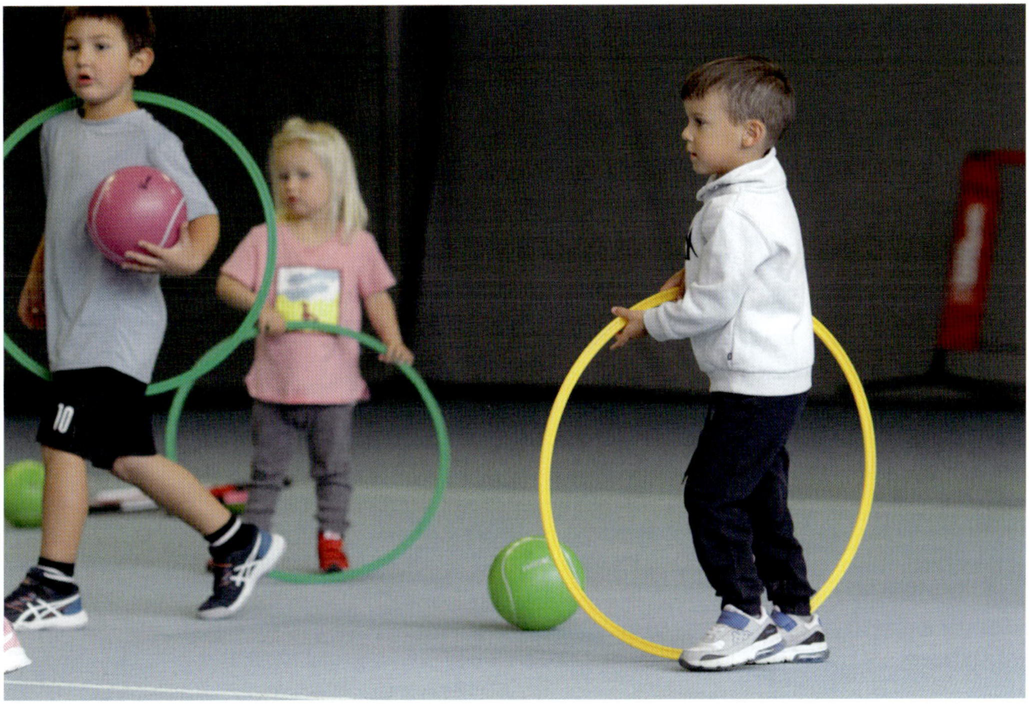

Abschluss

Es wird zusammen aufgeräumt und das Abschlussritual durchgeführt. Jedes Kind darf ein Feedback über die Stunde geben, was es gelernt hat, welches seine Lieblingsübung war und/oder was ihm nicht so gefallen hat.

Themen mit unterschiedl. Materialien

FANTASIEVOLLE Tennis-STUNDEN

Themen

PET-Flaschen

Kartons

Gummibänder/Seile/
Schnüre

Tücher

Ringe

PET-Flaschen

Zusätzliches Material:
leere oder mit Sand oder Wasser gefüllte PET-Flaschen in unterschiedlichen Größen

Einstieg

Als Erstes wird das Begrüßungsritual durchgeführt. Danach wird das Thema besprochen. Heute wird ein neues Material vorgestellt, und zwar PET-Flaschen. Der Leiter fragt die Kinder, welche PET-Flaschen es gibt, welches Getränk sie am liebsten haben und was mit den Flaschen passiert, wenn sie leer sind. Dann überlegen die Kinder, wie man diese PET-Flaschen auf dem Tennisplatz benutzen kann. Der Leiter kann auch die Teilnehmer vor dem Training informieren, dass jeder eine bis zwei Flaschen (oder so viele er möchte) mitbringen soll.

Übung 1: Experimente (G, T, P, E)

Die Teilnehmer haben Zeit, in kleinen Gruppen oder alleine mit den Flaschen zu experimentieren und sich Übungen damit auszudenken. Sie können auch zusätzliches Material wie Bälle verwenden. Dann stellt jede Gruppe oder jede Person eine Übung vor, die die anderen nachmachen sollen.

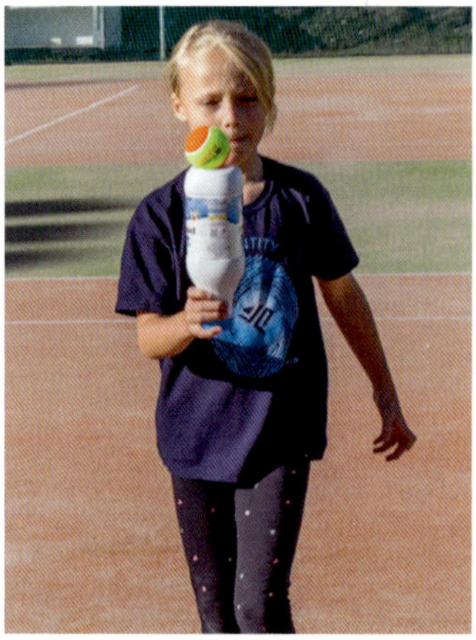

Übung 2: Bottle-Flip (G, T, P)

Jeder steht an einem Ring und hat eine Flasche oder ein Hütchen in der Hand. In einer Entfernung von 5–10 Metern liegt ein weiterer Ring. Die Flasche oder das Hütchen soll nun so geflippt werden, dass sie im Ring stehen bleibt. Wer das schafft, darf einen Ball nehmen und diesen in seinem Ring ablegen. Dann wird wieder geflippt. Wer zuerst drei bis fünf Bälle in seinem Ring liegen hat, hat gewonnen.

Variante: Das Bottle-Flip-Spiel kann auch mit zwei Teams als Tic-Tac-Toc gespielt werden. Wer in seinem Team eine Flasche zum Stehen gebracht hat, darf zum Doppelkreuz rennen und dort einen Ball oder Deckel platzieren. Das Team, das zuerst drei in einer Reihe hat, hat gewonnen.

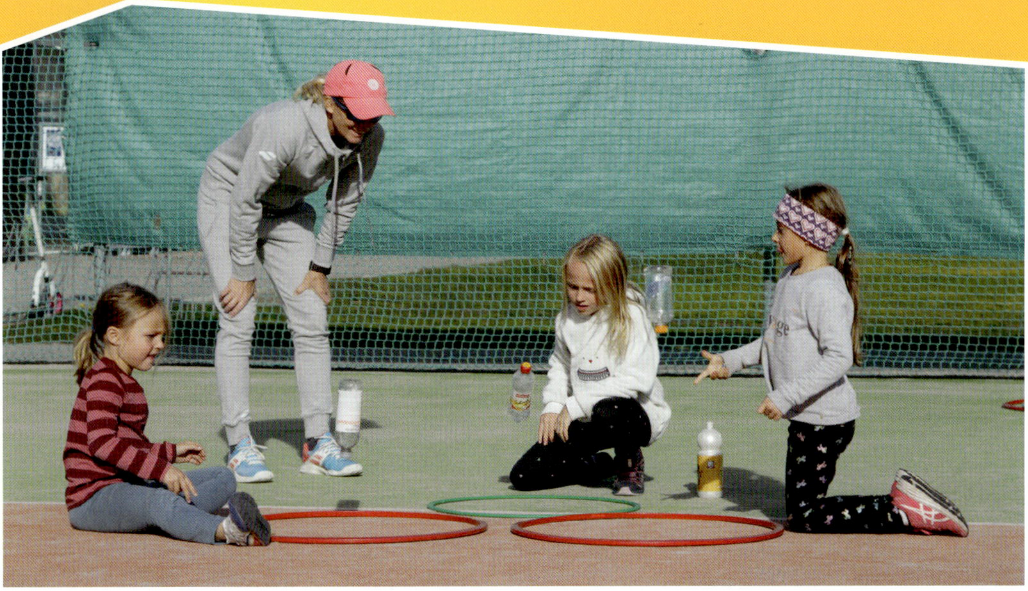

Übung 3: Bowling (G, T, E)

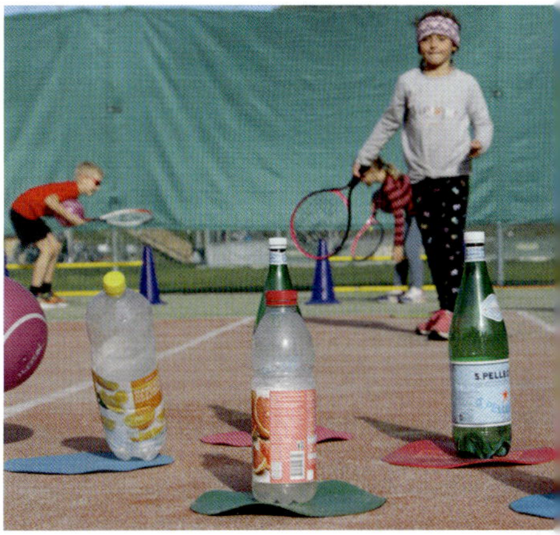

Es gibt eine Stafette mit zwei Teams, und wie beim Bowling werden pro Bowling-Bahn zehn Flaschen aufgestellt. Nun wird ein Ball mit dem Schläger gerollt und von einer Markierung aus auf die Flaschen geschossen. Bei einem Strike, d. h. alle Flaschen fallen auf einmal um, hat das Team sofort gewonnen. Ansonsten muss der Spieler, der den Ball gerollt hat, diesen so schnell es geht holen und an den nächsten Mitspieler übergeben. Das Team, das zuerst alle Flaschen umgeschossen hat, hat gewonnen.

Übung 4: Flaschenlauf (G, T)

Es gibt zwei Reihen mit jeweils fünf Ringen, die hintereinander liegen. Am Ende liegt ein sechster Ring in der Mitte. Nun starten die beiden Teams hinter dem ersten Ring und jeder muss eine Flasche einen Ring weiter nach vorne stellen und dann zurücklaufen und mit dem Nächsten abklatschen. Es wird nur vorwärts gelaufen. Welches Team schafft es zuerst, seine Flasche in den letzten Ring zu stellen?

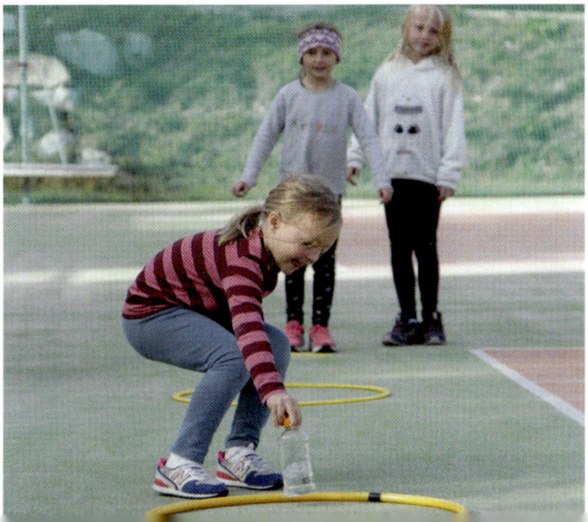

Variante: Es treten zwei Teams und pro Team immer zwei gegeneinander an. Es

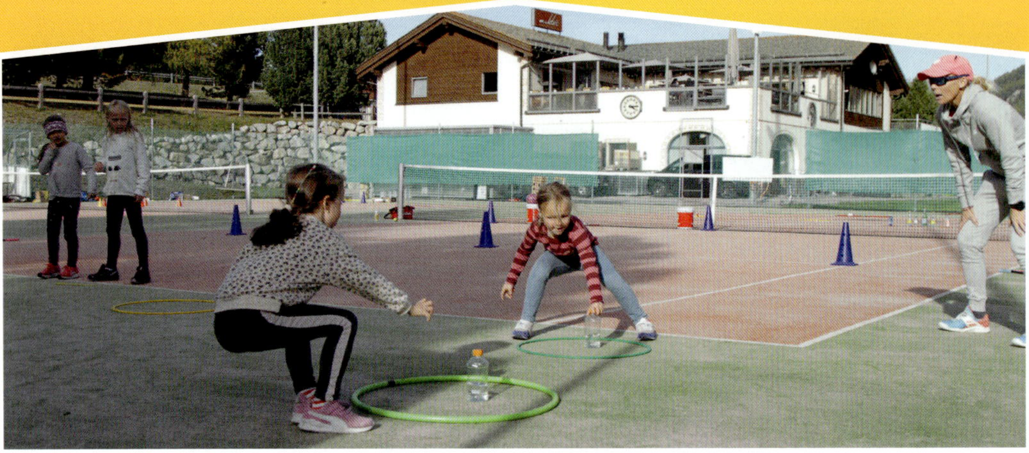

gibt zwei Reihen mit jeweils fünf Ringen, die nebeneinander liegen. In den äußeren Ringen steht jeweils eine Flasche. Nun müssen die ersten beiden von der Mitte aus starten und immer abwechselnd rechts und links eine Flasche um einen Ring nach innen stellen. Sind beide Flaschen in der Mitte, ist der Nächste dran. Dieser muss die Flaschen wieder nach außen bringen. Die Spieler sollen immer nur seitlich laufen.

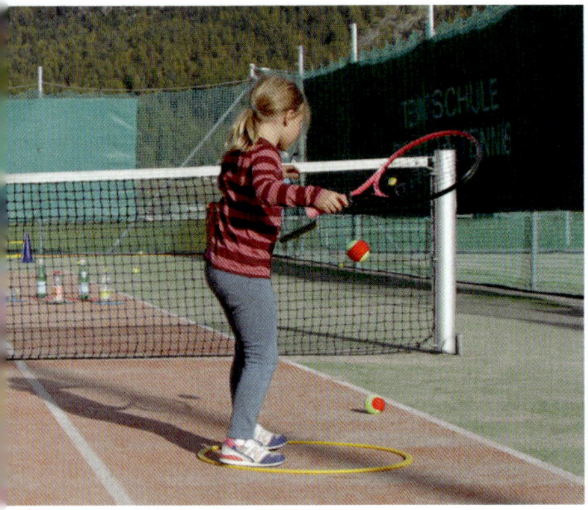

Übung 5: Vorhand- und Rückhand-Kegeln (G, T)

Die Spieler werden in zwei Teams aufgeteilt. Jedes Team hat wie beim Kegeln aufgebaute Flaschen auf der anderen Seite des Netzes stehen. Es wird entweder ein Ball vom Spieler fallen gelassen und mit der Vorhand über das Netz gespielt, oder der Leiter spielt oder wirft die Bälle auf Vorhand und Rückhand an. Das Team, das zuerst alle Flaschen oder die meisten Flaschen umgeschossen hat, hat gewonnen.

Übung 6: Service-Kegeln (G, T)

Die Spieler werden in zwei Teams aufgeteilt. Jedes Team hat wie beim Kegeln aufgebaute Flaschen im Service-Feld stehen. Es wird entweder über dem Kopf geworfen oder mit dem Service über das Netz gespielt. Das Team, das zuerst alle Flaschen oder die meisten Flaschen umgeschossen hat, hat gewonnen.

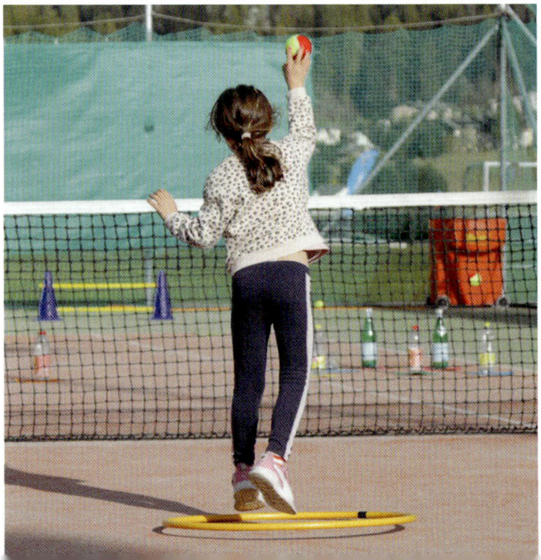

Übung 7: Match mit Flaschen-Treffer (T, P)

Es spielen zwei Doppelteams gegeneinander, die immer abwechselnd einen Ball rollen oder über das Netz spielen. Wird der Ball gerollt, dann werden drei Flaschen auf der Mittellinie positioniert. Spielen die Spieler über das Netz, dann kann jedes Team im Feld drei kleine Flaschen aufstellen und sich die Positionen selbst aussuchen. Nach jedem Schlag müssen die Spieler um eine der großen Flaschen oder Hütchen laufen, die rechts und links am Rand stehen. Machen die Spieler einen Fehler oder fällt eine Flasche am Rand um, bekommt das gegnerische Team einen Punkt. Trifft ein Team eine Flasche, die in der Mitte oder auf der Seite der Gegner steht, bekommen sie drei Punkte.

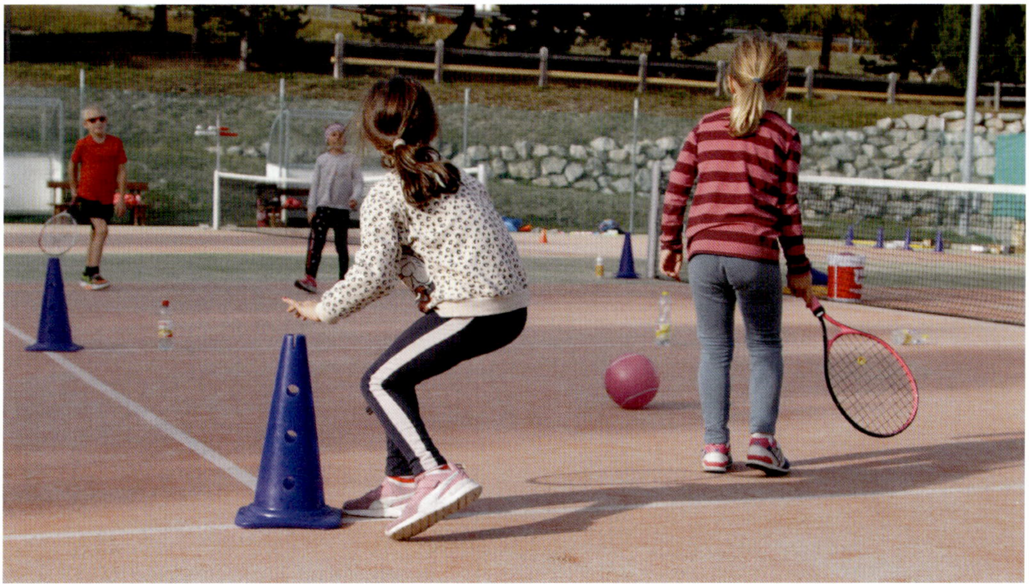

Abschluss

Es wird zusammen aufgeräumt und das Abschlussritual durchgeführt. Jedes Kind darf ein Feedback über die Stunde geben, was es gelernt hat, welches seine Lieblingsübung war und/oder was ihm nicht so gefallen hat.

Kartons

Zusätzliches Material:

Kartons und Pappe in unterschiedlichen Größen

Einstieg

Als Erstes wird das Begrüßungsritual durchgeführt. Heute wird ein neues Material im Training vorgestellt und verwendet, und zwar Kartons. Der Leiter fragt die Kinder, wozu man Kartons braucht, und sie überlegen gemeinsam, wie sie die kleinen und großen Kartons im Training einsetzen können. Der Leiter kann auch die Teilnehmer vor dem Training informieren, dass jeder zwei Kartons oder mehr mitbringen soll.

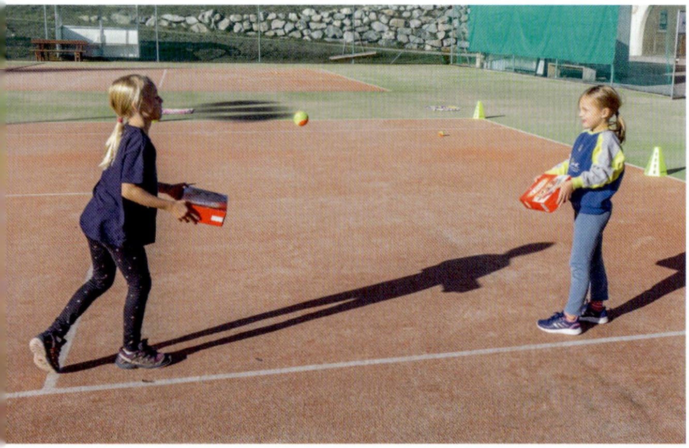

Übung 1: Experimente (G, T, P)

Die Kinder haben Zeit, in Gruppen, Zweier-Teams oder jeder alleine mit den Kartons zu experimentieren und sich Übungen damit auszudenken. Sie können auch zusätzliches Material wie Bälle verwenden. Dann stellt jede Gruppe oder jede Person eine Übung vor, die die anderen nachmachen sollen.

Übung 2: Bälle hangeln (T, P, E)

Es gibt zwei Teams, die jeweils hinter einem großen Karton oder einer großen Pappe stehen. In dem Deckel sind von unten bis oben immer zwei Löcher geschnitten, durch die die Hände passen. Nun muss jeder jeweils einen Ball mit den Händen von unten bis oben durch die Löcher hangeln, aber der Ball muss immer vor dem Karton bleiben. Oben angekommen, wird der Ball durch das letzte Loch genommen, durch einen Parcours und zurück zum nächsten Kind im Karton transportiert.

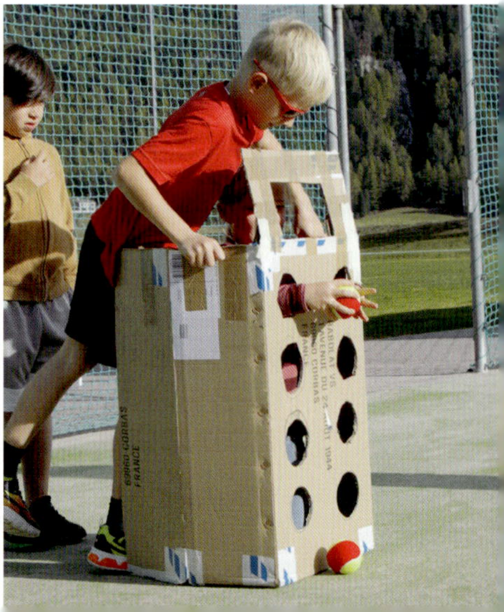

Übung 3: Turm aus Kartons (G, T)

Es gibt zwei Teams und jedes Team hat gleich viele Kartons. Es gibt eine Stafette, bei der die Teams so schnell wie möglich den höchsten Turm aus Kartons in einem Zielfeld bauen sollen. Jedes Kind darf immer nur einen Karton transportieren und muss dann mit dem nächsten Kind abklatschen. Kracht der Turm zusammen, darf das Kind, das gerade dran ist, den Turm wieder aufbauen.

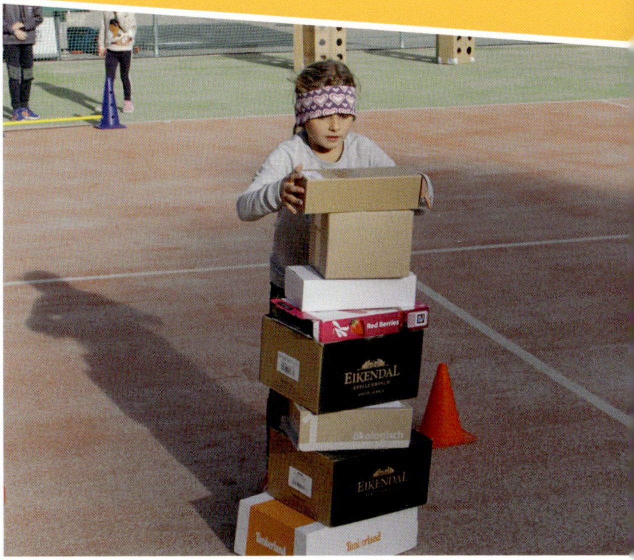

Übung 4: Kartonwettlauf (E)

Jeder hat zwei Kartons, die oben offen sind. Auf «Los!» muss jeder Spieler in den einen Karton steigen und den anderen davor positionieren. Dann muss er von dem hinteren in den vorderen Karton steigen und den hinteren wieder nach vorne legen. Wer zuerst im Ziel ist, hat gewonnen.

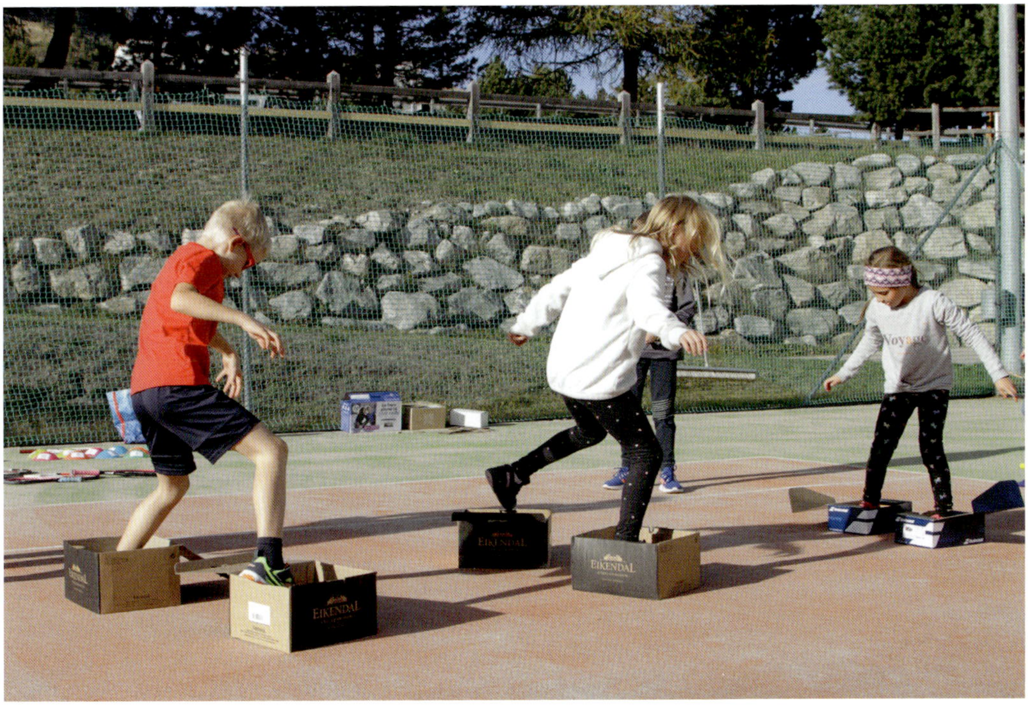

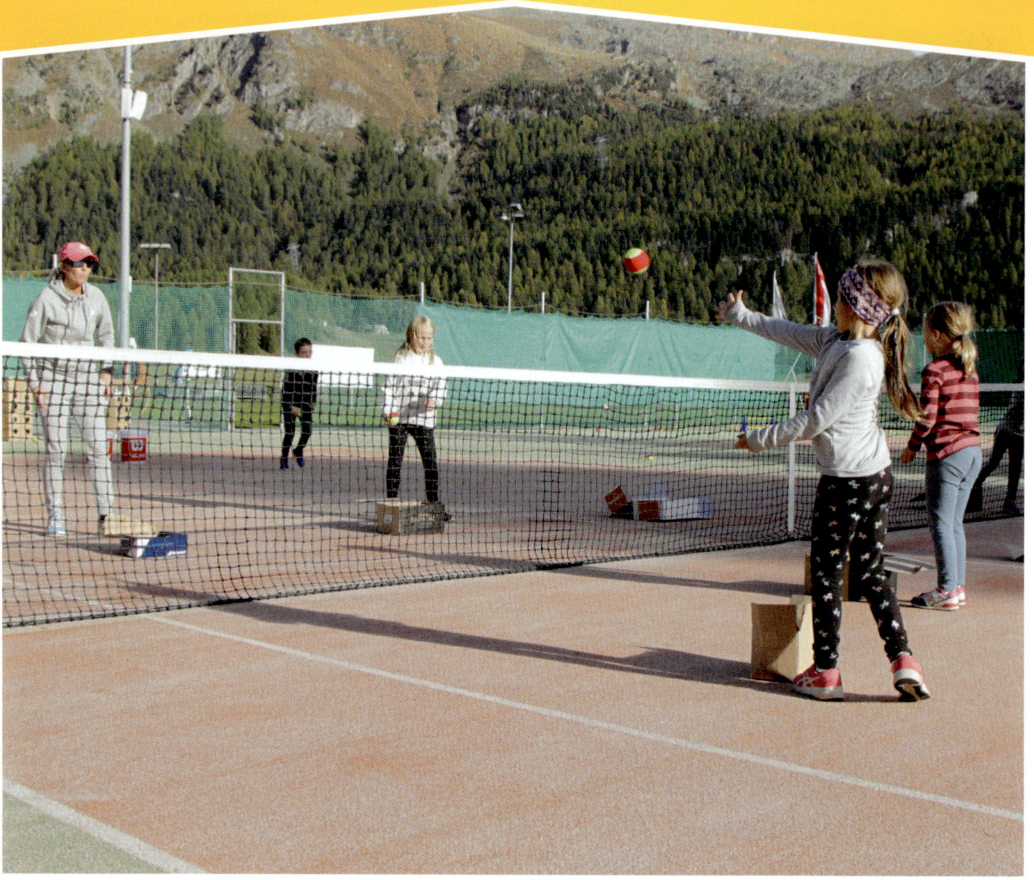

Übung 5: Karton treffen (G, T, P)

Immer zwei Personen stehen einander am Netz gegenüber und haben einen Ball in der Hand. Vor ihnen steht jeweils ein Karton, d. h. sie müssen beim Werfen hinter ihrem Karton stehen. Nun werfen sie einen Tennisball über dem Kopf oder einen großen Ball auf der Seite und versuchen, in den Karton auf der anderen Seite zu treffen. Wer schafft zuerst fünf Treffer?

Variante 1: Beide Spieler werfen oder spielen einen Ball. Trifft einer einen Karton, müssen beide Spieler ihren Karton einmal nach hinten kippen. Die Spieler stehen so immer weiter auseinander und das Treffen wird schwieriger.

Variante 2: Die zwei Spieler spielen über das Netz hin und her. Jeder startet mit zehn Punkten. Wer einen Fehler macht, verliert einen Punkt, wer den Karton trifft, bekommt drei Extra-Punkte. Wer zuerst bei 15 Punkten angekommen ist, hat gewonnen, oder wenn ein Spieler zuerst bei null Punkten ist, dann hat er verloren.

Übung 6: Aufschlag- oder Wurfwettbewerb

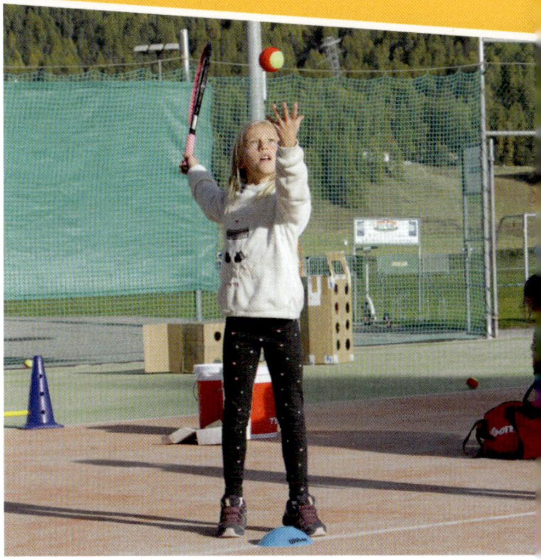

Die Teilnehmer werden in zwei Gruppen aufgeteilt. Jede Gruppe erhält die gleiche Menge an Kartons. Diese sollen nun beliebig im Aufschlagfeld der Gegner positioniert werden. Sie können verteilt oder als Pyramide aufgebaut werden. Die Öffnung ist nach oben oder vorne gerichtet. Jedes Team hat die gleiche Anzahl von Bällen und darf diese auf die Ziele werfen oder Aufschläge machen. Gewonnen hat das Team, das die meisten Bälle in den Kartons hat.

Übung 7: Match mit Kartonsprüngen

Es wird ein Match zwei gegen zwei gespielt. Die Spieler schlagen oder rollen den Ball immer abwechselnd. Nach jedem Schlag müssen die Spieler mit beiden Füßen in einen Karton hinein- und wieder hinausspringen, der hinter dem Spielfeld steht.

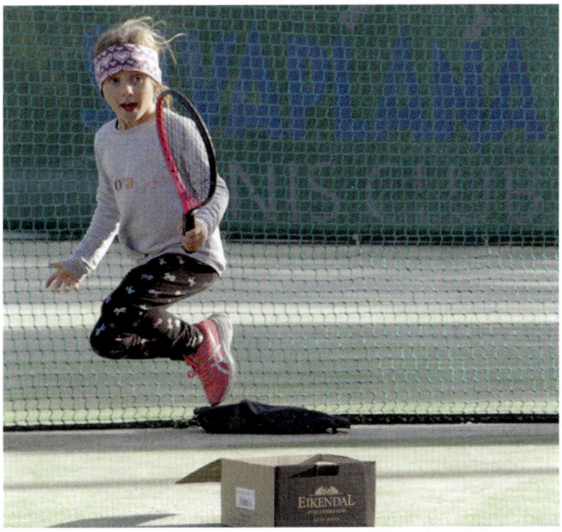

Variante: Es wird in Zweier-Teams gegeneinander gespielt, aber nur zwei spielen auf dem Platz einen Punkt gegeneinander. Für die Dauer des Punktes sollen die anderen beiden Spieler in einen Karton rein- und rausspringen. Der Spieler, der den Punkt auf dem Platz gewinnt, bekommt einen Punkt für das Team, und der Spieler, der öfter in den Karton gesprungen ist, holt einen Extra-Punkt.

Abschluss

Es wird zusammen aufgeräumt und das Abschlussritual durchgeführt. Jedes Kind darf ein Feedback über die Stunde geben, was es gelernt hat, welches seine Lieblingsübung war und/oder was ihm nicht so gefallen hat.

Gummibänder/Seile/Schnüre

Zusätzliches Material:
Schnüre, Seile, Springseile, Kletterseile, Gummibänder, Paketschnur, Ringe etc.

Einstieg

Als Erstes wird das Begrüßungsritual durchgeführt. Danach wird das Thema besprochen. Heute wird ein neues Material vorgestellt, und zwar Gummibänder, Seile oder Schnüre. Der Leiter fragt die Kinder, wofür man Seile und Schnüre gebrauchen kann. Der Leiter kann auch die Teilnehmer vor dem Training informieren, dass jeder eine bis zwei Schnüre oder Seile (oder so viele er möchte) mitbringen soll. Je nachdem, welche Seile und Schnüre vorhanden sind, können die Übungen angepasst, geändert und kreativ neugestaltet werden.

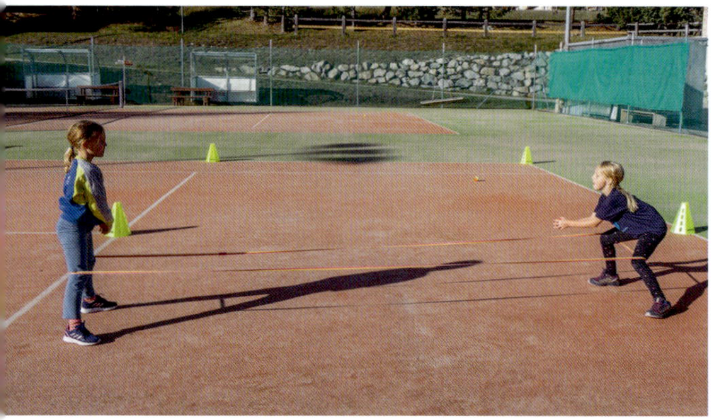

Übung 1: Experimente (G, T, E)

Die Kinder haben Zeit, in kleinen Gruppen oder alleine mit den Seilen und Schnüren zu experimentieren und sich Übungen damit auszudenken. Sie können auch zusätzliches Material wie Bälle verwenden. Dann stellt jede Gruppe oder jede Person eine Übung vor, die die anderen nachmachen sollen.

Übung 2: Jumping (G, T, P)

Es werden unterschiedliche Arten von Übungen mit Sprüngen durchgeführt:

a) Seilspringen
   Alle springen zusammen Seil, und der Leiter zeigt unterschiedliche Sprünge.
b) Zwei Spieler stehen im Gummitwist, und die anderen führen verschiedene Übungen durch. Hier können die Spieler selbst etwas vormachen, und die anderen sollen es nachmachen oder der Leiter gibt die Übungen vor. Nach einer gewissen Anzahl von Sprüngen werden die zwei Personen ausgetauscht.

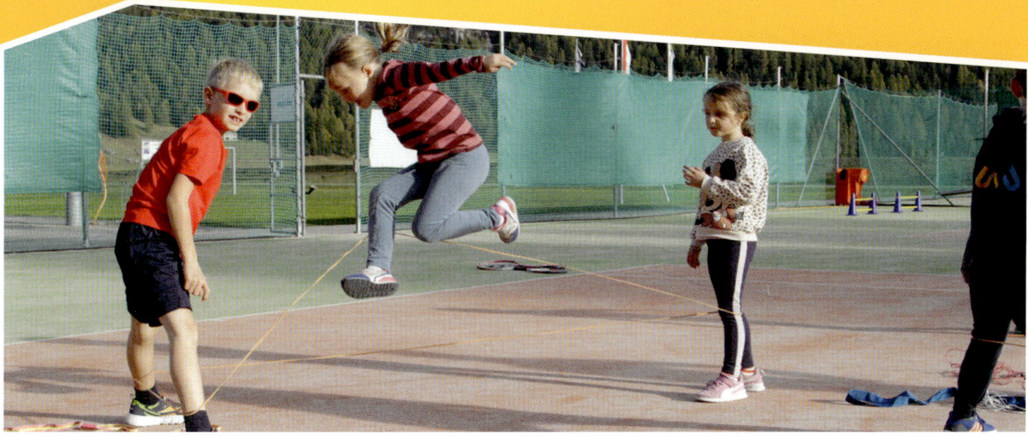

c) Großes Seil schwingen
   Zwei Personen schwingen ein großes Seil, und die anderen müssen auf verschiedene Arten hindurchlaufen, springen oder Bälle rollen, prellen und auf dem Schläger tragen.
d) Ein großes Seil wird im Kreis geschwungen, und die Kinder müssen darüber springen.

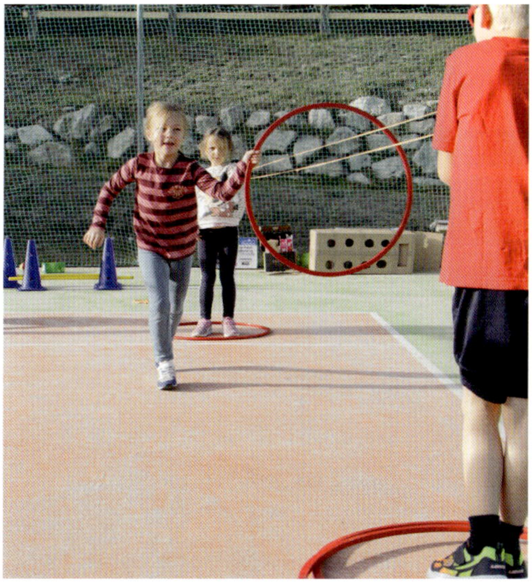

Übung 3: Lange Leitung (G, T)

Es gibt zwei Teams, bei denen jeweils zwei Kinder ein langes Seil in der Hand über dem Kopf festhalten. Die vorderen Personen stehen in fünf Ringen (oder der Anzahl der Kinder entsprechend vielen Ringen). Nun müssen die anderen immer jeweils einen Ring auf die andere Seite ziehen, indem sie den Ring über die erste Person, die Schnur und das zweite Kind ziehen und dann mit dem Nächsten abklatschen. Welches Team hat zuerst alle Ringe auf der anderen Seite?

Übung 4: Wettlauf an der Schnur (G, T, P)

In Zweier-Teams gibt es einen Wettlauf. Das eine Kind steht in einem Ring, der an einer Schnur befestigt ist. Der andere zieht diesen Ring so schnell sein Partner im Ring mitlaufen kann. Diese Übung kann erschwert werden, indem das Kind im Ring noch einen Ball auf einem Schläger balanciert oder einen Ball im Ring prellen muss.

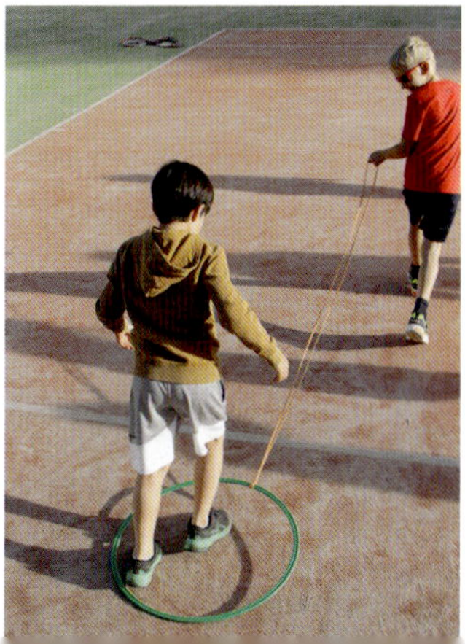

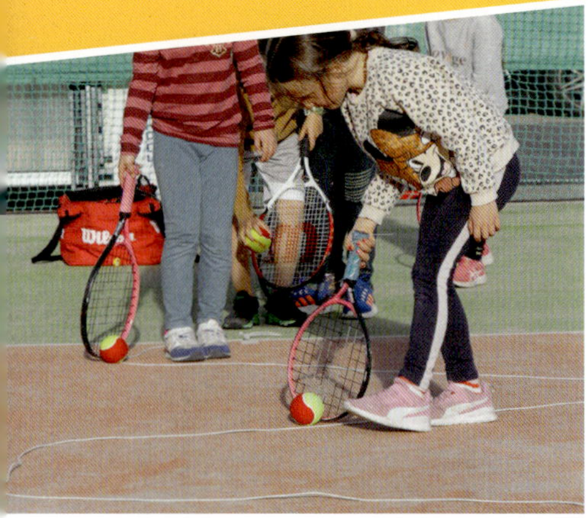

Übung 5: Parcours aus Seilen (G, T, E)

Die Kinder können selber aus den Seilen und Schnüren einen Parcours aufbauen, oder der Leiter hilft ihnen mit Ideen. Dann sollen sie sich erst ohne und dann mit einem Ball durch den Parcours aus Seilen bewegen und den Ball rollen, auf dem Schläger balancieren oder prellen.

Übung 6: Teamplay (T, P)

Zwei Spieler stehen einander gegenüber und sind mit einer Schnur zusammengebunden, die um den Bauch oder an der Hose befestigt ist. Nun sollen sie den Ball hin und her rollen oder über das Netz miteinander Ballwechsel oder Volley spielen. Dies kann je nach Spielstärke mit einem großen Ball, Softball oder rotem Ball sein. Das Ziel ist, so oft wie möglich hin und her zu spielen und sich miteinander zu bewegen.

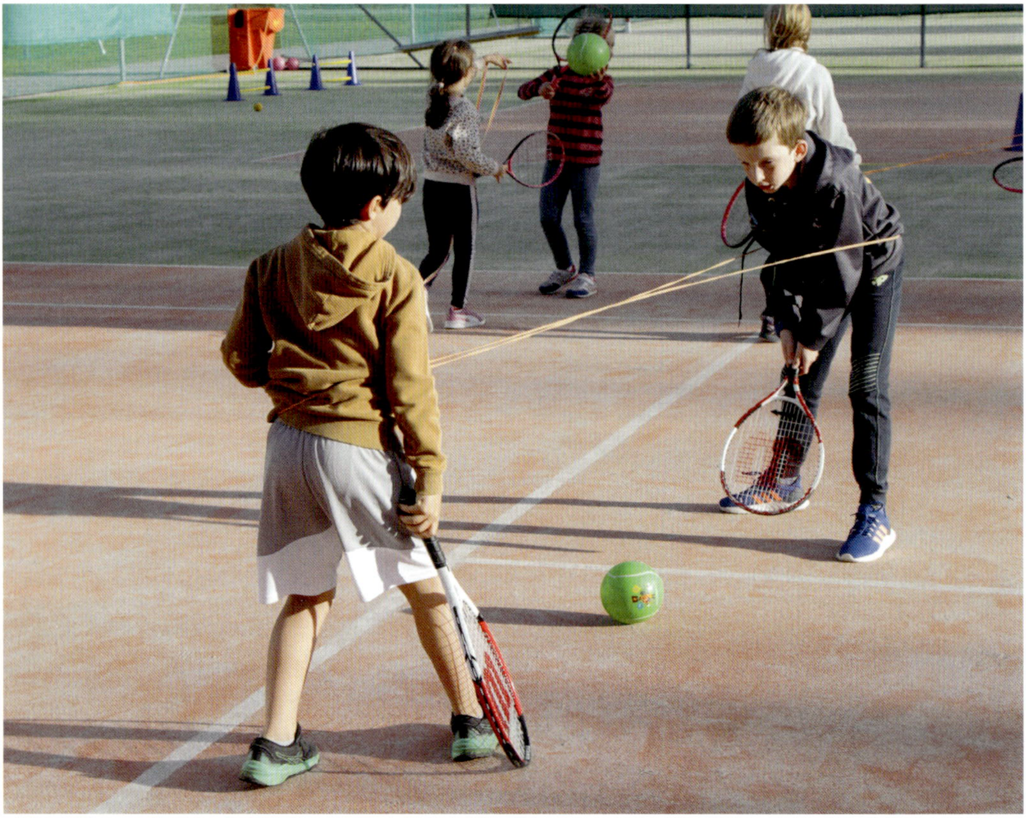

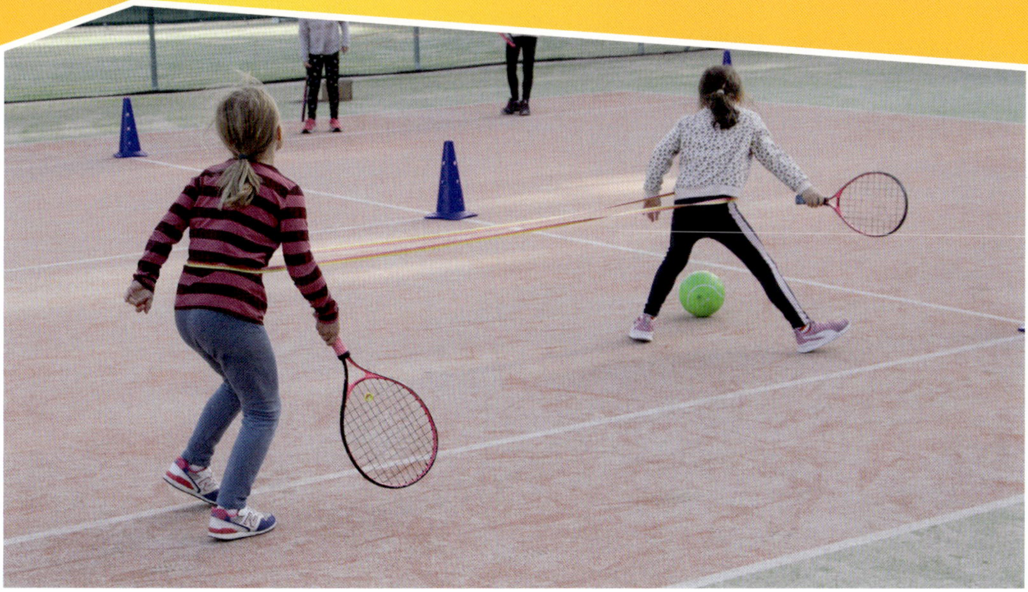

Übung 7: Das unzertrennliche Doppelteam (T, P)

Es werden Doppelpunkte gegeneinander gespielt. Die Spieler sind an der Hüfte zusammengebunden. Auf diese Art müssen sie sich immer zusammen bewegen. Der Ball wird entweder gerollt oder über das Netz gespielt, der Leiter spielt den ersten Ball ein. Auf der einen Seite ist ein Doppelteam, auf der anderen Seite stehen die anderen Doppelteams hintereinander. Gewinnt das Team, das alleine ist, drei Punkte hintereinander, bekommt es einen Extra-Punkt. Wer auf der anderen Seite einen Punkt gewinnt, muss das einzelne Team innerhalb von drei Sekunden ablösen, bevor der nächste Ball eingespielt wird. Verliert ein Team einen Punkt, muss es sich immer auf der Seite mit den Teams hintenanstellen.

Abschluss

Es wird zusammen aufgeräumt und das Abschlussritual durchgeführt. Jedes Kind darf ein Feedback über die Stunde geben, was es gelernt hat, welches seine Lieblingsübung war und/oder was ihm nicht so gefallen hat.

Tücher

Zusätzliches Material:

Bettlaken, Handtücher, Geschirrtücher, Putzlappen etc.

Einstieg

Als Erstes wird das Begrüßungsritual durchgeführt. Danach wird das Thema besprochen. Heute wird ein neues Material vorgestellt, und zwar Tücher. Der Leiter fragt die Kinder, welche Tücher es gibt und wofür man sie gebrauchen kann. Der Leiter kann die Teilnehmer auch vor dem Training informieren, dass jeder ein bis zwei Tücher (oder so viele er möchte) mitbringen soll.

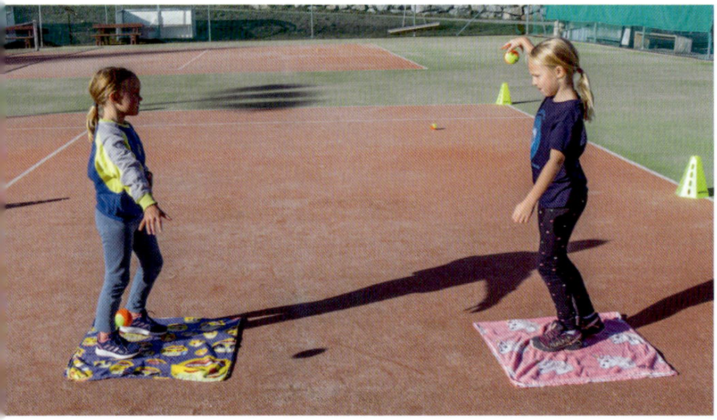

Übung 1: Experimente (G, T, E)

Die Kinder haben Zeit, in kleinen Teams oder alleine mit den Tüchern zu experimentieren und sich Übungen damit auszudenken. Sie können auch zusätzliches Material wie Bälle verwenden. Dann stellt jedes Team oder jedes Kind eine Übung vor, die die anderen nachmachen sollen.

Übung 2: Handtücher auf dem Boden (G, T, E)

Es wird ein Wettlauf auf zwei Handtüchern durchgeführt. Jedes Kind hat zwei Handtücher. Es darf immer auf einem Tuch stehen und muss ein zweites Handtuch vor sich legen und mit beiden Füßen darauf springen. Wer schafft es zuerst bis zur Ziellinie? Wer es nicht schafft, auf sein eigenes Handtuch zu springen, oder den Boden berührt, muss von vorne anfangen.

Variante: Es gibt einen Wettkampf mit Zweier-Teams. Jedes Team hat drei Handtücher, aus denen es sich einen Weg legen muss, aber es darf immer nur einer auf einem Handtuch stehen.

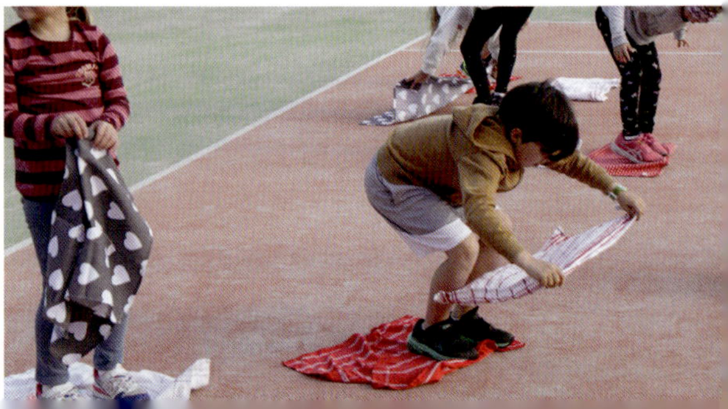

Übung 3: Rollmops (G, T, P)

Es sind immer zwei Kinder an einer Station zusammen. Beide liegen auf einem großen Handtuch, das horizontal ausgelegt wird. Rechts stehen drei Deckel mit Bällen darauf. In der Mitte und links sind drei leere Deckel. Nun muss das eine Kind sich seitlich rollen und immer je einen Ball holen und in die Mitte legen, das andere Kind holt diesen Ball und legt ihn links ab. Wer zuerst alle Bälle auf der linken Seite hat, hat gewonnen.

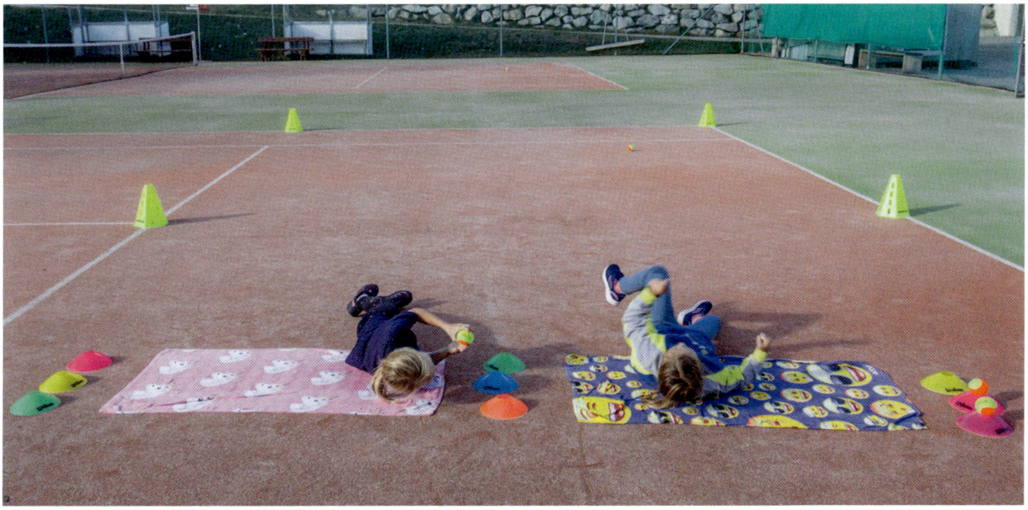

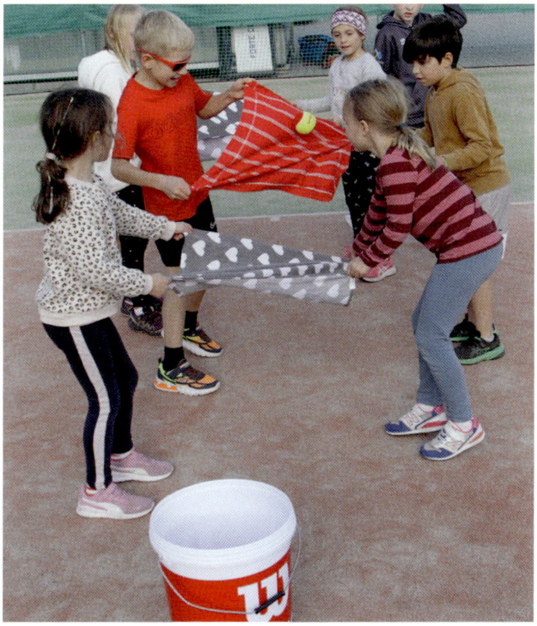

Übung 4: Balltransport-Kette

Alle Teilnehmer halten zu zweit ein Tuch und stehen hintereinander in einer Kette. Ein Ball wird weitergegeben, indem er in die Luft geworfen wird, einmal aufkommt und das nächste Team ihn auffängt. Ist der Ball vorne bei den Letzten angekommen, soll er in einen Eimer geworfen werden. Die beiden Letzten laufen nun zum Anfang und bringen einen neuen Ball ins Spiel.

Übung 5: Balltransport in Teams (G, T, P)

Immer zwei Personen sollen mit einem Tuch sechs Bälle von der Grundlinie bis zum Netz transportieren und den Ball über das Netz werfen. Wenn die Spieler einen Ball verlieren, dürfen sie ihn nur mit der Hand berühren, wenn das Tuch auf dem Boden liegt. Liegt der Ball auf dem Tuch, darf es wieder hochgenommen werden. Welches Team schafft dies am schnellsten?

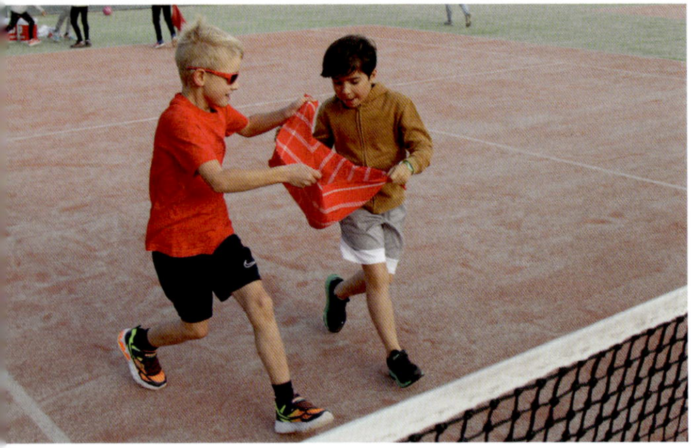

Übung 6: Tuchdoppel (T, P)

Zwei Teams stehen einander gegenüber am Netz und halten zusammen ein Tuch in den Händen. Nun werfen und fangen sie den Ball über das Netz und spielen so um Punkte. Der Ball darf einmal aufkommen und soll dann gefangen werden. In einem kleinen Feld kann der Ball auch immer direkt gefangen werden.

Übung 7: Tuchtreffer als Einzel (T, P)

Zwei Spieler spielen gegeneinander Einzel, indem sie den Ball entweder rollen oder über das Netz spielen. Im Spielfeld liegt auf beiden Spielseiten ein Tuch (oder mehrere). Schafft es ein Spieler, den Ball genau auf seinem Tuch zu stoppen, dann bekommt er einen Extra-Punkt. Wird der Ball über das Netz gespielt, bekommt der Spieler zwei Extra-Punkte, wenn er ein Tuch auf der gegnerischen Seite trifft.

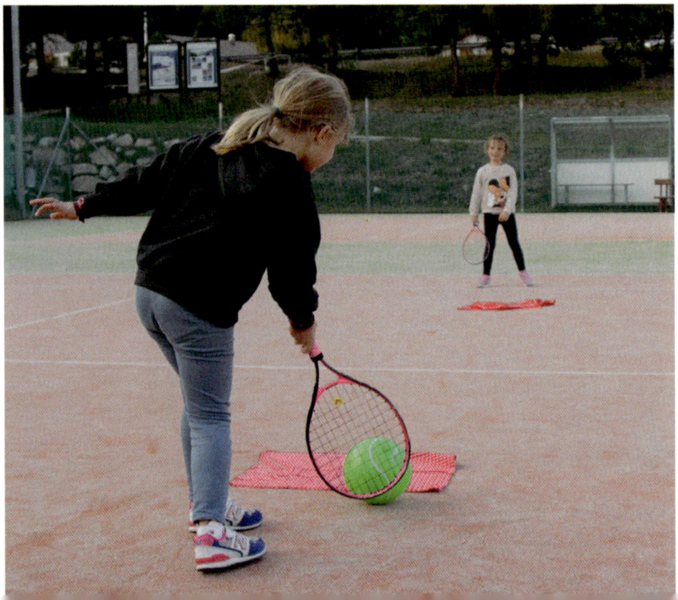

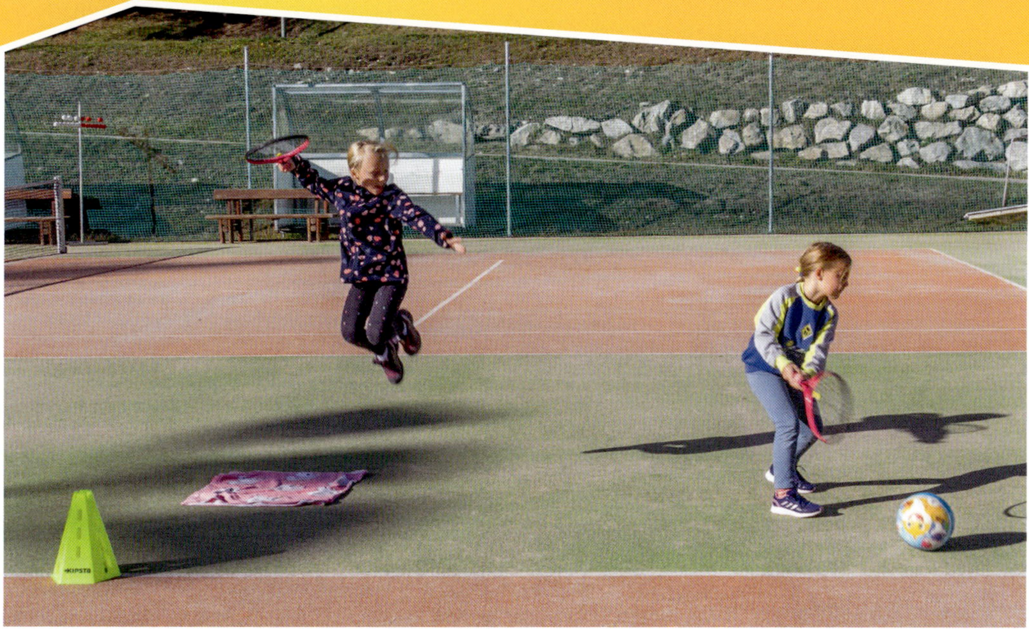

Übung 8: Doppel mit Tüchern (T, P)

Zwei Teams spielen gegeneinander Doppel, indem sie den Ball entweder abwechselnd rollen oder über das Netz spielen. Alle Spieler haben hinter ihrer Grundposition ein Tuch oder rechts und links neben dem Feld zwei Tücher liegen. Nach jedem Schlag müssen sie zurück und ihr Tuch mindestens einmal mit beiden Füßen berühren. Dann wird normal um Punkte gespielt. Schafft ein Spieler es nicht, sein Tuch mit beiden Füßen zu berühren, bekommt das andere Team einen Extra-Punkt.

Abschluss

Es wird zusammen aufgeräumt und das Abschlussritual durchgeführt. Jedes Kind darf ein Feedback über die Stunde geben, was es gelernt hat, welches seine Lieblingsübung war und/oder was ihm nicht so gefallen hat.

Ringe

Material:
Ringe

Einstieg

Als Erstes wird das Begrüßungsritual durchgeführt. Danach wird das Thema besprochen. Heute werden alle Übungen mit den Ringen gemacht.

Übung 1: Experimente (G, E)

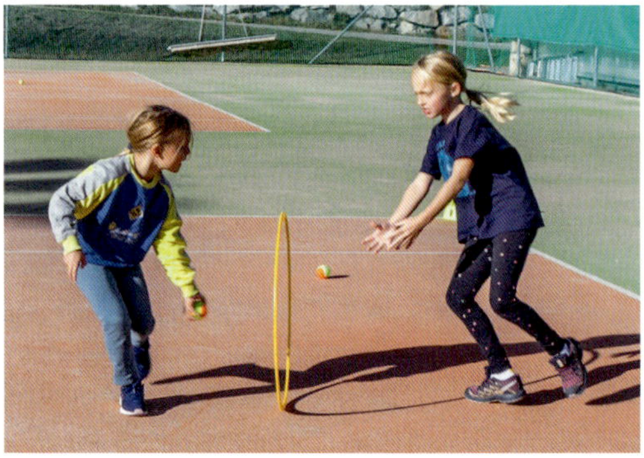

Die Kinder haben Zeit, in kleinen Gruppen oder alleine mit den Ringen zu experimentieren und sich Übungen damit auszudenken. Sie können auch zusätzliches Material wie Bälle verwenden. Dann stellt jede Gruppe oder jede Person eine Übung vor, die die anderen nachmachen sollen.

Übung 2: Bauchstafette (G, P, T)

Es gibt zwei Teams, die in einer Stafette gegeneinander antreten. Am Ende der Strecke von ca. 5–10 Metern steht jeweils ein Hütchen. Die Kinder müssen immer zu zweit einen Ring mit dem Bauch tragen, den sie nur berühren dürfen, um ihn am Bauch festzuklemmen. Der Ring soll über dem Hütchen fallen gelassen werden. Das Team, das zuerst alle Ringe über seinem Hütchen hat, ist der Sieger.

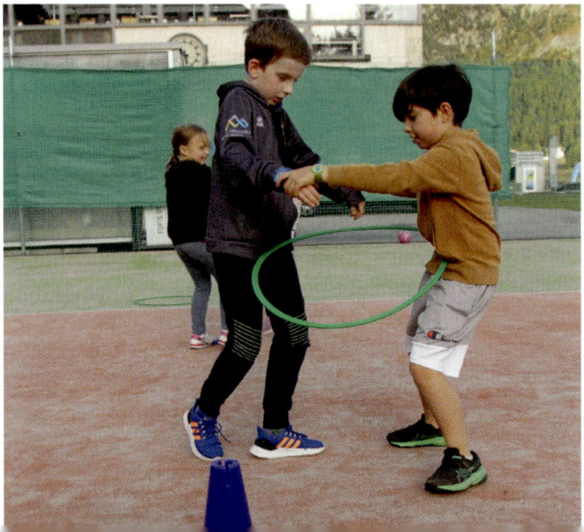

Variante: Es können Zweier-Teams gegeneinander antreten. Vor jedem Team stehen vier Hütchen in einem Abstand von 2 Metern und jedes Team hat vier Ringe. Nun sollen sie einzeln die Ringe mit dem Bauch zu den Hütchen transportieren und darüber fallen lassen.

Übung 3: Ringstafette (G, P, T)

Jedes Kind steht in einem Ring. Nach dem Startkommando muss jeder seinen Ring über den Kopf führen und so vor sich legen, dass er mit beiden Füßen hineinspringen kann. Wer als Erster über die Ziellinie springt, hat gewonnen. Wer es nicht schafft, in seinen eigenen Ring zu springen, muss wieder zum Anfang zurück.

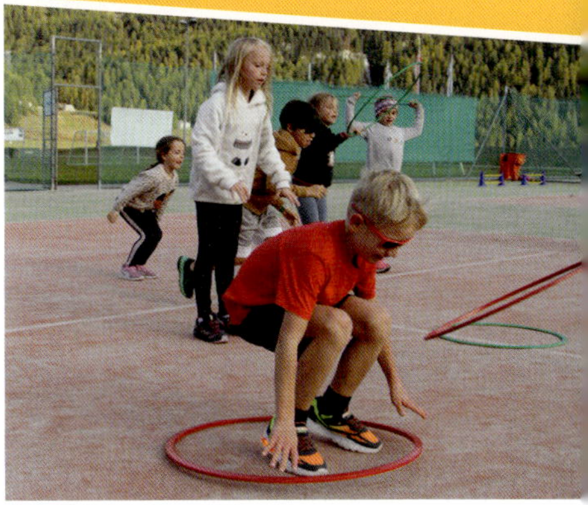

Variante 1: Alle treten in Zweier-Teams gegeneinander an und haben drei Ringe pro Team. Die beiden Kinder sollen sich mit den drei Ringen zum Ziel bewegen, aber es dürfen nie beide in einem Ring stehen und sie dürfen die Ringe nicht verlassen.

Variante 2: Die Kinder treten wieder in Zweier-Teams gegeneinander an und jedes Team hat zwei Ringe. Sie müssen immer zu zweit in einem Ring stehen und den anderen Ring nach vorne legen.

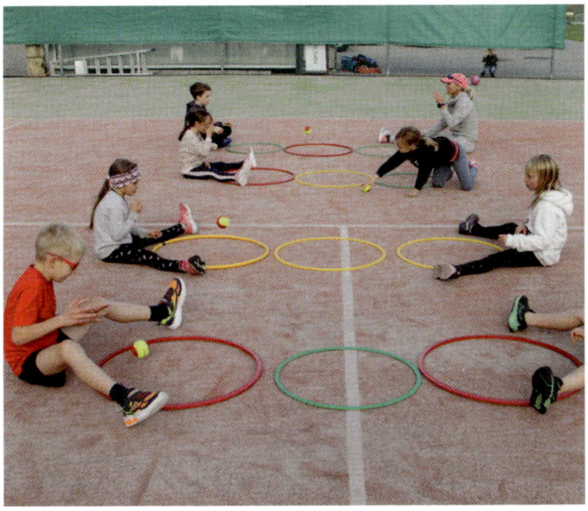

Übung 4: Dreier-Treffer (P, T)

Es sitzen immer zwei Kinder gegenüber. Zwischen ihnen liegen drei Ringe. Jetzt sollen sie einen Ball so zum Partner prellen, dass er in jedem der drei Ringe einmal aufkommt und der andere ihn fangen kann. Jedes Mal, wenn sie dies schaffen, bekommen sie einen Punkt. Welches Team hat zuerst zehn Punkte? Diese Übung kann auch im Stehen durchgeführt werden.

Übung 5: Ball in den Ring (P, T)

Jetzt stehen die beiden Kinder gegenüber in den äußeren Ringen und der mittlere Ring ist zwischen ihnen. Sie sollen den Ball so prellen, dass der Ball nur einmal in dem Ring in der Mitte aufkommt und der andere ihn fangen kann. Schaffen sie es, den Ring zehnmal zu treffen und aufzufangen, dann dürfen beide ihre äußeren Ringe einmal umklappen. Der Ring in der Mitte bleibt liegen. Wer schafft es zuerst bis zu einer Markierung? Wer schafft die größte Entfernung in einer bestimmten Zeit?

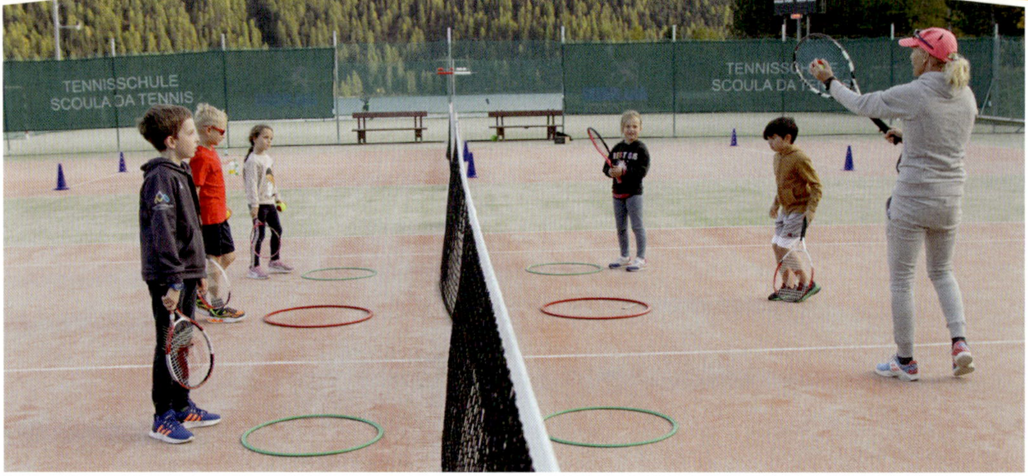

Übung 6: Ring treffen (G, T, P)

Zwei Spieler spielen als Team zusammen gegen andere Zweier-Teams. Sie stehen einander am Netz gegenüber, jeder hat einen Reifen vor sich im Feld. Sie starten dicht am Netz. Nun sollen sie den Ball über das Netz werfen und fangen, spielen und im Sandwich fangen oder direkt zurückspielen. Trifft einer der beiden den Ring, dürfen beide ihren Ring umklappen. Wer schafft es wie weit? Den Wettkampf gewinnt der, der zuerst bis zu einer Markierung kommt.

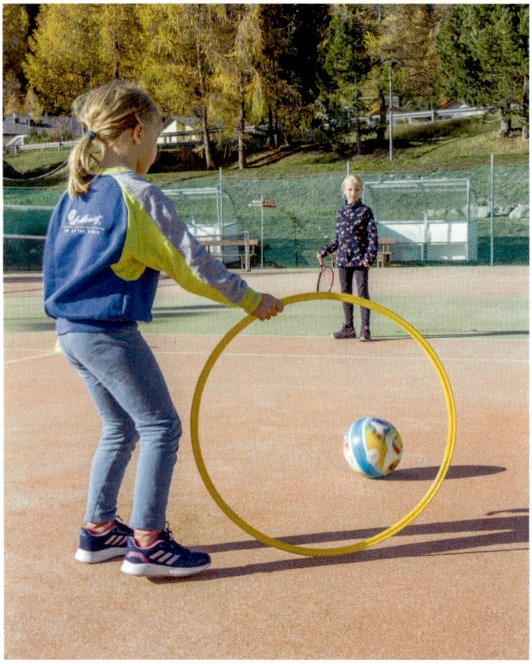

Übung 7: Ball im Ring (G, T, P)

Es spielen zwei Spieler zusammen gegen zwei andere. Einer spielt oder rollt den Ball, der andere hält einen Ring in der Hand. Wenn der Gegner den Ball rollt, wirft oder spielt, muss der Ball zuerst durch den eigenen Ring, dann darf der Partner ihn weiterspielen. Gewechselt wird immer bei dem Team, das den Punkt verloren hat. Wer einen Punkt gewonnen hat, darf sich einen Ball in seinen Ring auf der Seite legen. Wer zuerst zehn Punkte hat, hat gewonnen.

Übung 8: Match mit Ringen (G, T, P)

Zwei Spieler spielen ein Match, indem sie den Ball mit zwei Deckeln über das Netz werfen oder mit dem Schläger spielen. Der Aufschlag kann über das Netz gespielt, mit der Hand oder mit einem Deckel eingeworfen werden. Danach fangen die Spieler den Ball entweder zwischen den zwei Deckeln, zwischen Hand und Schläger (Sandwich) oder sie spielen ihn mit Stoppen oder direkt zurück. Jeder Spieler kann ein bis zwei Ringe in sein Feld legen. Trifft ein Spieler mit einem Schlag den Ring, dann gewinnt er das Spiel direkt. Ansonsten gewinnt derjenige das Spiel, der zuerst vier Punkte hat.

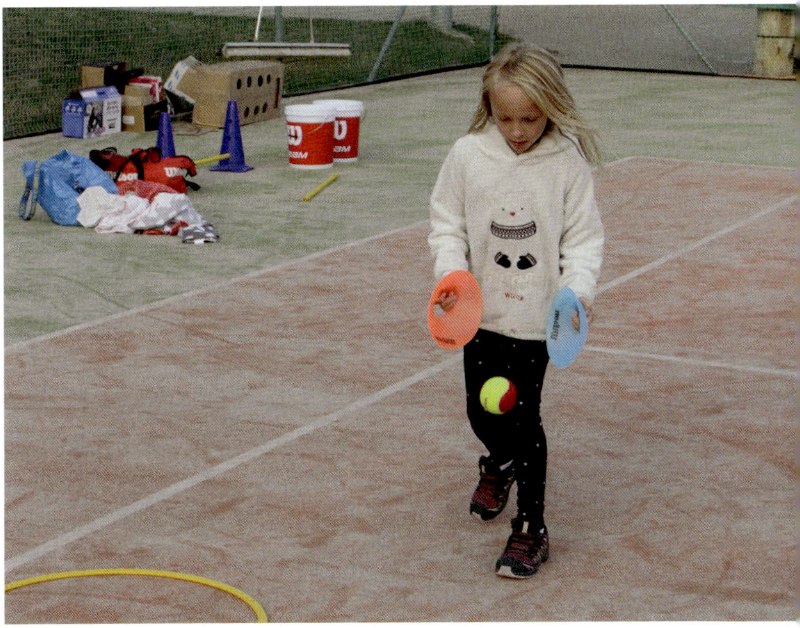

Abschluss

Es wird zusammen aufgeräumt und das Abschlussritual durchgeführt. Jedes Kind darf ein Feedback über die Stunde geben, was es gelernt hat, welches seine Lieblingsübung war und/oder was ihm nicht so gefallen hat.

Themen zu Sport

FANTASIEVOLLE Tennis-STUNDEN

Themen

Polysportive Sommerspiele

Polysportive Winterspiele

Torschützenkönig

Basketballprofi

Tennisprofi

Polysportive Sommerspiele

Zusätzliches Material:

Bilder von verschiedenen Sommersportarten, selbstgebastelte Fahnen und Medaillen oder Urkunden, Punkteblatt, Maßband, Stoppuhr, Eimer, Klopapierrollen, Küchenrolle, Frisbee

Einstieg

Als Erstes wird das Begrüßungsritual durchgeführt und das Thema erklärt. Dann gibt es eine Eröffnungszeremonie. Jedes Kind marschiert einmal um den Kreis der anderen. Es können kleine Fahnen mitgebracht oder gebastelt werden. Jeder bekommt einen Zettel mit einer Sommersportart darauf. Falls sie eine andere Nationalität haben, dann erklären sie, woher sie kommen und in welcher Sommersportart sie heute antreten. Für die Wettkämpfe können Punkte vergeben und ein Blatt mit den Ergebnissen vorbereitet werden.

Übung 1: Fackelträger (G, E)

Alle Kinder sind Fackelträger und bekommen eine Fackel mit Feuer bzw. eine Klopapierrolle mit einem Ball darauf. Sie müssen nun die Fackel durch einen Parcours vom Anfang bis zum Ende transportieren, ohne das Feuer zu verlieren. Am Ende angekommen, sollen die Kinder den Ball in ein Ziel werfen, um das Feuer zu entzünden. Wenn alle Kinder das Ziel getroffen haben, sind die Sommerspiele eröffnet.

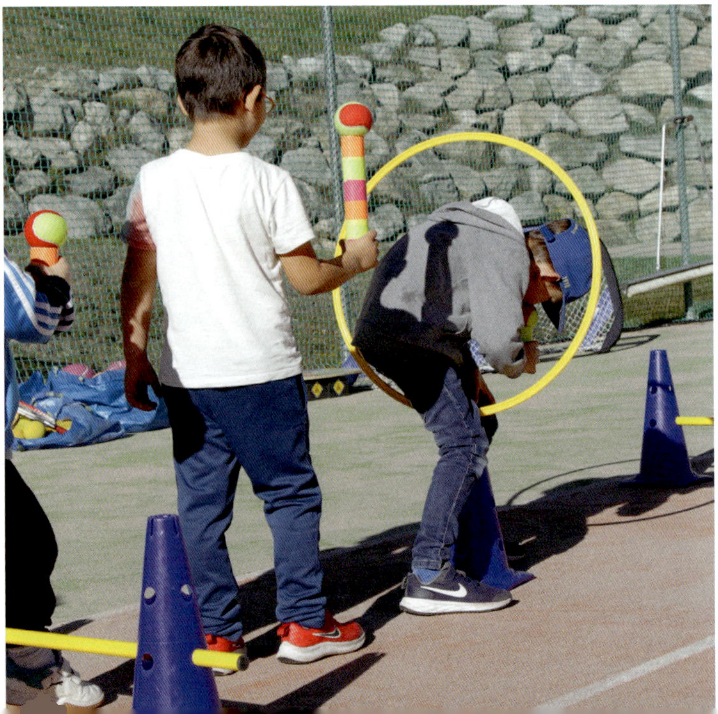

Übung 2: Kugelstoßen (G, E)

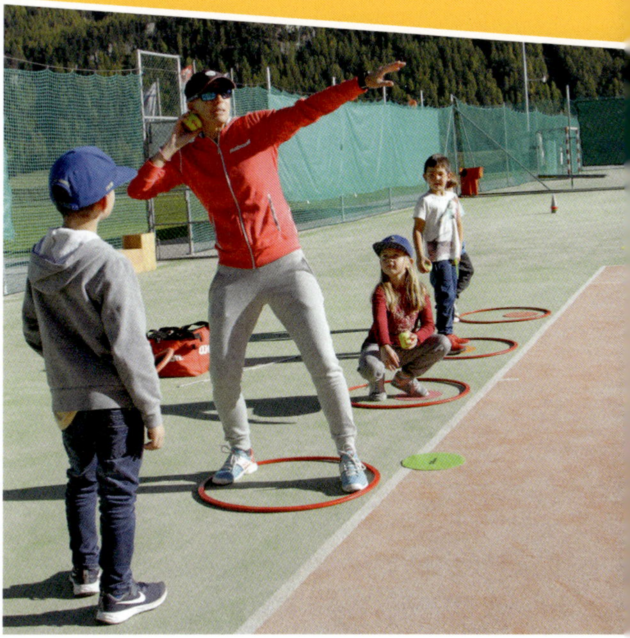

Alle Teilnehmer lernen, wie Kugelstoßen geht. Der Leiter erklärt ihnen, wie sie sich drehen müssen, bevor sie die Kugel vom Hals wegstoßen. Sie können in einem Ring stehen oder einen Kreis mit einem Seil legen. Jedes Kind hat fünf bis zehn Versuche. Nach jedem Stoß soll es dort, wo die Kugel gelandet ist, eine Markierung hinlegen. Der Stoß wird aber nur markiert, wenn er weiter war als der vorherige. Am Schluss wird der weiteste Stoß von jedem Kind gemessen.

Übung 3: Diskuswerfen (G, E)

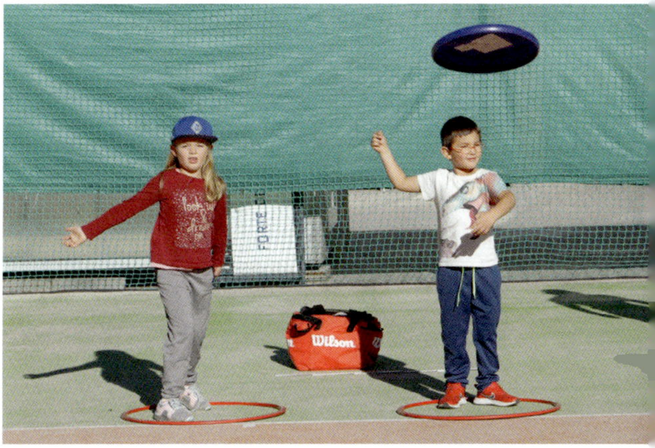

Die Kinder sollen nun Diskuswerfen mit einem Frisbee üben. Wie bei der ersten Übung bekommen alle fünf bis zehn Versuche und der Leiter demonstriert, wie man eine Diskusscheibe wirft. Es kann den Kindern auch freigestellt werden, wie sie die Scheibe werfen. Auch hier wird wieder der weiteste Versuch markiert und gemessen.

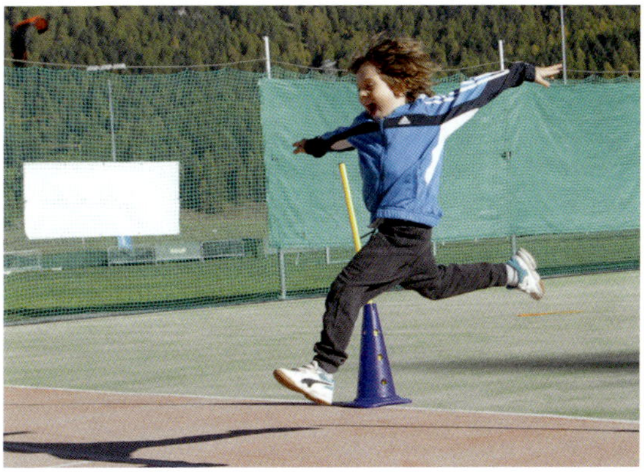

Übung 4: Weitsprung (G, E)

Die Kinder sollen 5–10 Meter Anlauf nehmen und ab einer Markierung so weit springen, wie sie können. Jeder hat wieder fünf bis zehn Versuche. Der weiteste Sprung von jedem Kind wird markiert und gemessen.

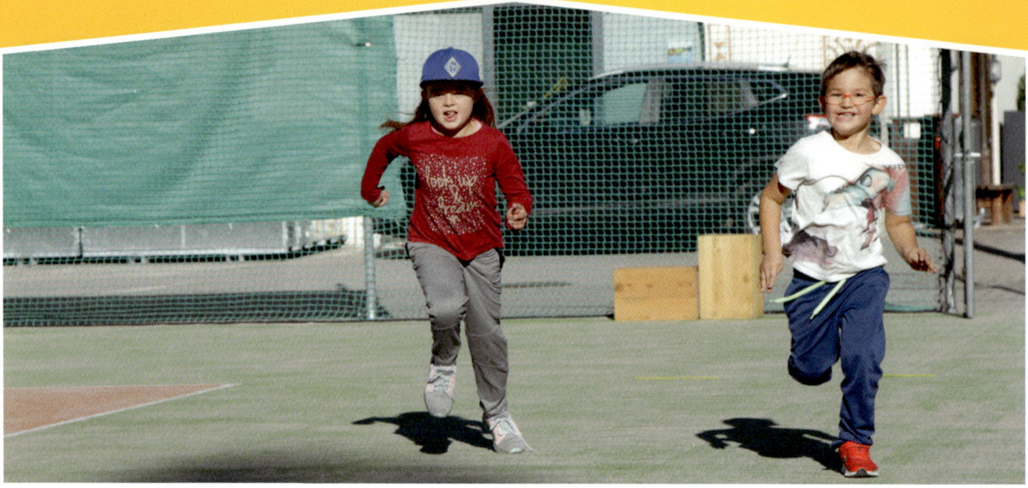

Übung 5: Wettrennen (G, E)

Alle Kinder treten jeweils zu zweit über eine Distanz von 10–15 Meter beim Wettrennen an. Jeder soll mindestens zwei- bis dreimal gegen jeden um die Wette laufen. Langstreckenläufer können mehrere Runden um den Platz absolvieren. Die Zeiten werden gestoppt und es werden die Distanz und die Zeit notiert.

Übung 6: Golf (G, E)

Golf ist eine Disziplin der Sommerspiele. Zunächst üben alle den Abschlag. Auf zehn Klopapierrollen liegen Bälle aufgereiht. Die Kinder sollen diese so weit sie können über das Netz schießen. Jeder Ball, der über das Netz geht, gibt einen Punkt. Die Bälle sollen mindestens zwei- bis dreimal auf der Vorhand- und Rückhandseite über das Netz geschossen werden.

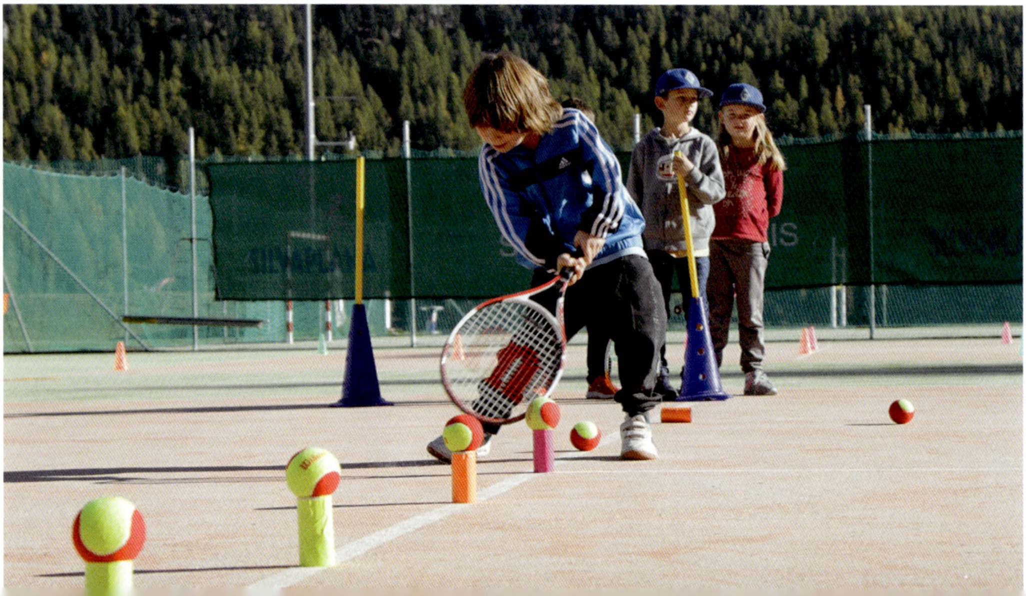

Übung 7: Tennis (G, T, P, E)

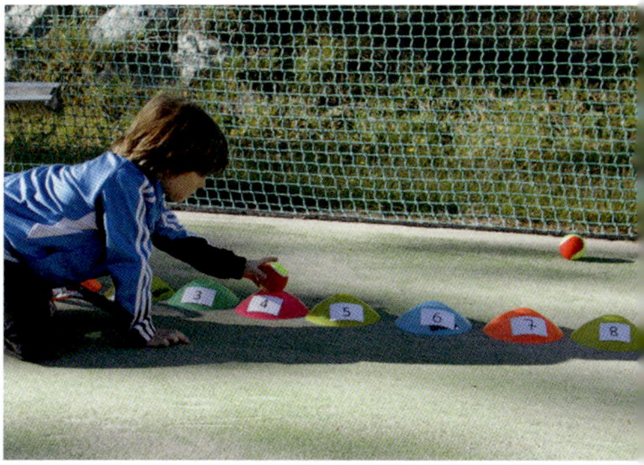

Tennis ist ebenfalls eine Disziplin der Sommerspiele. Jeder soll gegen jeden ein Einzel spielen. Der Ball kann gerollt, geworfen oder über das Netz gespielt werden. Es geht immer bis zehn Punkte, und bei jedem Match werden die Punkte notiert, die die Spieler erreicht haben. Als Letztes treten die Spieler noch im Doppel gegeneinander an.

Siegerehrung

Am Ende gibt es eine kleine Abschlusszeremonie. Dabei bekommen alle den Zettel mit ihren persönlichen Ergebnissen und eine selbstgebastelte Medaille oder eine Urkunde.

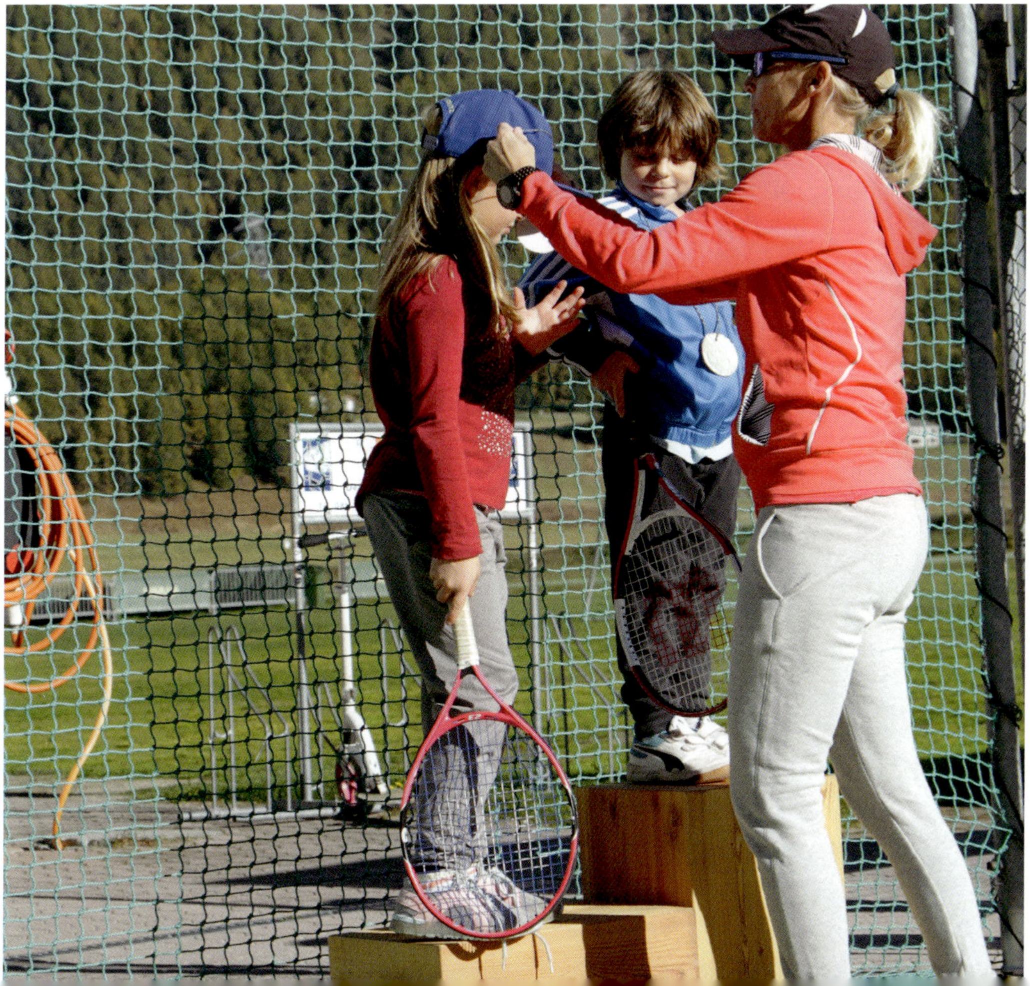

Polysportive Winterspiele

Zusätzliches Material:

Bilder von verschiedenen Wintersportarten, Eimer, Bänke, Hürden, Tore, Wackelbrett oder instabile Unterlage

Einstieg

Als Erstes wird das Begrüßungsritual durchgeführt und das Thema erklärt. Dann gibt es eine Eröffnungszeremonie. Jedes Kind marschiert einmal um den Kreis der anderen. Es können kleine Fahnen mitgebracht oder gebastelt werden. Jeder bekommt einen Zettel mit einer Wintersportart darauf. Die Kinder sollen erzählen, aus welchem Land sie kommen und in welcher Wintersportart sie heute antreten. Für die Wettkämpfe werden Punkte vergeben und ein Blatt für die Ergebnisse vorbereitet.

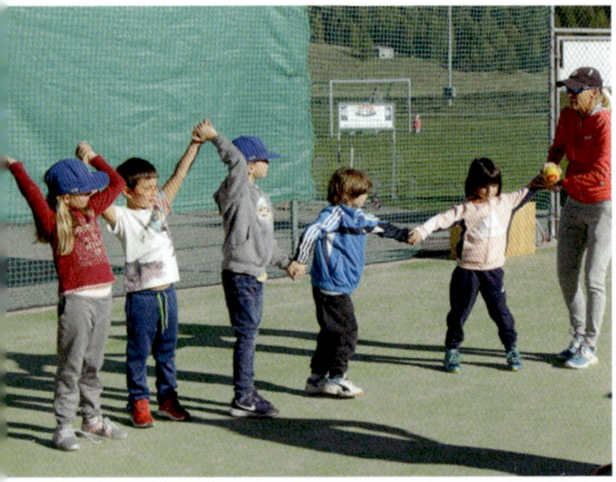

Übung 1: Fackelträger (G)

Die Kinder stellen sich nebeneinander in einer Reihe auf. Alle halten sich über dem Kopf an den Händen. Der Letzte rennt mit einem Ball in der Hand Slalom durch die Kinder und wirft am Ende einen Ball in den Eimer, um das Feuer zu entzünden. Danach stellt er sich in die Reihe und der Nächste ist dran. Wenn alle in den Eimer getroffen haben, sind die Winterspiele eröffnet.

Übung 2: Skifahren (G, E)

a) Die erste Disziplin ist Abfahrt. Bei der Abfahrt geht es darum, so schnell wie möglich ins Ziel zu kommen. Bei jeder Abfahrt sollen die Kinder einen Ball bis zu einer Markierung rollen und ins Ziel schießen.

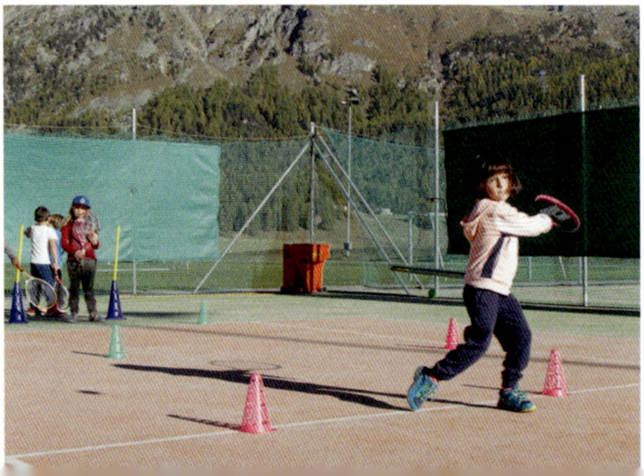

b) Die zweite Disziplin ist Slalom. Jetzt sind die Kurven sehr eng. Die Kinder sollen den Ball nun mit dem Schläger prellen und am Ende wieder in das Ziel schießen.

c) Als Letztes ist Freestyle-Skifahren angesagt. Die Kinder müssen über Hindernisse springen, eine 180°- oder 360°-Drehung machen (sich mit einem Sprung in einem Ring halb oder ganz um sich selbst drehen) und über Rails (Bänke) fahren. Am Ende sollen sie einen Ball über das Netz spielen, oder sie bekommen einen oder mehrere Bälle zugespielt.

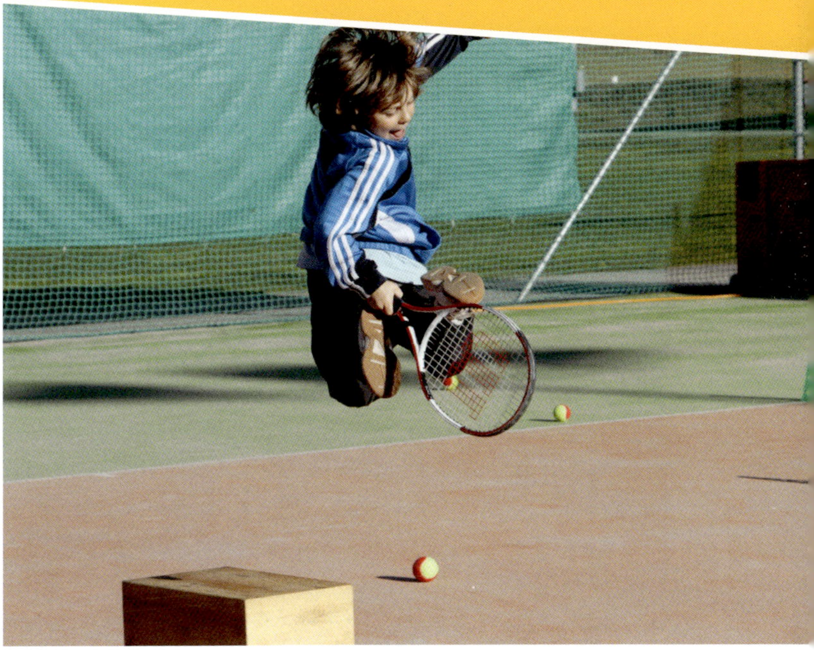

Übung 3: Snowboard (G, P, T)

Nach dem Skifahren geht es zum Snowboarden. Beim Snowboarden geht es zunächst darum, das Gleichgewicht zu trainieren. Die Spieler müssen wie beim Snowboarden (Wackelbrett, Skateboard, instabile Unterlage) mit beiden Füßen auf einem Brett stehen und Bälle aus der Luft als Volley spielen.

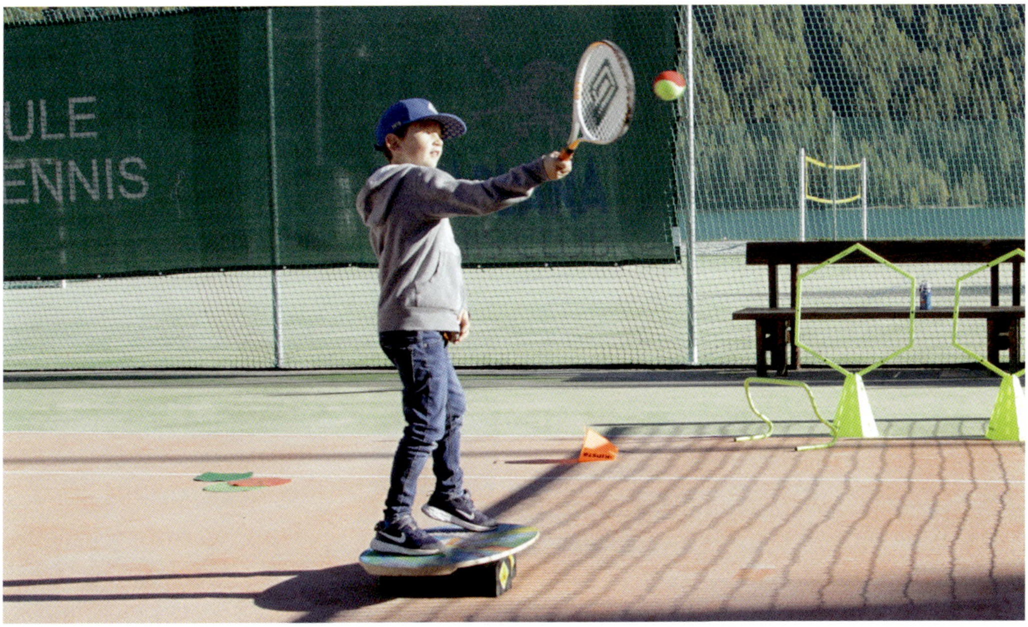

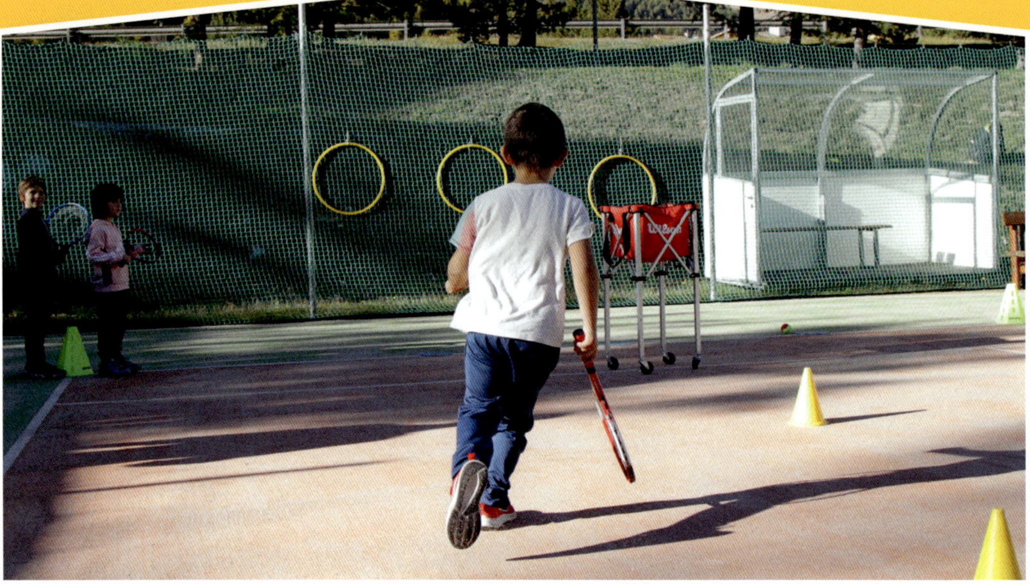

Übung 4: Biathlon (G, E)

Zum Biathlon gehören Langlaufen und auf Ziele Schießen. Alle Kinder sollen eine große markierte Runde joggen, zum Beispiel um den halben Platz. Es werden Stangen oder Hütchen aufgestellt, um die die Kinder laufen müssen. Am Ende der Runde sollen sie auf drei Ziele werfen oder mit dem Schläger spielen. Als Ziele können z. B. Ringe verwendet werden, die am Zaun aufgehängt sind. Pro Ring haben sie einen oder zwei Versuche. Für jeden Fehlversuch müssen sie eine Strafrunde rennen, diese ist mit kleinen Hütchen markiert. Bei diesem Wettkampf geht es darum, wer als Erster mit drei bis fünf Runden fertig ist.

Übung 5: Skispringen (G, E)

Die Kinder springen über mehrere Hürden, um das Springen der Skispringer zu üben. Am Ende bekommen sie einen oder mehrere Bälle über dem Kopf zugespielt, bei denen sie auch springen und einen Schmetterball spielen sollen.

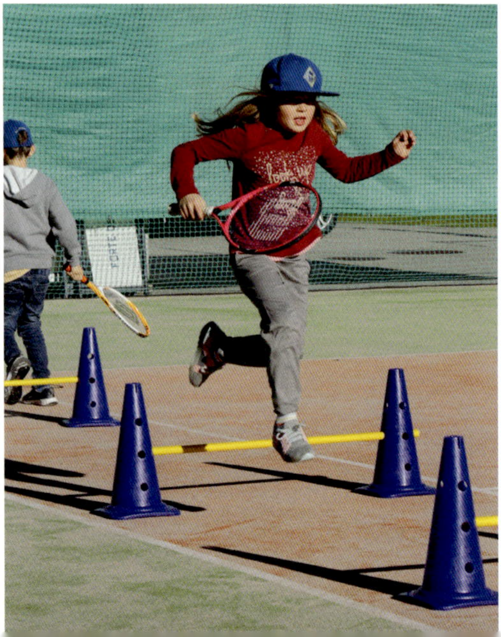

Übung 6: Eishockey (G, P)

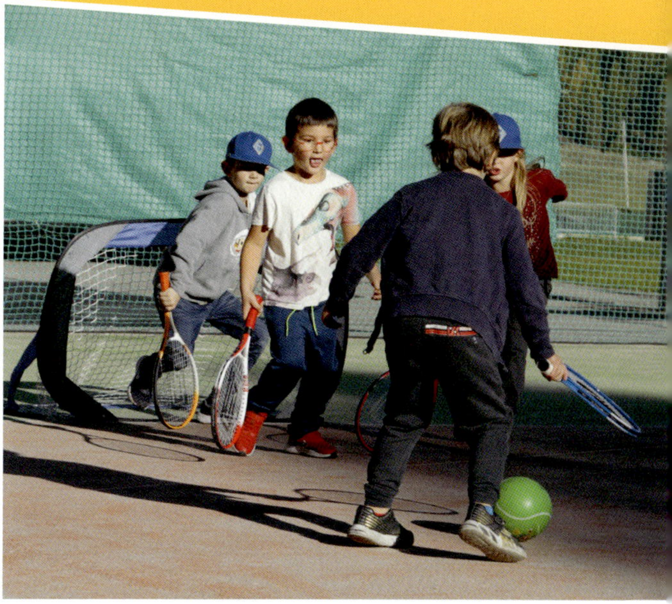

Als Erstes spielen zwei Teams gegeneinander Eishockey mit dem Tennisschläger und einem großen Ball auf zwei Tore. Dabei gibt es keinen festen Torwart, aber der letzte Mann hält. Am Schluss gibt es noch ein Penalty-Schießen, bei dem die Teams jeweils abwechselnd auf das Tor schießen sollen. Der Spieler, der dran ist, darf bis zu einer Markierung dribbeln und muss dann den Ball schießen.

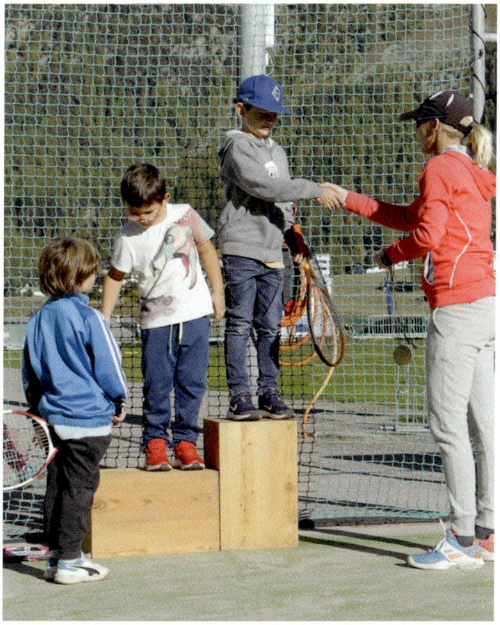

Siegerehrung

Am Ende gibt es eine kleine Abschlusszeremonie. Dabei bekommen alle den Zettel mit ihren persönlichen Ergebnissen und eine selbstgebastelte Medaille oder eine Urkunde.

Torschützenkönig

Zusätzliches Material:

Tore oder Stangen

Einstieg

Als Erstes wird das Begrüßungsritual durchgeführt. Danach wird das Thema Torschützenkönig besprochen. Heute wird gefragt, ob die Kinder wissen, was ein Torschützenkönig ist. Wer spielt gerne Fußball oder wer hat noch nie Fußsball gespielt? Heute geht es darum, möglichst viele Tore zu schießen. Es kann die ganze Stunde darum gehen, Tore zu sammeln, und wer die meisten Tore hat, bekommt am Schluss eine Auszeichnung als Torschützenkönig.

Übung 1: Tunneln (G, T, P)

Als Aufwärmübung gibt es zwei Fußballer, die einen Ball mit dem Fuß oder dem Schläger hin und her rollen. Die anderen Spieler stehen in der Mitte und bilden eine Reihe und schauen immer zu demjenigen, der den Ball rollt. Sobald ein Spieler schießt, müssen sie sich zu dem Ball bewegen und mit den Beinen ein Tor machen, durch das der Ball rollt. Schafft es einer nicht, wechselt er mit dem Spieler, der geschossen hat.

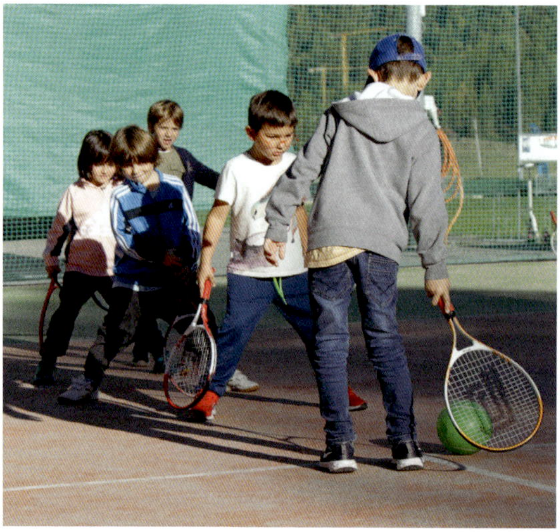

Variante 1: Es spielen/schießen immer zwei Spieler den Ball hin und her. Ein Spieler ist in der Mitte und muss das Tor mit den Beinen machen. Schafft er es nicht, wechselt er mit dem Spieler, der geschossen hat.

Variante 2: Es spielen zwei gegen zwei, indem sie den Ball über das Netz werfen. Der vordere Spieler soll in dem Moment über den Ball springen, in dem er aufkommt. Der hintere Spieler soll diesen Ball auffangen, nach vorne kommen und den Ball wieder werfen. Auf diese Weise wechseln die beiden Spieler immer ab mit Springen und Werfen.

Übung 2: Elfmeter (G, T)

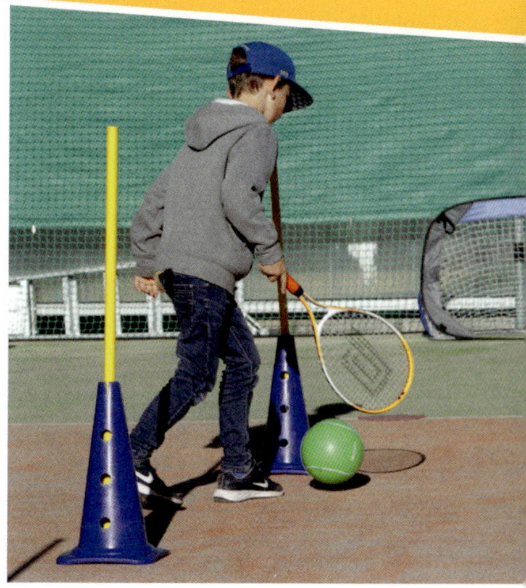

Es werden zwei Teams gebildet und eine Stafette gemacht. Der Spieler, der dran ist, muss einen Ball Slalom durch Stangen rollen und dann bei der Elfmetermarkierung stoppen. Von dort darf er den Ball einmal auf das Tor rollen. Trifft er das Tor, bekommt sein Team einen Punkt. Dann muss er den Ball wieder zurück zu dem nächsten Spieler rollen. Das Team, das zuerst eine bestimmte Anzahl an Toren hat (in einer bestimmten Zeit mehr Tore schießt), hat gewonnen.

Übung 3: Torwart von zwei Toren (G, P)

Ein Spieler ist der Torwart und bewacht zwei Tore, die etwa 2–3 Meter voneinander entfernt stehen. Die anderen rollen Bälle von einer Markierung aus und schießen von der Elfmetermarkierung. Trifft ein Spieler das Tor, dann wird er Torwart.

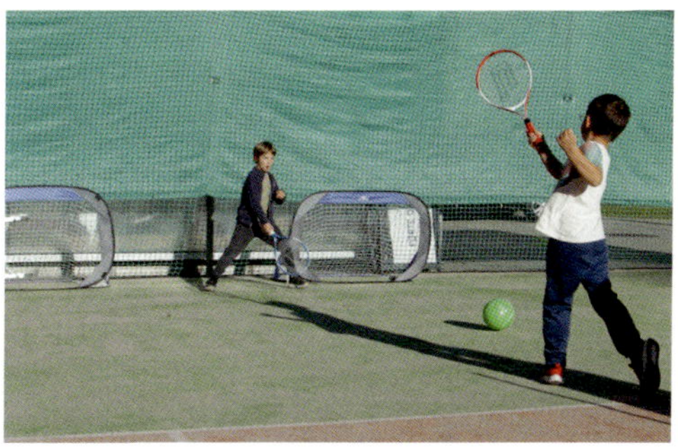

Variante: Die Spieler spielen von der anderen Seite des Netzes mit der Vorhand, Rückhand, Volley oder Smash über das Netz. Wer in eines der beiden Tore trifft, bekommt einen Punkt und wird Torwart.

Übung 4: Tore werfen (G, P)

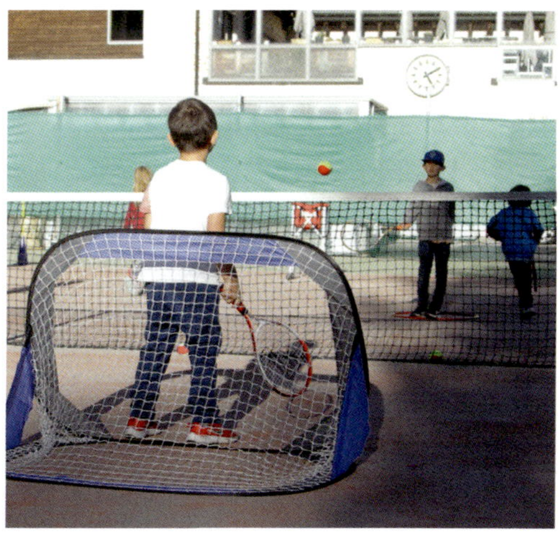

Zwei Spieler spielen mit Würfen oder Aufschlägen gegeneinander. Einer bewacht auf einer Seite des Netzes sein Tor und der andere versucht, ein Tor zu werfen. Es gibt eine Markierung, von der aus geworfen oder aufgeschlagen werden muss. Der Torwart darf den Ball nur mit dem Tennisschläger abwehren. Bei einem Treffer ist Wechsel.

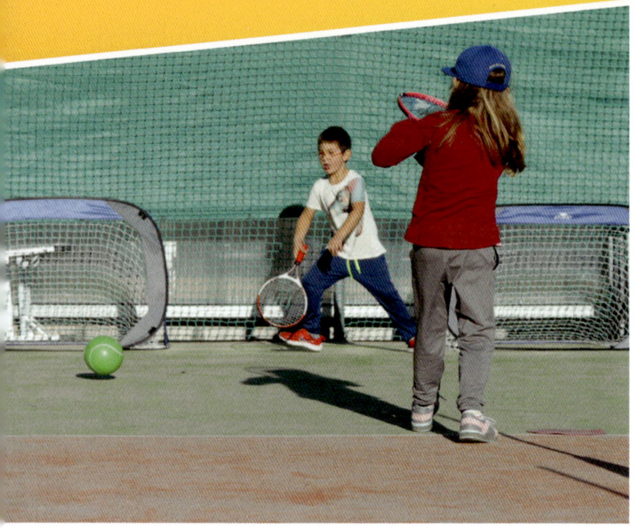

Übung 5: Tore schießen (G, P)

Zwei Spieler spielen gegeneinander, indem sie den Ball mit dem Schläger hin und her rollen oder über das Netz spielen. Jeder hat zwei Tore oder ein sehr großes Tor hinter sich. Es werden Ballwechsel gespielt. Jeder normale Fehler gibt einen Punkt. Ein Tor gibt zwei oder drei Punkte. Der Torwart darf den Ball nur mit dem Tennisschläger abwehren.

Übung 6: Match (G, P)

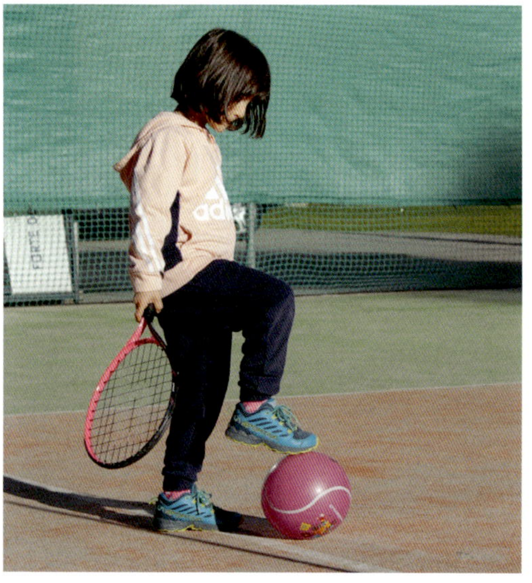

Es wird ein Match mit Rollen gespielt. Der Ball soll zuerst mit dem Fuß gestoppt und dann zurückgespielt werden. Hinter beiden Spielern befindet sich ein Tor, das so breit ist wie das Feld. Die Punkte werden normal gezählt, wenn ein Spieler zusätzlich ein Tor trifft, bekommt er drei Extra-Punkte dafür.

Variante: Spielen die beiden Spieler ein Match über das Netz, darf derjenige, der einen Punkt verloren hat, nach dem Punkt einen Ball von einer Markierung auf ein kleines Tor schießen, das neben dem Spielfeld aufgestellt ist. Trifft er das Tor, bekommt er auch einen Punkt. Verfehlt er das Tor, dann bekommt der Gegner einen weiteren Punkt.

Abschluss

Es wird zusammen aufgeräumt und das Abschlussritual durchgeführt. Wenn es einen Wettbewerb um den Torschützenkönig gegeben hat, wird die Rangliste mit den geschossenen Toren bekannt gegeben. Jedes Kind darf ein Feedback über die Stunde geben, was es gelernt hat, welches seine Lieblingsübung war und/oder was ihm nicht so gefallen hat.

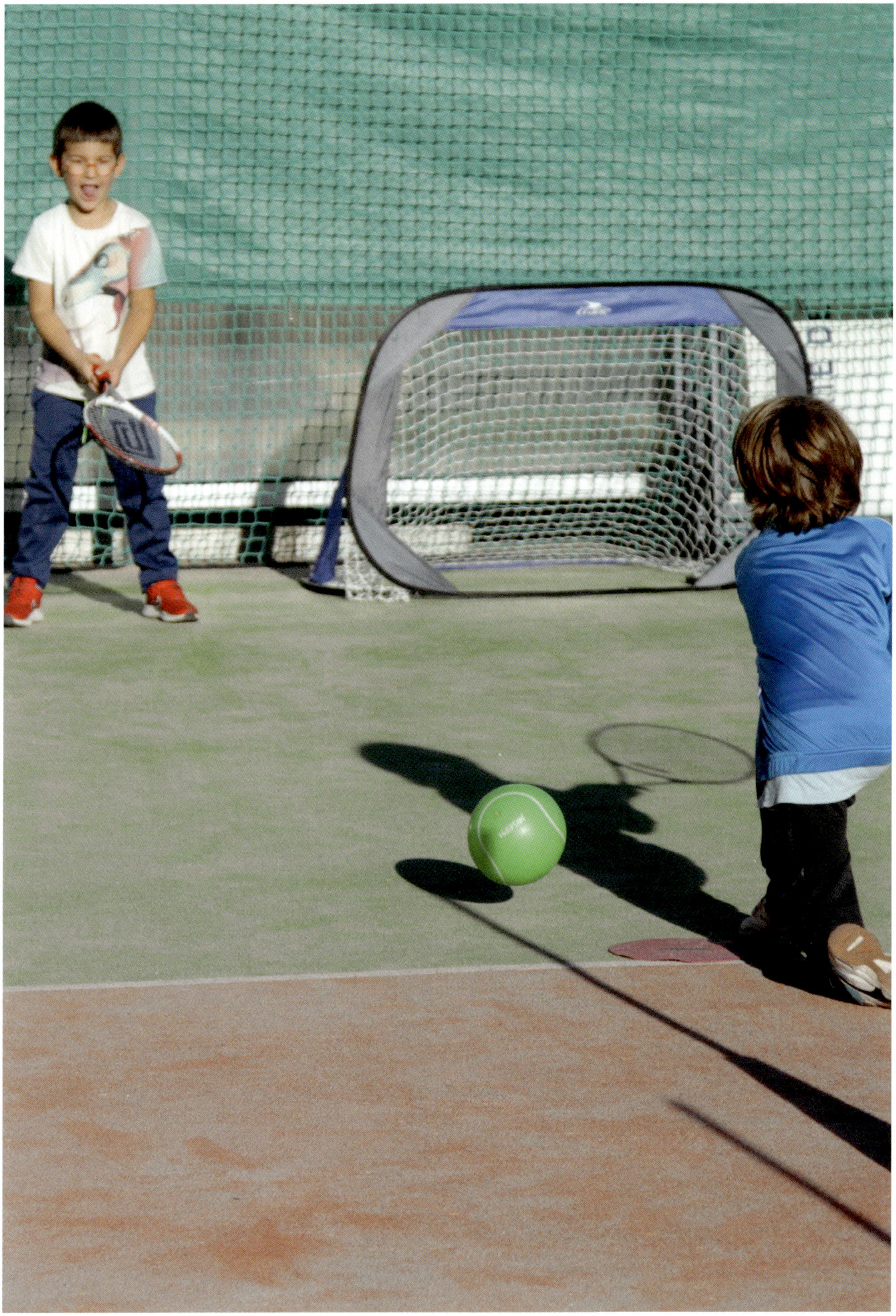

Basketballprofi

Zusätzliches Material:
Bilder zum Thema Basketball, Eimer, Würfel

Einstieg

Als Erstes wird das Begrüßungsritual durchgeführt. Danach wird das Thema Basketballprofi besprochen. Heute wird gefragt, ob die Kinder wissen, wie Basketball funktioniert und ob sie es schon einmal gespielt haben.

Übung 1: Warm-up-Prellen (G, E)

Echte Basketballer müssen sich gut aufwärmen. Alle stehen im Kreis und haben einen Ring vor sich. Nun wird zunächst Prellen geübt. Jeder soll erst mit der rechten, dann mit der linken und dann abwechselnd zehnmal im Kreis prellen. Danach gibt es verschiedene Übungen zum Prellen:

- den Ball fünfmal prellen, sich drehen und weiter prellen, abwechselnd rechts und links drehen;
- den Ball einmal fest prellen, sich umdrehen und den Ball fangen;
- einen Tennisball mit dem Schläger prellen;
- im Kreis herumlaufen und in alle Ringe prellen;
- einen Ball immer einmal prellen und dann mit dem Ball einen Ballon hochspielen;
- einen Ball mit der Hand prellen und mit der anderen Hand einen Luftballon nach oben spielen.

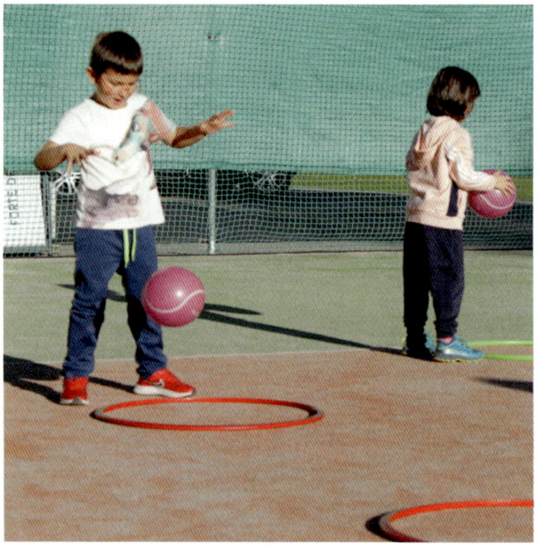

Übung 2: Korbleger (G, T, E)

Die Spieler sollen nun durch einen Parcours im Zickzack prellen und am Ende von einer Markierung wie bei einem Korbleger auf einen Eimer werfen. Die Kinder dürfen

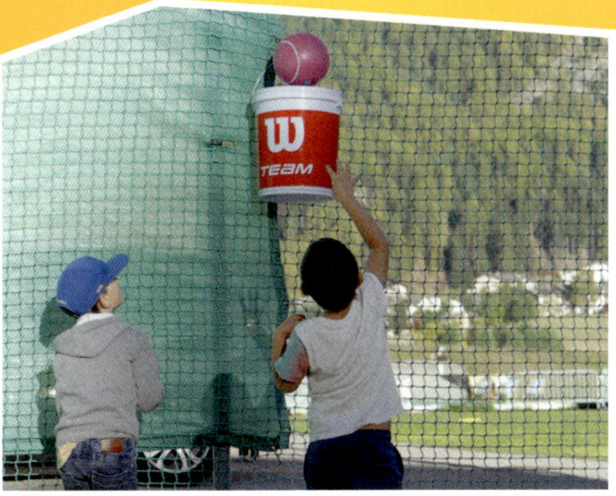

aber auch alle möglichen Würfe auszuprobieren.

Variante: In zwei Teams kann dies als Stafette durchgeführt werden. Es gewinnt das Team, das die meisten Körbe geworfen hat.

Übung 3: Basketball-Match

Alle Spieler sind gut aufgewärmt und können prellen und auf Körbe werfen. Nun wird in zwei Teams gegeneinander eine Runde Mini-Basketball gespielt. Es werden zwei Eimer aufgestellt und ein Ring aus Seilen drumherum gelegt, den die Spieler nicht betreten dürfen. Es kann auch eine Linie als Begrenzung genommen werden, hinter die nur die eigene Mannschaft zum Ballholen darf. Die Spieler dürfen den großen Ball prellen und damit laufen, aber sobald sie ihn in zwei Hände nehmen, müssen sie stehen bleiben und abgeben. Auf den Eimer dürfen sie nur außerhalb der Schnur oder vor der Linie werfen.

Variante: Es spielen zwei Teams gegeneinander Basketball. Allerdings ist es die Aufgabe des einen Teams, nur seine Körbe zu beschützen, und sie haben einen Korb mehr als Mitspieler. Spielen zum Beispiel drei gegen drei, dann muss das eine Team vier Körbe beschützen. Das andere Team versucht, clever zu passen und möglichst viele Körbe zu werfen. Nach der Halbzeit wird gewechselt.

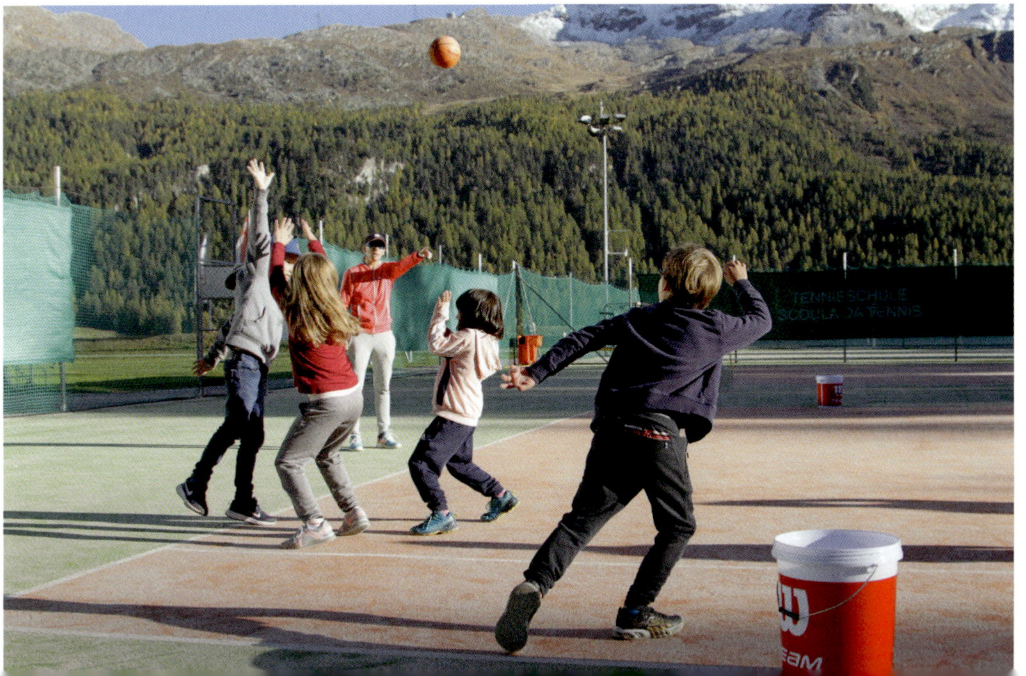

Übung 4: Korb-Duell (T, P)

Immer zwei Kinder stehen einander im kleinen Feld gegenüber. Jeder hat in der Mitte des Spielfeldes einen Eimer. Nun müssen beide abwechselnd von einer Markierung aus über dem Kopf über das Netz werfen oder den Ball mit dem Schläger spielen. Jeder Korbtreffer in den Eimer gibt einen Punkt. Wer hat zuerst fünf bis zehn Punkte?

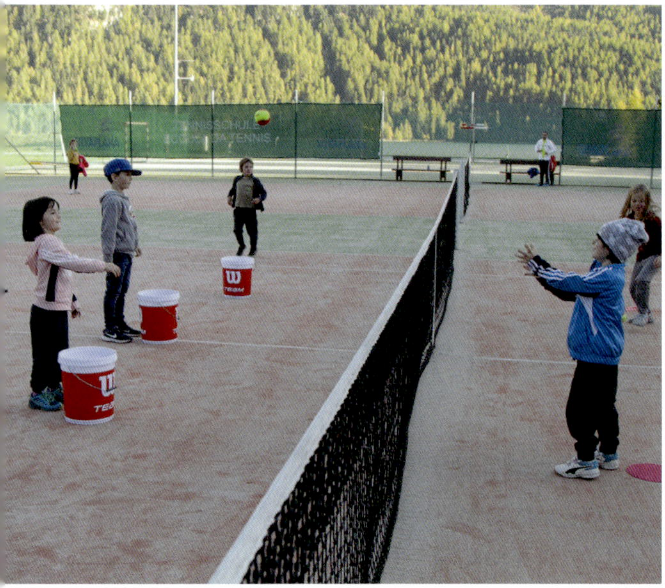

Variante 1: Das Spiel kann auch mit drei Markierungen zum Werfen, Anspielen durchgeführt werden. Von der ersten Markierung bekommt der Spieler einen Punkt, von der zweiten Markierung zwei und der dritten drei Punkte. Wer schafft es zuerst, 10–15 Punkte zu erreichen, oder wer gewinnt in einer bestimmten Zeit, z. B. drei bis fünf Minuten.

Variante 2: Alle Zweier-Teams spielen in einer Liga gegeneinander. Der Gewinner nach drei bis fünf Minuten steigt in die nächste Liga auf, der Verlierer steigt ab.

Übung 5: Korb-Duell mit Rollen (P, T)

Zwei Kinder spielen ein Match, indem sie den Ball mit dem Schläger hin und her rollen. Die Eimer liegen nun mit der Öffnung nach vorn im Spielfeld. Trifft ein Spieler in den den Eimer des Gegners, bekommt er drei Extra-Punkte. Spielen die Kinder ein Match über das Netz, dann wird der Eimer normal aufgestellt. Trifft eines der Kinder mit einem Schlag in den Eimer, bekommt es drei Extra-Punkte.

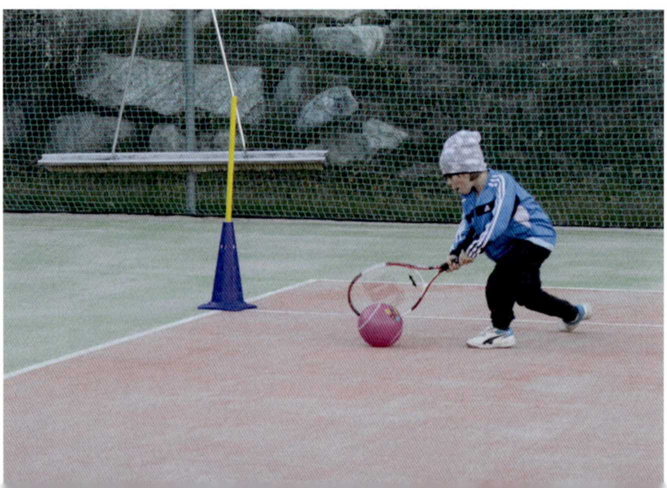

Übung 6: Aufschlag mit Prellen (G)

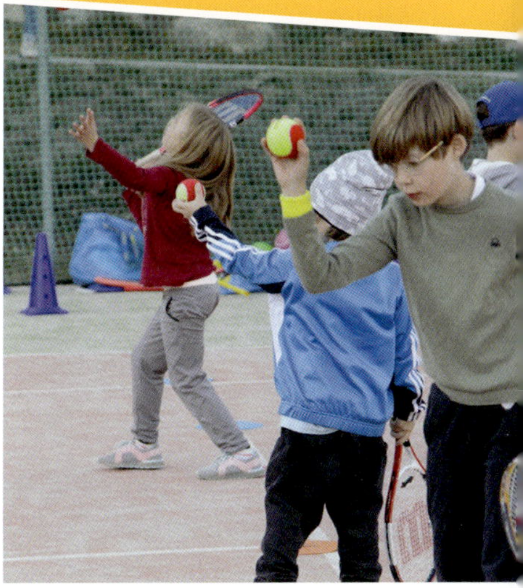

Alle sollen Aufschläge über das Netz üben. Vor jedem Aufschlag sollen sie würfeln, wie oft sie den Ball mit der nicht spielenden Hand prellen müssen. Es kann auch festgelegt werden, dass jeder dreimal prellen muss. Im Aufschlagfeld sind Eimer aufgestellt, die getroffen werden sollen. Es können auch zwei Teams gegeneinander spielen, wer die meisten Treffer in dem Eimer hat, hat gewonnen.

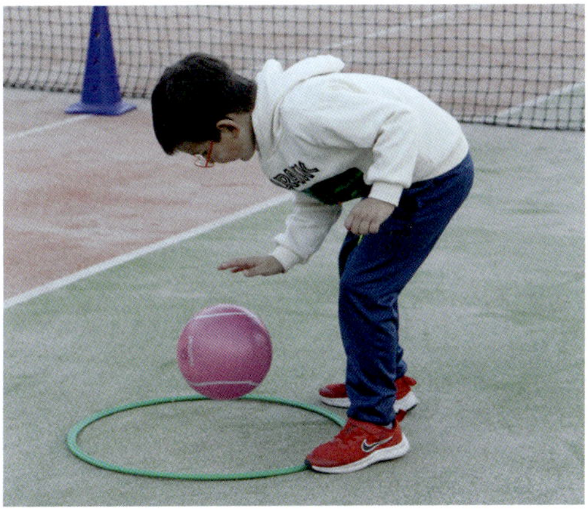

Übung 7: Match und Prellen (T, P)

Es spielen immer zwei gegen zwei um Punkte. Zwei Spieler spielen gegeneinander einen Punkt, und die anderen beiden prellen einen Ball. Derjenige, der den Ballwechsel gewonnen hat, bekommt einen Punkt für das Team, und derjenige, der öfter hintereinander prellen konnte, gewinnt ebenfalls einen Punkt für das Team.

Abschluss

Es wird zusammen aufgeräumt und das Abschlussritual durchgeführt. Jedes Kind darf ein Feedback über die Stunde geben, was es gelernt hat, welches seine Lieblingsübung war und/oder was ihm nicht so gefallen hat.

Tennisprofi

Zusätzliches Material:

Bilder von Tennisprofis, selbstgebastelte Pokale, Schilder mit Spielständen

Einstieg

Als Erstes wird das Begrüßungsritual durchgeführt. Danach wird das Thema besprochen. Heute werden Bilder von Tennisprofis gezeigt und gefragt, wer welchen Spieler kennt. Wie heißen die Spieler, aus welchem Land kommen sie, welche Turniere haben sie schon gewonnen oder was können sie besonders gut.

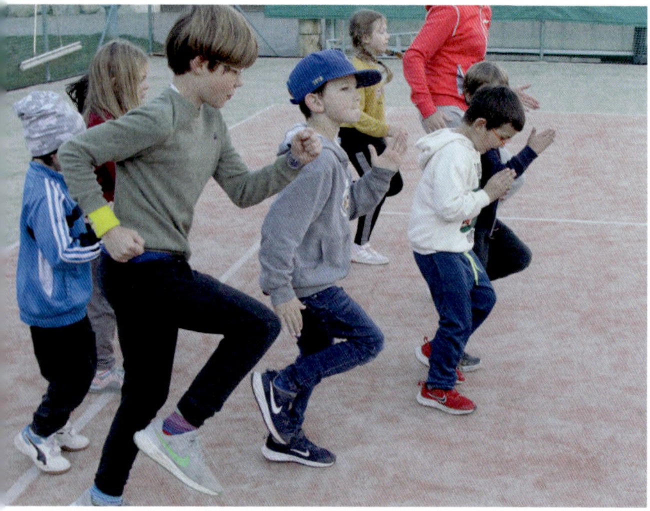

Übung 1: Warm-up (G, E)

Heute wärmen sich die Kinder auf wie die Profis. Zuerst sollen sie einige Minuten Seilspringen. Dann wird auf einer Distanz von 5–10 Metern Laufschule durchgeführt, bei der die Kinder Side Steps, Kreuzschritte, Hopserlauf und verschiedene andere Lauf- und Sprungformen kennenlernen. Entweder macht der Leiter die Übungen vor, oder die Kinder können auch etwas vorzeigen, wenn sie möchten.

Übung 2: Reaktion (G)

Alle stehen im Kreis und jeder hat einen Tennisball in der Hand. Der Arm mit dem Ball wird nach vorne ausgestreckt. Auf ein Kommando des Leiters wird der Ball fallen gelassen. Die Kinder müssen den Ball des rechten Nachbarn nach einmaligem Aufspringen fangen. Schaffen die Kinder dies, wird die Übung erschwert, indem es das Kommando «Rechts» und «Links» gibt. Wenn die Übung als Wettkampf durchgeführt werden soll, scheiden immer die Spieler aus, die den Ball nicht fangen.

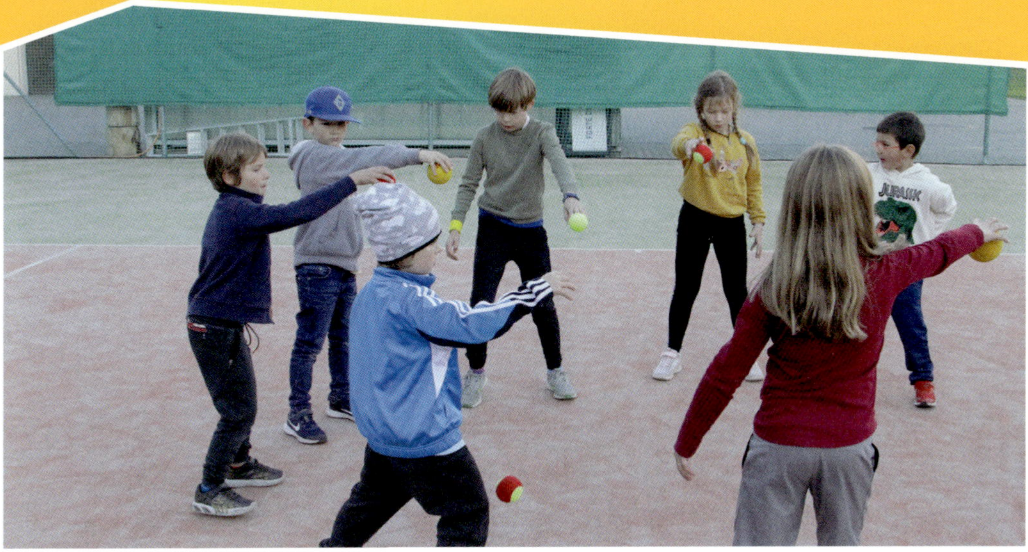

Übung 3: Split Step (G, E)

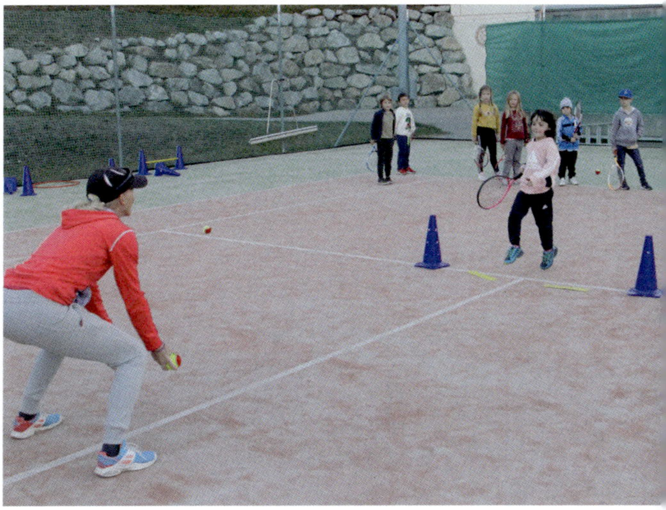

Es wird der Split Step trainiert. Alle Spieler stehen hintereinander, der Leiter hält zwei Bälle in den Händen, bei dem Kommando «Hopp» wirft der Leiter einen der beiden Bälle nach rechts oder links, macht aber mit beiden Händen eine Wurfbewegung. Der Spieler, der dran ist, soll einen Split Step machen und auf den Ball reagieren und diesen fangen oder spielen.

Übung 4: Cross-Duell oder Hosenträger (G, P)

Alle Tennisprofis üben sehr oft Cross-Spielen. Die Kinder sollen nun immer zu zweit einen Ball diagonal nur mit Vorhand oder Rückhand hin und her rollen, über das Netz werfen und fangen oder direkt spielen. Beim Hosenträger spielt ein Spieler immer cross und der andere longline.

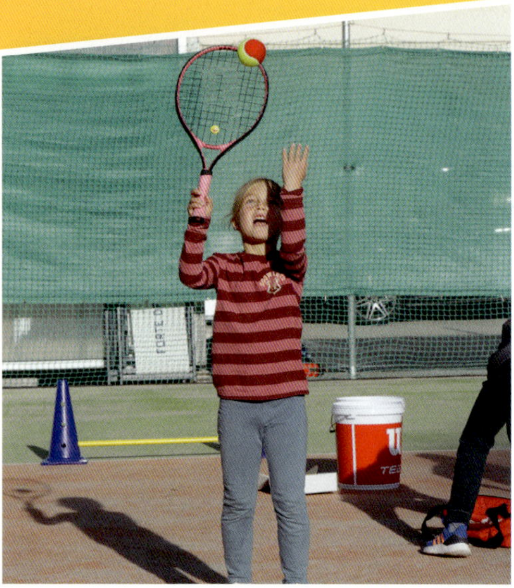

Übung 5: Aufschlagtraining (G, E)

Alle Kinder üben den Service über dem Kopf, indem sie den Ball werfen oder schlagen. Im Aufschlagfeld werden Hütchen aufgebaut. Am Schluss wird ein Aufschlagtest durchgeführt. Jedes Kind bekommt 10–15 Bälle. Jeder Ball, der im Feld landet, gibt einen Punkt. Wer ein Hütchen trifft, bekommt zwei Punkte. Wer schafft die meisten Punkte?

Übung 6: Turnier (G, P)

Es wird auf kleinen Feldern ein richtiges Match gespielt. Entweder wird der Ball gerollt, mit zwei Deckeln geworfen oder direkt über das Netz gespielt. Es wird auch das richtige Zählen geübt. Dafür gibt es Deckel mit der Beschriftung 15, 30, 40, Vorteil. Jedes Kind, das einen Punkt macht, darf einen Ball auf den Deckel mit der richtigen Zahl legen. Nach einem Spielgewinn wird die Angabe gewechselt und wieder von vorne gezählt. Für einen Spielgewinn darf sich das Kind ein großes Hütchen neben die Deckel stellen.

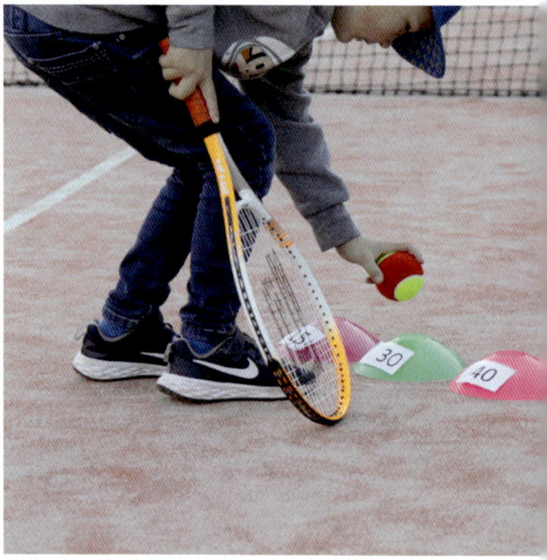

Abschluss

Zum Abschluss gibt es die Siegerehrung für das Tennisturnier. Jedes Kind bekommt eine selbstgebastelte Medaille oder einen Pokal.

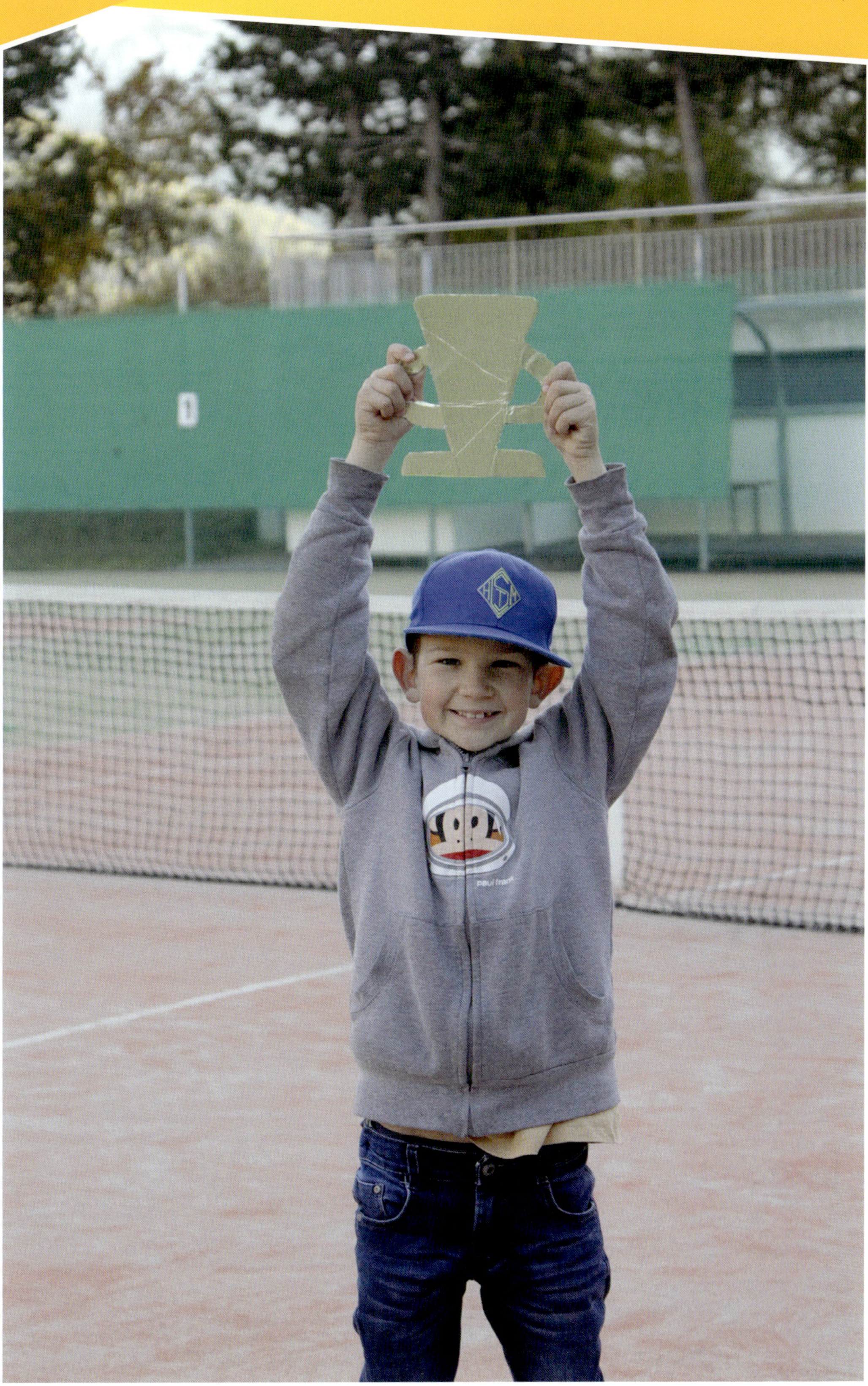

Literaturverzeichnis

ASVÖ: Richtig Fit für Kinder, Richtig Fit Kartenset, Polysportive Bewegungseinheiten in der Halle für Kinder von 3–6 Jahren

ASVÖ: Richtig Fit für Kinder, Richtig Fit Kartenset, Polysportive Bewegungseinheiten in der Halle für Kinder von 6–10 Jahren

ASVÖ: Richtig Fit für Kinder, Richtig Fit Kartenset, Bewegungsspiele für Kinder und Jugendliche

Bierögel, Sybille: Sternstunden, Turnen mit Alltagsmaterialien & Kleingeräten, 3. Auflage, ökotopia Verlag, 2017

Braun-Hornung, Caren Anne: Fantasievolle Ballspiel-Stunden für Krabbelmäuse, ökotopia Verlag, 2015

Gulden, Elke; Scheer, Bettina: Die 50 besten Ballspiele im Kindergarten, MiniSpielothek, Don Bosco, 2016

J+S-Kindersport: Theoretische Grundlagen, Bundesamt für Sport BASPO, 2015

J+S-Kindersport: Spielen, Bundesamt für Sport BASPO, 2014

Mock-Eibeck, Anja: Kurzcheck, Kognitive Entwicklung von Kindern, 2. Auflage, Handwerk und Technik, 2018

Mock-Eibeck, Anja: Kurzcheck, Motorische Entwicklung von Kindern, 2. Auflage, Handwerk und Technik, 2018

Nittinger, Nina: MuKi-Tennis, NeuerSportverlag, 2020

Roth, Klaus; Roth, Christina; Hegar, Ulrike: Mini-Ballschule, Das ABC des Spielens für Klein- und Vorschulkinder, 2. Auflage, Hofmann-Verlag, 2016

Riz, Elburg: Komm ins Mutter-und Kind-Turnen, 51 praktische Übungseinheiten, 6. Auflage, Pohl Verlag Celle, 2008

Suhr, Anke: Die 50 besten Spiele fürs Kinderturnen, MiniSpielothek, Don Bosco, 2017

Webseiten

Illmer, Ina, https://www.windeln.ch/magazin/baby/leben-mit-baby/bonding.html

https://www.cornelsen.de/empfehlungen/paedagogik/methodik

https://www.cornelsen.de/empfehlungen/paedagogik/didaktik

Zitate

www.zitate.de

www.zitate.com

www.1000-zitate.de

www.gutezitate.com

Impressum

Fantasievolle Tennisstunden – Kreative Übungen und Spiele
ISBN 978-3-96416-072-0

Autorin

Nina Nittinger, Via Fullun 1E, 7500 St. Moritz, Schweiz

Projektleitung und Redaktion

Hendrik Schulze Kalthoff, Nadine Müller

Gestaltung

Joschka Silzle, Hendrik Schulze Kalthoff

Herausgeber

Neuer Sportverlag, 71332 Waiblingen, Deutschland, www.neuersportverlag.de

Layout, Satz und Bildbearbeitung

Janina Reuß, Hendrik Schulze Kalthoff

Bildnachweis

Kevin Nash, Nina Nittinger

Danksagung Nina Nittinger

Ein riesiges Dankeschön geht an Kevin Nash, der die sehr tollen Fotos gemacht hat. Dann möchte ich mich ganz besonders bei allen Kindern bedanken, die uns tatkräftig bei den Fotos und der Entwicklung von Themen und Übungen unterstützt haben. Dazu gehören: Naila & Nanine Saager, Sebastian & Julian Raimondo, Roberto & Andrea Fabotti, Elia & Jon Stamm, Andrin Gammeter, Laurin Pasig, Anouk & Sophie & Emily Gorlier, Samira & Sarina Schmidt, Lars Lüthi, Robert Leuenberger, Viktor Schlemmbach, Madlaina Michel und Camila Longhini. Ohne Euch hätten wir dieses Buch nicht verwirklichen können.

NEUER SPORTVERLAG

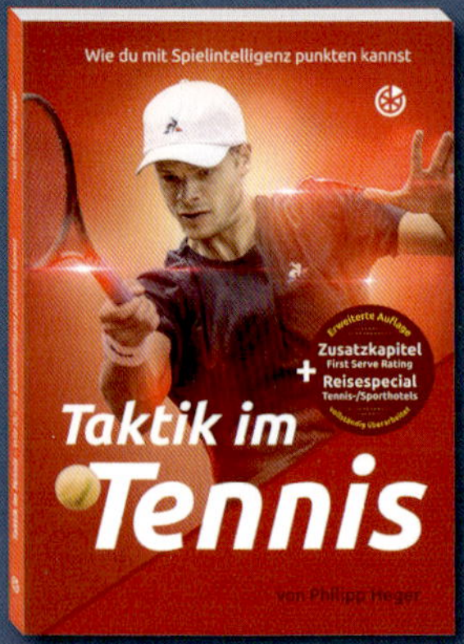

Taktik im Tennis – Wie du mit Spielintelligenz punkten kannst

Das erste Buch von Philipp Heger zeigt auf anschauliche Weise, wie sich Spieler taktisch und strategisch klüger verhalten können und behandelt die Themengebiete Strategie, Taktik und Antizipation. Er beschreibt detailliert, wann welche Schläge sinnvoll sind und in welchen Spielsituationen bestimmte Schläge vermieden werden sollten. Klare Taktikregeln geben ein besseres Verständnis, wie man sich in bestimmten Spielsituationen verhält und wie man Schläge des Gegners antizipieren kann. Abgerundet werden die theoretischen Informationen durch viele praktische Übungsformen.

ISBN 978-3-96416-023-2 **EUR 24,90**

Entwicklung von leistungsorientierten Tennisspielern
Ein Leitfaden für alle, die wissen möchten, wie man an die Spitze kommt

Dieses Buch ist eine Zusammenfassung von den Erfahrungen, die Autor Edgar Giffenig in 40 Jahren im Tennis als leistungsorientierter Spieler und Trainer von Spitzensportlern gesammelt hat. Er möchte ein Spielerentwicklungssystem aufzeigen, das Trainer, Spieler und Eltern durch die Feinheiten des leistungsorientierten Tennistrainings führt. Sein Buch bietet zudem eine eingehende Analyse und Erklärung aller Aspekte des Tennisspiels. Es stellt klare und vollständige Richtlinien für optimal durchgeführtes Training auf, mit denen jeder das Beste aus sich herausholen kann.

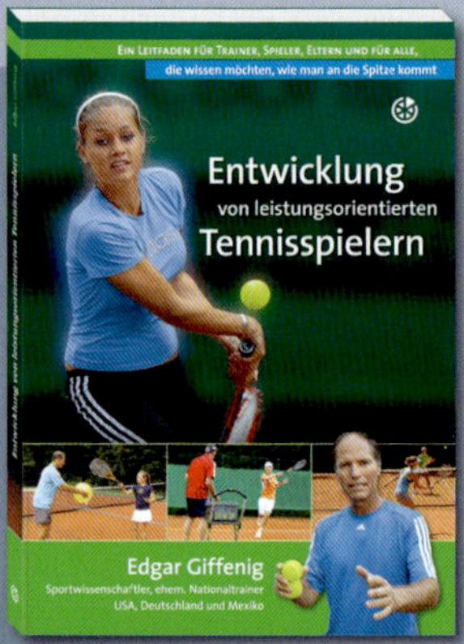

ISBN 978-3-96416-049-2 **EUR 24,90**

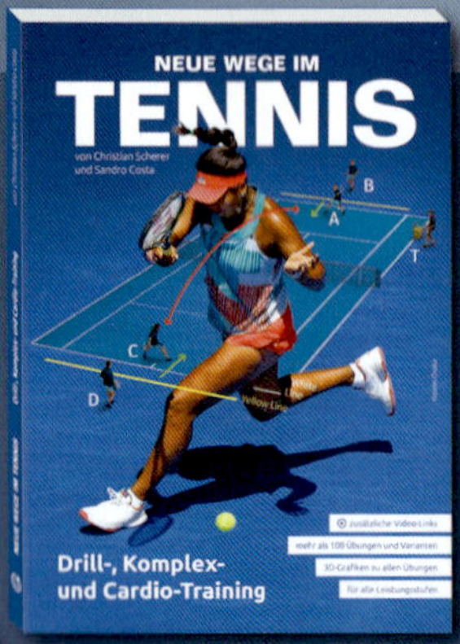

Neue Wege im Tennis – Drill-, Komplex- und Cardio-Training

Neue Spiel- und Übungsformen, die im täglichen Training für verschiedene Zielgruppen sofort angewendet werden können. Sämtliche Übungen werden durchgängig mit 3D-Court-Grafiken visualisiert, welche eine schnelle Erfassung der Übungsdurchführung ermöglichen. Die vier Hauptkapitel des Buches beinhalten folgende Schwerpunkte: Zielgruppen, Trainingsformen, Komplextraining und Cardio Tennis. Zusätzliche Video-Links – mehr als 100 Übungen und Varianten – für alle Leistungsstufen.

ISBN 978-3-96416-005-8 **EUR 19,50**

…tere Publikationen und versandkostenfrei bestellen unter **www.neuersportverlag.de**